보육학 개론

Introduction
to Child-care and Education

김금주 · 권세경 · 김은정 · 나은숙
오진희 · 이금구 · 황혜경 공저

학지사

20세기 과학과 심리학 등 다양한 학문 발달을 통해 영유아기의 중요성과 교육 및 보육의 필요성이 증대되어 왔다. 오늘날 영유아 보육의 필요성을 간과하는 사람은 아무도 없을 것이다. 일정의 목적만 강조된 조기교육이 아닌 영유아의 조화로운 발달을 위한 양질의 보육은 국가·사회적으로 큰 책무이다.

우리나라의 「영유아보육법」은 영유아의 심신을 보호하고 건전하게 교육하여 건강한 사회 구성원으로 육성함과 아울러 보호자의 경제적·사회적 활동이 원활하게 이루어지도록 함으로써 영유아 및 가정의 복지를 증진하기 위하여 1991년 1월 14일 법률 제4328호에 의해 최초로 제정되었다. 영유아 보육의 필요성이 그보다 앞선 시기부터 강조되어 왔다는 점을 보면 「영유아보육법」의 제정은 매우 늦은 편이기도 하다. 현재 보육교사는 대학과 유관기관을 통해 전문적인 보육인력으로 양성되고 있다.

보육교사는 영유아가 0세일 때부터 양질의 보육서비스를 제공하여 영유아의 성장과 발달을 책임진다는 측면에서 매우 중요한 보육자원이다. 이 책은 유아교육과 보육관련 전공 1학년생들이 보육교사가 되기 위한 첫 과정으로서 보육학 전반에 관한 이해를 돕고자 하였다. 저자들은 학생들이 보다 쉽게 이해할 수 있도록 보육학개론의 핵심적인 내용과 학사일정에 적절한 양으로 저술하려 노력하였다.

제1장에서는 보육의 개념 및 중요성을 다루었고, 제2장에서는 우리나라와 외국 보육의 사상적 흐름과 역사를 살펴보았다. 이를 통해 보육 개념을 이해하고, 오늘날 보육의 특성과 현실을 이해하기 위한 철학적 근거를 제시하고자 하였다.

제3장에서는 발달의 개념과 발달이론, 발달적 특징에 대해 다루어, 영유아 보육이론의 근간을 탐색하고 발달과 보육서비스의 관계를 탐구할 수 있는 계기를 마련하도록 하였다.

제4장에서는 어린이집 보육의 핵심이라 할 수 있는 보육과정과 표준보육과정, 보육프로그램에 관하여 다루어 보육현장에 관한 이해를 돕고자 하였다.

제5장에서는 영유아 보육에서 놀이의 의미, 개념과 특성, 놀이의 기능 및 발달과의 관계, 놀이의 유형, 놀이의 실제에 대해 다루었다.

제6장에서는 영유아 보육환경 기준과 환경구성원리, 구체적인 실내외 보육환경에 대해 다루었다.

제7장에서는 어린이집에서의 건강, 영양, 안전 교육을 위한 계획, 실행 및 평가의 과정을 전반적으로 살펴보았다.

제8장에서는 보육교직원의 정의 및 역할, 자질과 자격 등에 관하여 다루었다.

제9장에서는 어린이집의 운영관리에 대한 이해를 돕기 위하여, 운영관리의 개념, 운영정책, 지도성, 운영 원리, 운영관리 과정, 운영관리의 영역 및 내용에 대해 살펴보았다.

제10장에서는 어린이집에서 이루어지고 있는 부모교육의 개념, 목적, 필요성, 구체적인 내용을 다루고 지역사회 연계의 필요성과 방법을 다루었다.

제11장에서는 보육의 질적 관리와 유지를 위한 보육평가의 목적과 중요성, 평가방법에 대해 다루었다.

제12장에서는 보육 사업의 문제점과 개선 방향, 발전 방향을 다루어 앞으로 우리가 생각해 볼 수 있는 보육의 방향을 모색해 보고자 하였다.

각 장의 마지막 부분에는 '활동해 봅시다'를 제시하여, 각 장의 내용과 연결 지어 비교, 추론, 토론해 보거나 간단한 관련 활동을 해 볼 수 있도록 하였다. 보육 관련 전공 학생들이 간단한 문제 해결을 통해 보육학개론의 내용 이해를 보다 쉽게 하도록 돕고자 하였다. 우리 저자들은 이 책을 통하여 유아교육과 보육 관련 전공 입문자인 학생들이 보육학에 대한 전반적 이해를 할 수 있기를 기대한다.

이 책의 사진을 제공해 준 덕성여자대학교 부속유치원을 비롯한 유치원과 어린이

집 선생님들께 감사를 전하며, 이 책이 나오기까지 지원과 수고를 아끼지 않은 학지
사 관계자 여러분께도 깊은 감사의 뜻을 전한다.

2018. 7.
저자 일동

차 례

제1장
보육 개념 및 중요성

학습목표

1. 보육의 개념을 이해한다.
2. 보육이 중요한 이유를 영유아의 측면, 사회적 측면에서 이해한다.

2000년 이후 우리나라는 급속하게 인구가 감소하고 있으며 '초저출산'(합계출산률 1.3명 이하) 사회가 지속되고 있다(통계청, 2016). 저출산은 노동 인구의 감소뿐만 아니라 소비, 투자 증가율의 감소로 국가 경제와 사회 전반에 큰 위험을 가져온다. 이 문제를 해결하기 위해 정부는 지난 20년간 정책적·재정적 지원을 진행하고 있으나 그 효과는 미미하다. 이러한 지원에도 불구하고 저출산 문제가 해결되지 않는 원인은 매우 다양하고 복합적이나, 그중에서도 교육과 보육에 대한 경제적 부담, 양육지원 체계 미흡, 여성에게 편중된 육아부담 등이 중요한 부분을 차지하고 있다. 따라서 보육은 저출산 문제의 원인을 해결하고 국가의 미래 인적 자원인 영유아의 질적 성장 발달을 지원하기 위해 필요한 중요한 국가정책이라고 할 수 있다.

1. 보육의 개념

　　보육은 '돌보아 기르다.'라는 사전적 의미를 가진다. 이는 영유아를 돌보고 교육하여 전인적인 발달을 이루도록 하는 것이라고 할 수 있다.

　　과거 보육의 의미는 탁아의 의미와 동일하게 사용되어 왔다. 탁아란 '아동을 위탁한다.'라는 의미로, 가정에서 정상적인 양육을 받기 어려운 영유아에게 하루 중 일정한 시간 동안 타인에 의해 제공되는 돌봄을 의미하는 것으로 주로 취약계층의 영유아를 보호하는 기능을 담당하는 것이었다. 사회경제적 지위가 낮은 가정을 대상으로 부모가 일하는 동안 음식, 안식처 제공 등과 같은 보호를 제공하는 것, 부모가 취업, 질병 또는 그 밖의 사유로 인해 자녀를 돌볼 수 없을 때 제공하는 부모 역할의 보완이라는 개념이었다.

　　하지만 오늘날의 보육은 보호뿐만 아니라 교육을 매우 강조하고 있다. 보육이라는 용어가 보편적으로 사용되는 계기를 마련한 것은 1991년 「영유아보육법」의 제정이다. 「영유아보육법」에서는 보육을 영유아의 보호와 교육을 동시에 중시하며 기존의 탁아라는 용어를 보육으로 대처하였다(김종해 외, 2005).

표 1-1 보육에 대한 인식의 변화

과거의 인식	현재의 인식
• 보육은 사회적 서비스이다. • 보육은 국가의 책임이다.	• 보육은 국가 책임하의 공익사업이다. • 보육시설은 부모와 공적 사적 지원체계의 공동 책임이다.
• 보육은 저소득층 가정을 대상으로 한다. • 보육시설을 이용하는 사람은 수령인이거나 수혜자이다. • 보육시설은 공공기금으로 이루어진다.	• 필요로 하는 모든 계층의 자녀를 대상으로 한다. • 보육시설을 이용하는 사람은 소비자인 동시에 후원자이다. • 보육시설은 공공기금으로 이루어지는 서비스만은 아니다.
• 보육시설 허가제도는 아동을 위한 국가의 법적 규제 장치이다. • 보육 프로그램을 통하여 빈곤가정에서 요구하는 모든 서비스를 전달한다. • 가족의 문제와 무능은 보육시설을 이용하는 사람들의 주요 특징이다. • 보육시설은 가정에 문제가 있을 때 요구되는 필요악이다. 보육시설보다는 하루 종일 일하지 않는 부모가 아동을 돌보는 것이 이상적이다. • 보육시설은 학교나 사회적 서비스 체계 안에 있어야 한다.	• 부모들이 보다 나은 보육시설을 선택하는 데 도움을 주기 위해 만들어진 소비자 보호제도이다. • 빈곤가정의 요구뿐만 아니라 사회계층과 무관하게 모든 부모들에게 서비스를 제공한다. • 기본적인 가정기능의 원활한 수행에 도움이 될 뿐만 아니라 치료적 역할을 하기도 한다. • 부모의 취업 유무와 상관없이 아이들에게 유익하기 때문에 보육시설을 이용한다. • 모든 가정이 이용할 수 있는 보육 시스템은 공영 또는 사립기관에 의하여 운영되는 가정보육시설, 유아원 종일반 등 다양한 종류의 보호형태를 포함한다.

출처: 문선화 외(2005).

「영유아보육법」은 2008년 개정을 통해 '보육'의 정의를 "영유아를 건강하고 안전하게 보호·양육하고 영유아의 발달 특성에 맞는 교육을 제공하는 보육시설 및 가정양육 지원에 관한 사회복지서비스"라 하였다. 「영유아보육법」은 보육이 영유아의 이익을 최우선적으로 고려하여 제공되어야 하며, 영유아가 안전하고 쾌적한 환경에서 건강하게 자랄 수 있도록 하고, 영유아는 자신 또는 보호자의 성, 연령, 종교, 사회적 신분, 재산, 장애 및 출생 지역 등에 따른 어떠한 차별도 받지 아니하고 보육되어야 함을 보육 이념으로 명시하였다. 이는 보육이 영유아의 권리를 존중하고 보호, 양육뿐 아니라 성장과 발달을 지원하는 교육의 중요성을 강화하는 방향으로 전환되는 것이라고 할 수 있다.

OECD 국가들도 보호와 교육은 분리될 수 없는 개념이고 양질의 서비스는 이 두 가지를 모두 제공해야 한다고 주장한다. 즉, 보육의 개념을 "환경, 재원, 운영 시간, 프로그램 내용과 상관없이 초등교육 단계 이전의 유아를 위해 제공하는 일체의 보호와 교육"으로 정의하고 있으며, '유아교육과 보호(early childhood education and care)'라는 용어를 사용하고 있다(나정, 장영숙, 2002).

교육과 보호를 의미하는 에듀케어(educare)라는 용어는 영유아에게 보호 · 양육과 교육을 분리하는 것이 의미가 없다는 인식에서 나타난 것으로서, 영유아에게 보호 · 양육을 제공하지 않고서 가르칠 수 없으며, 가르치지 않고서는 진정한 보호 · 양육을 제공할 수 없다는 의미를 포함한다(Caldwell, 1991). 따라서 보육은 초기의 식사와 영양 제공, 목욕과 환경 청소 등의 위생적 돌봄에서 점차 사회적 자극을 주고받는 상호작용을 포함해 언어, 인지, 수, 과학 등의 통합적 교육 활동을 의미한다(이순형 외, 2006).

결국 보육은 우리 사회의 모든 영유아가 적절한 보호와 교육을 받음으로써 건전한 사회 구성원으로서 성장할 수 있도록 하는 권리의 보장이며, 이를 위해 영유아의 가정이 경제적 · 사회적 안정이 유지될 수 있도록 지원하는 서비스라고 할 수 있다.

「영유아보육법」에서 제시하는 보육의 정의를 구체적으로 살펴보면 다음과 같다(황보영란, 2014).

첫째, 보육은 대상에 제한이 없이 원칙적으로 6세 미만의 취학 전 아동인 영유아를 대상으로 한다.

둘째, 보육은 영유아의 이익을 최우선적으로 고려하여 제공되어야 하고, 영유아가 안전하고 쾌적한 환경에서 건강하게 성장할 수 있도록 하여야 하며, 영유아는 자신이나 보호자의 성, 연령, 종교, 사회적 신분, 재산, 장애, 인종 및 출생지역 등에 따른 어떠한 종류의 차별도 받지 아니하고 보육되어야 한다는 것을 이념으로 한다.

셋째, 보육은 일차적으로는 영유아를 건강한 사회 구성원으로 육성하고, 이차적으로는 보호자의 경제적 · 사회적 활동이 원활하게 이루어지도록 하여 영유아 및 가정의 복지 증진에 이바지하는 수단이다.

넷째, 보육에 관한 책임은 모든 국민이 지고, 국가와 지방자치단체는 보호자와 더불어 영유아를 건전하게 보육할 책임을 지며, 이에 필요한 재원을 안정적으로 확보하도록 노력해야 할 책무가 있다.

다섯째, 개념으로서의 보육은 '영유아의 심신을 보호하는 것', 즉 '영유아를 건강하고 안전하게 보호 · 양육하는 것'인 보호와, '영유아를 건전하게 교육하는 것', 즉 '영유아의 발달 특성에 맞게 교육하는 것'인 교육을 구성요소로 한다.

여섯째, 국가와 지방자치단체에 의해 보장되는 제도로서의 보육은 보육전문기관인 어린이집을 통해 제공되는 것과, 국가와 지방자치단체가 지원하는 가정양육을 말한다.

일곱째, 보육은 사회적 위험으로부터 모든 국민을 보호하고 국민 삶의 질을 향상시키는 데 필요한 사회보장의 하나인 사회서비스이고, 그중에서도 국가 · 지방자치단체 및 민간 부문의 도움을 필요로 하는 모든 국민에게 정상적인 사회생활이 가능하도록 제도적으로 지원하기 위해 제공되는 사회복지서비스의 하나다.

표 1-2 「영유아보육법」의 변화

연도	「영유아보육법」의 목적	「영유아보육법」에 나타난 보육의 정의
1991 (제정)	보호자가 근로 또는 질병 기타 사정으로 인하여 보호하기 어려운 영유아 및 유아를 심신의 보호와 건전한 교육을 통하여 건강한 사회성원으로 육성함과 아울러 보호자의 경제적 · 사회적 활동을 원활하게 하여 가정복지 증진에 기여함을 목적으로 한다.	보육을 따로 정의하고 있지 않음
2004 (전면개정)	영유아를 심신의 보호와 건전한 교육을 통하여 건강한 사회성원으로 육성함과 아울러 보호자의 경제적 · 사회적 활동을 원활하게 함으로써 가정복지 증진에 기여함을 목적으로 한다.	'보육'이라 함은 영유아를 건강하고 안전하게 보호 · 양육하고 영유아의 발달 특성에 적합한 교육을 제공하는 사회복지 서비스를 말한다.
2011 (일부개정)	영유아의 심신을 보호하고 건전하게 교육하여 건강한 사회 구성원으로 육성함과 아울러 보호자의 경제적 · 사회적 활동이 원활하게 이루어지도록 함으로써 영유아 및 가정의 복지 증진에 이바지함을 목적으로 한다.	'보육'이란 영유아를 건강하고 안전하게 보호 · 양육하고 영유아의 발달 특성에 맞는 교육을 제공하는 어린이집 및 가정양육 지원에 관한 사회복지 서비스를 말한다.

출처: 영유아보육법(1991, 2004, 2011).

2. 보육의 중요성

보육은 사회의 변화와 더불어 그 의미와 기능이 변해 왔다. 급속한 산업화의 진행으로 인구의 도시 집중, 핵가족화의 진행, 결손·빈곤 가정의 증가, 여성의 경제 및 사회활동 참여로 인한 취업모의 증가, 출산률의 감소 등 사회가 변함에 따라 영유아의 보육 수요가 증대되었다. 보육은 초기 사회경제적 측면의 필요성에 의해 실시되었으나, 점차 영유아 중심의 보육으로 변화해 왔다. 따라서 보육은 사회적 측면, 영유아의 측면 모두에서 그 중요성을 인식해야 한다.

1) 사회적 측면

(1) 가족 구조 및 형태의 변화

현재 우리나라는 1세대 또는 부부와 자녀 중심의 2세대 가정이 전체 가구의 90%를 차지하고 있다. 이는 다른 가족 구성원과 함께 양육이 가능했던 대가족과 달리 자녀양육에 따른 책임이 부모에게 국한되는 결과를 가져왔다.

1990년 이후 급속히 증가하는 이혼과 별거, 사별 등 가족문제로 인한 가족 해체 현상이 증가하고 있다. 이로 인해 18세 미만의 자녀와 한부모로 구성된 한부모 가정이 지속적으로 증가하고 있는 실정이다. 한부모 가정은 생계를 위해 아버지나 어머니가 자녀를 혼자 양육하면서 생업에 종사해야 하는 어려움이 있다. 1997년 IMF 이후 가정 경제의 붕괴로 인해 가족이 뿔뿔이 흩어지고, 조부모에게 맡겨져 양육되는 아동의 수도 늘어났으며, 심지어 아동과 청소년만으로 구성된 가정도 늘어나고 있다.

이는 영유아가 신체적·정서적으로 건강하게 성장할 수 있도록 양질의 보육서비스를 제공해야 하는 절실한 이유이며, 양질의 보육서비스는 사회가 양육의 책임을 함께함으로써 가정복지의 증진에 기여할 수 있다.

(2) 여성의 사회진출

우리 사회는 1960~1970년대 이후 농업 중심의 사회에서 산업 중심의 사회로 변화하게 되었으며, 이는 필연적으로 인구의 도시 집중화와 가족구조의 변화를 이끌었다. 국가 경제 발전을 위한 노력은 교육에 대한 열의로 이어졌으며, 이에 따라 여성의 교육 기회도 증가하였다.

여성인권에 대한 자각에서 시작된 여성 해방운동은 가정 내로만 국한한 여성의 역할에 회의를 가져왔으며, 이는 여성의 역할에 대한 사회적 인식의 변화를 가져왔고, 고학력화는 여성의 사회ㆍ경제 활동을 확대하는 기능을 하였다.

1980년 이후 급속한 경제 발전과 산업구조의 변화는 여성의 경제활동 참여에 대한 인식 변화가 이루어지는 계기가 되었다. 사회적 상황과 인식의 변화, 여성의 고학력화는 자아실현, 가정 경제의 안정, 국가 경제활동 인구의 확보 등 여성의 경제활동 참여에 대한 필요성이 강조되었다. 이에 따라 여성취업이 전 계층, 전 직종으로 확산되어 여성 취업자의 비율이 크게 늘어나 일–가족의 분리 상황이 됨에 따라 일–가족의 양립을 위한 요구와 사회적 논의도 확장되었다(강이수, 2007).

특히, 2000년 이후 인구의 급속한 고령화와 여성 취업자의 고학력화로 여성 경제활동 참가율이 2006년 50.2%로 정점을 나타났으나, 이후 정체 내지 감소세로 전환하였다. 이는 우리 경제가 장시간 전일제 근로 중심 구조로 이루어져 있어 미혼여성, 자녀 출산 전 기혼여성은 경제활동에 참여할 수 있으나, 자녀 양육기의 여성들의 경력단절이 심각하게 나타나는 패턴을 보이고 있다(김영옥, 2011).

여성의 경력단절 사유는 결혼(58.5%)이 가장 많았고, 이에 따른 임신ㆍ출산(28.4%), 양육(7.2%) 등이 뒤를 이었다. 이는 장시간 근로 등으로 출산 및 일–가정 양립을 저해하는 기업문화, 재취업이 어려운 고용시장 등 여러 요인이 작용하기 때문인 것으로 풀이할 수 있다.

여성의 사회진출로 인한 일–가정 양립의 주요한 문제인 가정의 자녀양육 기능을 보완하기 위해 지난 20년간 정부는 다양한 보육정책을 실시하였으며, 그중 보육 관련 재정 지출의 규모도 확대되고 있는 추세이다. 일–가정 양립을 위한 노력 중 보육재정지원 정책은 여성의 경제활동 참여를 촉진할 수 있고, 공보육 확대를 통해 신뢰할

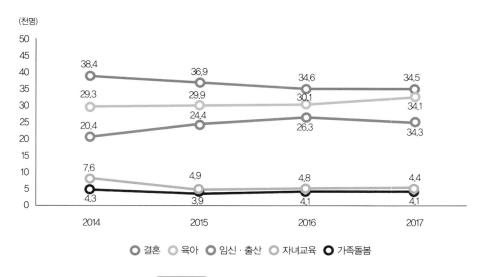

그림 1-1 기혼여성 경력단절 사유

출처: 통계청(2017).

만한 보육서비스를 제공하고 보육수당 지급을 통해 보육비용을 낮춤으로써 가계 소
득에 기여할 수 있다. 또한, 돌봄의 사회화라는 측면에서 돌봄이 개인의 문제가 아니
라 사회 공적 문제임을 확인할 수 있다(이동선, 2016).

(3) 급격한 인구감소

우리나라는 초저출산 국가(합계출산율 1.3명 이하)이다. 2005년 출산률 1.08명으로
OECD 국가 중 가장 낮은 것으로 나타난 이후 2016년 1.17명으로 그 추세가 지속되
고 있다.

국가가 존속하고 번영하기 위해서는 인적 자원의 활용이 중요하다. 정부는 저출산
문제를 해결하고자 출산 장려금 지급, 임신 출산 진료비 지원사업(고운맘 카드) 실시,
다자녀 가구 세제 혜택, 보육료 감면 대상 확대(아이사랑 카드) 등 다양한 저출산 대책
을 제공하고 있으나 그 실효는 미흡하게 나타나고 있다.

저출산의 가장 주요한 원인은 자녀를 양육하고 기르는 데 필요한 많은 양육비와 교
육비로 나타났다. 가정의 경제적 부담을 경감하고 여성의 가정과 일 병행이 가능하도

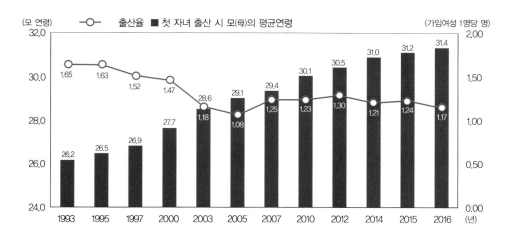

그림 1-2 출산율과 첫 자녀 출산 시 모의 평균 연령(1993~2016)

출처: 통계청(2016).

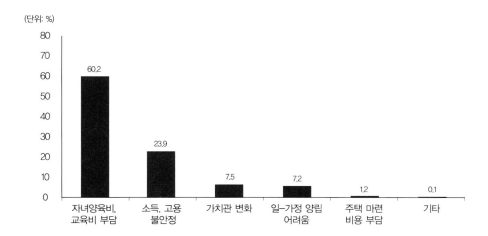

그림 1-3 저출산의 원인

출처: 보건복지부(2012).

록 자녀를 믿고 맡길 질 좋은 보육시설의 필요성이 강조되며 보다 세심한 정부의 보육 지원정책이 필요하다고 하겠다.

2) 영유아 측면

(1) 아동의 권리

인권은 인간이 태어나면서부터 가지게 되는 자연법적 권리를 말한다. 성인에게 주어진 권리는 아동에게도 그대로 적용되며, 이에 덧붙여 아동은 생존을 보호해야 하는 특별한 존재이기에 보호권과 양육보장권이 추가된다(이순형, 2001).

아동권리(兒童權利)는 아동이 가진 인권이며, 아동에게 주어지는 특별한 보호와 관리에 대한 배려이다. 우리나라는 1924년 국제연맹에서 '아동권리헌장'을 채택한 지 33년만인 1957년 제35회 어린이날에 '어린이헌장'을 제정하였으며, 2016년 어린이날에는 아동의 권리와 성인의 책임을 규정한 '아동권리헌장'을 선포하였다. 아동의 올바른 성장을 위해 사회(성인)가 가져야 할 책임과 의무를 규정한 것이다.

아동의 권리를 구체적으로 살펴보면, 아동의 생존권, 성장발달권, 시민권과 자유권, 양육보장권, 복지권, 교육권과 문화향유권, 특별보호권으로 분류할 수 있다(이순형, 2001).

① 생존권

인간은 스스로의 생명이 존중되어야 하고, 그 생명 활동이 유지되어야 한다. 인간은 누구나 세상에 태어날 때 생존권을 가지고 태어난다. 아동을 포함한 모든 사람이 그러하다. 장애와 발달이 지체된 아동도 예외가 아니다.

② 성장발달권

아동은 성인과 달리 신체적으로 성장하고 정신적으로 발달할 과업이 있다. 아동은 식품을 통해서 영양을 섭취하여 신체를 발달시키고, 지적 자극을 받아들여서 정신적 발달을 도모해야 한다. 아동에게 성장발달은 자연스러운 생명활동이자 발달과업이다.

아동권리협약의 주요 내용

- **4대 기본 원칙**

  무차별의 원칙(제2조), 아동 이익 최우선의 원칙(제3조), 생존과 발달의 원칙(제6조), 참여의 원칙(제12조)

- **주요 내용**

  경제·사회·문화 전반에서 인간의 존엄성과 자유를 보장하는 데 환경적 조건에 관계없이 아동의 생존권이 존중되고 그들의 잠재력이 최대로 발현되도록 지원하고 지지한다.

  - 시민적 권리의 보호: 생명권, 국적권, 신분보존권, 의사표시권 등
  - 사회적·경제적·문화적 권리의 보호: 가족과의 동거권, 양육받을 권리, 입양, 건강 및 의료지원, 사회보장, 교육권, 결손가정과 장애아동의 보호, 문화활동 참여권 등
  - 기타 권리의 보호: 학대, 유기, 착취, 인신매매, 무력, 분쟁, 마약, 약물 등으로부터의 보호

출처: 유니세프(www.unicef.or.kr).

③ 시민권과 자유권

성인이 사회의 시민으로서 자유롭게 의사결정을 할 권리가 있는 것처럼, 아동도 사회의 시민으로서 자유롭게 자신의 의견을 제시하고 자기 미래를 결정할 권리가 있다. 아동은 부모의 부당한 친권행사에 대해서도 자신의 성장과 행복을 추구할 권리를 가진다. 따라서 아동과 관련된 사항은 아동 자신의 행복을 최우선으로 하여 결정되어야 한다.

아동권리헌장

1. 아동은 생명을 존중받아야 하며, 부모의 보살핌을 받을 권리가 있다.

2. 아동은 모든 행태의 학대와 방임, 폭력과 착취로부터 보호받을 권리가 있다.

3. 아동은 출신, 성별, 언어, 인종, 종교, 사회경제적 배경, 학력, 연령, 장애 등의 이유로 차별받지 않을 권리가 있다.

4. 아동은 개인적인 생활이 부당하게 공개되지 않고 보호받을 권리가 있다.

5. 아동은 신체적·정신적·사회적으로 건강하게 성장하고 발달하는 데 필요한 기본적인 영양, 주거, 의료 등을 지원받을 권리가 있다.

6. 아동은 자신이 살아가는 데 필요한 지식과 정보를 알 권리가 있다.

7. 아동은 자유롭게 상상하고 도전하며 창의적으로 활동하고 자신의 능력과 소질에 따라 교육받을 권리가 있다.

8. 아동은 휴식과 여가를 누리며 다양한 놀이와 오락, 문화·예술 활동에 자유롭고 즐겁게 참여할 권리가 있다.

9. 아동은 자신의 생각이나 느낌을 자유롭게 표현할 수 있으며, 자신에게 영향을 주는 결정에 대해 의견을 말하고 이를 존중받을 권리가 있다.

출처: 한국아동단체협의회(http://kocconet.or.kr)

④ 양육보장권(가정환경 및 대리보호에 대한 권리)

성인과 달리 스스로 보호할 수 없는 아동은 성장할 때까지 안전하게 양육될 권리를 가진다. 양육보장권은 아동의 발달에 적합한 가정환경을 보장받아야 할 권리를 말한다. 가정환경이 아동의 발달에 부적합한 경우에 아동은 대리보호자에 의해서 보호될 권리가 있다. 아동의 양육보장권은 부모로부터 방임되고 학대받는 아동이 건강한 대리환경에서 보호받도록 보장하는 것이다.

⑤ 복지권(기초보건 및 복리권)

아동이 타고난 신체와 정신, 지적 능력을 개발하고 행복하게 살기 위해서는, 타고난 능력이나 상태와 관계없이 기초 보건을 유지하고 자신의 복리를 보장받는 복지권이 필요하다. 특히 정상아동이 아닌 경우에는 그 장애를 극복하도록, 그리고 결손가정에서 태어난 경우에는 그 환경의 문제를 극복하도록 지원해 주어야 한다.

⑥ 교육권과 문화향유권(교육, 여가 및 문화적 생활을 위한 권리)

아동은 잠재되어 있는 능력을 개발하기 위해서 교육받을 권리가 있다. 특히 사회에 나가서 직업을 가지고 생활을 영위할 수 있는 기본 능력을 준비하는 교육과정이 제공되어야 한다. 아동에게는 초 · 중 · 고등학교 과정의 정규교육이 의무적으로 제공되는데, 이는 어디까지나 국가의 경제 사정에 의존하고 있다. 우리나라는 6년의 초등교육 및 3년의 중등교육을 의무교육으로 하고 있다. 2012년 만 5세 무상교육을 시작으로 만 3~5세 무상교육으로 확대되었으며, 2016년의 경우 만 5세 기준으로 90% 이상 무상교육이 실시되고 있다.

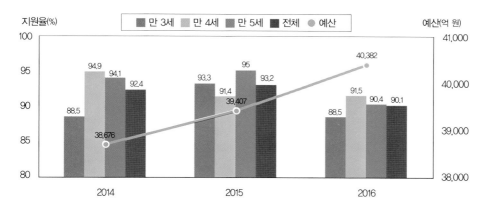

그림 1-4 **만 3~5세 누리과정 지원율 및 예산 추이**

출처: 통계청(2016).

⑦ 특별보호권

어떤 상황에서든 아동은 특별히 안전하게 보호받아야 하는 권리를 말한다. 천재지

변과 같은 재난, 전쟁, 위기 상황에서 아동은 최우선으로 보호되어야 한다. 특별보호 권은 정상 아동과 특수아동 모두에게 주어지는 동일한 권리로 생각해야 한다.

(2) 영유아기의 중요성 인식

현재의 보육은 영유아기의 발달과정에 대한 심리학적 이론을 바탕으로 영유아기의 교육과 동시에 복지를 통합하는 활동이다. 지금까지 영유아기에 대한 많은 연구는 이 시기가 인간 발달 측면에서 기초를 형성하는 시기이고 성인과 다른 사고유형과 발달 잠재력을 가지는 시기라고 제시하고 있다. 이 시기 동안 영유아가 처한 환경과 경험 에 따라 영유아의 발달이 적절하게 이루어질 수 있는지가 결정되고 이는 인간 발달에 서 매우 중요하다.

영유아기는, 첫째, 발달 속도가 빠르고, 인지적·사회적·정서적 발달의 결정적 시 기이다. 특히, 급속히 진행되는 두뇌 성장은 태아기와 영유아기 동안 영양결핍이 일어 날 경우 영구적으로 두뇌에 손상을 입을 가능성이 높다. 또한, 두뇌의 세포 연결이 활 발한 이 시기에 제공되는 교육적 환경은 두뇌 발달에 긍정적인 영향을 준다. 이는 이 시기 동안의 양질의 보호와 교육이 필요함을 입증하는 것이라고 할 수 있다. 둘째, 사 회경제적으로 불안정한 가정에서 양육되는 영유아가 교육적 경험 부족으로 인해 입 게 되는 손실을 보완해 주어야 한다. 1965년 미국에서 실시하였던 헤드스타트 프로 그램은 경험 부족으로 인한 영유아기의 손실을 인지적·사회적·신체적 교육 경험을 통해 영유아의 적응성, 언어 능력의 향상, IQ 상승 등의 효과를 가져왔다. 이 또한 기 존의 보호 중심의 보육 기능에서 교육적 측면을 강조하는 질적으로 우수한 보육의 제 공이 중요하다는 것을 강조하는 것이다.

활동해 봅시다 ──────────

- 영유아의 인권에 대해 생각하고 토의해 봅시다.

- 성인의 권리와 영유아의 권리의 공통점과 차이점에 대해 토의해 봅시다.

- 초저출산 현상의 이유에 대해 생각해 보고, 해결방안을 토의해 봅시다.

- 여성의 일–가정 양립 문제에 대해 토의해 봅시다.

제2장

보육 사상과 역사

학습목표

1. 우리나라 보육의 사상과 역사에 대해 이해한다.
2. 여러 교육가의 사상을 이해한다.
3. 세계 여러 나라의 보육제도에 대해 이해한다.

보육의 역사와 사상에 대한 고찰은 오늘날 보육의 특성과 현실을 이해하기 위한 철학적 근거를 마련해 주고, 보육의 목적과 필요성, 원리, 발전 방향을 결정짓는 기초가 된다. 이 장에서는 우리나라 보육의 사상과 역사를 살펴보고, 외국의 보육 사상, 역사, 제도 등을 살펴본다.

1. 우리나라의 보육 사상

우리나라는 오천 년의 긴 역사 속에서 우리만의 고유한 문화적 전통을 만들어 왔다. 우리의 문화적 전통은 불교, 도교, 유교의 종교적·학문적 체계를 바탕으로 하고 있으며, 이는 우리나라 사람들의 가치관과 교육방식에 큰 영향을 미쳐 왔다. 안경식(2005)은 우리나라 전통사회의 아동교육사상에는 다음과 같은 공통적인 특징을 가진다고 하였다. 첫째, 아동을 우주적·신적 존재로 보고, 아동 자체를 완성된 하나의 인간으로 인정한다. 둘째, 태교와 조기교육을 매우 중요시한다. 셋째, 유아교육에 있어 부모의 역할, 특히 어머니의 역할을 중시하고 가정을 중요한 교육적 공간으로 본다. 넷째, 보육 및 교육 방법에 있어 정성이 필요하다. 그러나 현대에 와서는 서양 문화의 영향으로 의식의 새로운 변화가 나타났다. 이 절에서는 시대에 따른 우리나라의 영유아관과 교육에 대해 살펴본다.

1) 고려시대의 영유아관과 교육

불교는 삼국시대에 전래되어 고려시대에 우리 고유의 주체적 불교사상을 성립하게 되었다. 불교는 모든 인간의 마음속에 '불성'이 있어 누구나 깨달음을 얻을 수 있다. 특히, 영유아는 '동자'로서 석가여래와 같이 잡념이나 편견이 없는 순수한 마음 그 자체로 세속에 물들지 않은 이상적 인간상으로 비추어진다(임부연 외, 2009). 즉, 영유아기를 온전한 상태로 인식하였고, 보고 듣고 말하는 것에 의해서 혼탁해지지 않는 것을 중요시하였으며 영유아의 생득적인 면을 강조하는 견해가 많았다. 영유아의 소질이나 품성 등은 선천적으로 타고나는 것이라 보았고 이후의 모습이 이러한 생득적 본성에 의해서 결정된다고 보아 상대적으로 후천적 환경의 영향이 약하다고 인식한 것으로 보인다(신양재, 권은주, 2004).

불교의 자비 사상을 바탕으로 하는 고려는 어려움에 처한 아동을 사찰에서 위탁의 형태로 보호하게 하거나 시설에 수용하여 보호하게 하였으며, 가난한 부녀자에게 아동을 위탁 보호하게 하면서 양육에 필요한 물품을 국가에서 지급하였다(조건덕 외, 2011). 『고려사』를 살펴보면, 고려 제6대 왕 성종과 제8대 현종, 제16대 예종, 제17대 인종, 제23대 고종 등은 부모와 친척이 없는 아동 중에 병이 있는 사람에게는 관가에서 곡식을 주어 구제하였으며, 노인, 부모 없는 아동, 자식 없는 늙은이, 중환자들에게 물품을 차등 있게 주었다는 기록을 볼 수 있는데, 이를 통해 고려시대에 사회적 약자에 대한 보호책이 사회적 수준에서 실시되었음을 알 수 있다.

불교에서는 현상의 결과보다 그 원인을 중시하여 인간의 출생 전 단계, 즉 임신 전, 임신 중, 출산의 전 과정에서 부모교육을 중시하였다. 그뿐 아니라 출생 후에는 영유아를 기르는 데 있어 부모는 영유아를 깊이 사랑하고 제어하고 가르쳐 악을 멀리하고 선을 행하도록 교육시킬 의무가 있다고 보았다(권은주, 1990).

2) 조선시대의 영유아관과 교육

조선시대에는 불교를 전면적으로 배제하고 유교의 성리학이 지배하는 사회가 되었다. 주자(朱子)는 『소학(小學)』에서 봄, 여름, 가을, 겨울에 따라 만물이 변하는 것은 하늘의 불변의 법칙이고, 어질고(仁), 옳고(義), 예의 바르고(禮), 슬기로운 것(智)은 인간의 본성이라고 하여 인간의 본성은 선하지 않은 것이 없다고 하는 긍정적인 인간관을 나타내고 있다. 그러나 인간이 외부와 접촉하게 되면 기질이 혼탁해져 악하게 될 수 있다 하였고, 이는 실천적 윤리를 통하여 혼탁한 기질을 제거함으로써 본연의 선을 회복할 수 있다고 하였다. 주자는 이를 위한 실천 방법으로 교육을 크게 강조하였다.

『소학(小學)』에서는 "배부르게 먹고 따뜻하게 입고 편안하게 살면서 가르치는 것이 없다면 금수에 가까워지는 것"이라고 보아 인간에게 있어서 교육을 필수조건으로 인식하였으며, 교육이 조기에 이루어질수록 효과적인 것으로 생각하였다(백혜리, 1997). 이에 따라 교육은 도덕적인 면을 강조하면서 개인의 타고난 선한 본성을 보존하고, 사람 사이에서는 윤리와 질서를 밝히는 작업이라고 할 수 있다. 따라서 영유아는 미성숙한 자로서, 보호대상이면서 사회가 요구하는 덕목을 학습하고 실천해야 했다(박충일 외, 2012).

성리학에서는 태아기를 최초의 인간으로 인정하여 이 시기에 교육을 잘하면 좋은 성품이 만들어진다고 해 태어난 이후에 받게 되는 교육보다 더 중요한 것으로 인식하였다. 또한 태어나서 3세까지는 신체적·인지적으로 미성숙하므로 통제 없이 무조건 보호가 필요한 시기로 인식하였다. 7세까지의 아동은 아직 분별력이 없으나, 10세가 되면 성인과 같은 생활을 할 수 있는 능력이 있다고 인정되었다. 따라서 10세 아동에게 어른을 섬기는 예를 가르쳐야 한다고 하였다.

성리학의 영유아기 교육에 대한 인식을 살펴보면 다음과 같다. 첫째, 신체적·정신적으로 미성숙하므로 각 시기에 적절한 양육이 필요하다고 여겼다. 둘째, 영유아의 성장발달은 후천적으로 이루어진다. 교육은 태아기부터 중요한 과제이며, 태어난 이후에도 인간의 본성을 선하게 유지하고 타고난 재능을 넓히는 일이라고 하였다. 셋째, 영유아기 교육의 목표는 성현이 되기 위한 준비로 성실하고 근면한 생활태도와 학문탐구를 강조하여 현재보다는 미래를 위한 준비 과정이었다(백혜리, 1997).

임진왜란과 병자호란 등 조선 후기 극심한 사회 혼란은 명분과 사유적인 성리학의 후퇴를 가져왔고, 실생활에 이로운 학문에 대한 관심으로 실학이 탄생하였다. 실학은 혼란한 사회상황을 바로잡고 백성을 구제하고자 경세치용(經世致用)과 이용후생(利用厚生)을 목표로 현실적인 입장에서 정치·경제·사회적 실천이론을 전개하였다.

- 경세치용: 학문이 실제 정치, 사회에 유용하지 않으면 안 된다.
- 이용후생: 이용은 백성의 쓰임에 편리한 것으로 공작 기계나 유통 수단 등을 의미하며, 후생은 의, 식 등의 재물을 풍요하게 만드는 것이다.

실학에서도 성리학과 마찬가지로 인간의 본성을 선한 것으로 보았으며, 인간 본성의 회복을 위한 교육의 중요성을 강조하였다. 이덕무의 『사소절(士小節)』에 따르면, "지극히 중요한 일은 자식을 가르치는 것보다 더한 것이 없다."라고 하여 교육의 중요성을 강조하였다. 교육은 집안의 흥망성쇠와 연관되어 있는 중요한 것으로 여겨 영유아 교육에서 부모의 적극적인 역할을 강조하였다. 교육의 목적은 영유아에게 좋은 것과 나쁜 것을 분명히 제시하여 나쁜 것에 물들지 않도록 하여 사람이 악하게 되는 것을 방지하려는 데 있다.

실학에서도 인간의 본성이 선하다고 믿었으나, 수직적·종속적 사회에서 차별을 인정한 성리학과 달리, 실학은 조선 후기 신분제의 붕괴에 따른 인간 평등사상을 기초로 하고 있다. 이는 영유아기에 대한 관심으로 이어져 영유아를 사회의 구성원으로 보게 되었다. 따라서 교육의 실행에 있어서 영유아의 입장을 고려하여 교육 내용이 구체적인 실생활에 대한 것으로 제시되었다. 실학에서도 체벌이 인정되었으나 아동의 인격을 손상해서는 안 된다. 즉, 체벌의 대상이 아동의 인격이 아니라 아동의 잘못에 있어야 한다고 생각하였다(백혜리, 1997).

3) 근대의 영유아관과 교육

조선 말기 봉건제를 기반으로 하는 왕정의 위기와 정치인들의 민중 수탈, 그리고 당시 동아시아를 향한 서구 열강의 침탈은 조선까지 뻗쳐 백성의 삶은 극도로 피폐해졌고, 조선 왕조는 국내외적으로 큰 어려움에 처하게 되었다. 이 시기에는 외세에 대항하고 지배층의 모순을 해소하며 어려움에 처한 민심의 방향을 제시하기 위해 유·불·선 3교와 무속신앙, 음양오행설, 정감록 등의 여러 요소를 혼합하여 최제우에 의해 동학(東學)이 창제되었다(백혜리, 1997).

동학에서는 인간을 누구나 '한울님'을 모신 평등한 존재로 인식한다. 즉, 모든 인간은 한울님과 같이 존엄한 존재로, 인간과 한울님은 서로 다르지 않고 동등한 존재임을 나타낸다[인내천(人乃天) 사상]. 남녀노소, 빈부귀천의 차이가 존재할 수 없으며, 존재하는 모든 것은 한울님을 모시고 있어 무조건적으로 평등하다는 것이다.

따라서 동학의 교육은 인간이 스스로 깨닫고 각성하여, 망각하고 있는 자신 본연의 모습을 되찾도록 하는 것에 그 핵심이 있다. 즉, 인간은 주체적 존재로 스스로 교육을 받고자 하면 그 교육의 가치나 효용성이 극대화되며, 잃어버린 자신 본연의 모습을 되찾을 수 있다는 것이다.

인간존중 사상에 뿌리를 둔 동학의 교육사상은 전통적 여성교육과 유아교육에 대한 반성으로 이어졌다. 여성 스스로 인간으로서 자신의 존엄성과 자유 그리고 행복을 추구해야 함을 각성하고 자각하여, 남녀가 공히 동등한 존재임을 발견하고 인식토록 하였으며, 유아교육에도 그대로 적용되어 유아에 대한 태도와 교육사상이 근대적인 모습으로 발전하도록 하였다.

> 아이가 태어난 그 처음에 누가 성인이 아니며 누가 대인이 아니겠는가? 다만 뭇 사람이 어리석어 깨끗한 성인의 성품을 잊고 있다. 그러므로 수심정기하여 혼탁한 마음을 바로 잡고 순결한 어린이의 마음으로 돌아가야 한다.
>
> 『해월신사법설(海月神師法說)』

인간은 태어날 때 한울님의 조화로운 기를 그대로 간직하고 있다고 보아, 인간의 가장 이상적인 상태를 한울님을 모신 유아의 선한 마음으로 보았다. 따라서 이상적인 선의 상태에 있는 유아는 성인이 따라야 할 존재이며, 성인을 가르칠 수 있는 존재가 된다. 이는 아동의 능력이 성인과 다르지 않다고 인정하는 것으로 성인과 아동이 서로 대등한 관계임을 나타내는 것이라고 할 수 있다. 그렇다고 아동의 미성숙함을 부정하는 것은 아니다. 이제까지 성인의 가르침 아래에 존재하는 아동의 위상을 성인과 대등한 존재로 높였다는 사실을 의미하는 것이다. 아동은 미래의 어른이며 주인공으로서 그 존엄성에 있어서 성인과 차이가 없다고 인식한 것이다(김세곤, 2016).

동학의 유아교육은 태아 때부터 시작된다. 동학에서는 태아를 잉태하는 것은 곧 한울님을 잉태하는 것이기 때문에 매우 중요한다. 한울님을 마음에 가진 유아는 인격적인 존재로서 한울님을 모시듯 유아도 소중하게 길러야 한다는 생각으로 발전하였으며, 성인의 종속물로서가 아니라 독자적인 인격을 소유한 주체적인 인간으로서 성인과 동등하게 평가되어야 하는 주체적이며 평등한 존재임을 밝혔다(김세곤, 2016).

따라서 성인에 의한 아동 체벌은 어떠한 경우라도 금하고 있다. 즉, 어린아이도 성인과 대등한 존재로 한울님을 모셨기에 아이를 때리는 것은 곧 한울님을 때리는 것이 되기 때문이다(백혜리, 1997). 동학의 아동존중사상은 근대적인 아동관의 시작을 의미하며, 성리학과 실학의 아동관이 지닌 한계를 극복한 것으로 볼 수 있다(이순형 외, 2006).

동학의 영향을 받은 근대 아동운동가로 소파 방정환의 이야기는 빼놓을 수 없다. 소파는 아동교육가, 소년운동가, 민족운동가, 근대 아동문학의 선구자로 아동잡지 『어린이』 등을 발행한 아동출판 운동가이며, 색동회와 소년운동협회 등의 소년단체를 조직하여 활동한 아동문화 운동가이기도 하였다. 소파는 수필 『어린이 찬미』에서 "어린이는 한울 뜻 그대로의 산 한울님"이며 "어린의 얼굴에서 한울님의 얼굴을 발견한다."고 하여 어린이를 완전한 하나의 인격체요, 성인의 예속물이 아닌 '훌륭한 한 사람으로 태어나오는 존재'로 보았다(명지원, 2010).

소파의 아동관은 아동의 본성이 어떤 것인가, 아동이 어떤 존재인가, 아동교육과 환경과의 관계는 무엇인가라는 세 가지 측면으로 설명할 수 있다. 첫째, 소파는 아동의 본성이 본래 선하다는 성선설 또는 천사주의 아동관을 가지고 있는데, 이러한 아동관은 아동의 인권 회복과 감성 해방에 상당한 성과를 거두게 하였다. 둘째, 소파는 아동을 개성과 인격과 존엄성을 지닌 독립된 인격체로 보았다. 아동을 독립된 인격체로

방정환(1899~1931)

본 소파는 어린이에게 존대말 쓰기 운동과 같은 구체적인 실천에서 잘 나타나고 있다. 셋째, 소파는 아동이 환경과의 수동적인 관계에서 벗어나 능동적으로 바르게 성장할 수 있는 좋은 환경을 개척할 뿐만 아니라 그 아동만이 갖는 환경과의 고유한 경험을 통해 나름대로 독특하게 성장할 수 있는 존재로 보았다(한상규 외, 2005).

소파의 교육관을 살펴보면 다음과 같다.

첫째, 아동중심 교육이다. 어린이의 올바른 성장을 위해 성인중심의 생활환경을 아동 중심의 생활환경으로 바꾸어야 한다고 하였다. 즉, 어린이에게 자유로운 환경을 조

성해 주고, 어린이의 용기를 북돋아 주는 풍토를 조성해 주며, 어린이에게 자유로움과 기쁨을 누릴 수 있는 환경을 조성해 주는 것이다.

둘째, 전인교육이다. 방정환은 과거 유교적 전통과 일제강점기의 교육에서 지나치게 인지적 측면의 교육을 강조하였기 때문에 아동의 조화로운 성장을 방해한다고 보았으며, 이에 지적인 부분과 정서적인 부분을 골고루 갖춘 조화로운 인간상을 추구하는 전인교육을 추구하였다. 이를 위해 성인은 아동의 인격을 존중하고 감성 해방을 돕는 조력자의 역할을 수행해야 한다는 것이다.

셋째, 예술교육이다. 그림, 동요, 동화, 동극 등의 예술을 통해 기쁨, 슬픔, 좌절, 갈등 등 억압된 감정을 아동이 표현할 수 있도록 하여 아동의 감성해방을 꾀하고자 하였다.

이를 바탕으로 소파가 주장한 보육의 원리를 정리하면 다음과 같다(차호일, 1989).

- **자발성과 흥미를 통한 교육**: 성인은 아동이 요구하는 것을 들어주고 성장을 돕고 보호해 줄 뿐, 강제로 교육을 행해서는 안 된다. 아동이 흥미를 가지고 참여할 때 자연스럽게 교육이 이루어진다.
- **견학을 통한 교육**: 실생활을 통한 교육, 감각을 통한 교육, 직관에 의한 교육의 원리를 강조하는 교육 방법이다. 이는 소파의 교육이 실생활 중심의 교육, 실재적인 교육이었음을 증명하는 것이다.
- **놀이를 통한 교육**: 소파는 어린이가 제일 기쁨을 얻을 때는 자유로운 활동을 할 때라고 보고, 이러한 활동은 육체뿐 아니라 정신의 활동도 포함하고 있다고 보았다. 놀이는 아동 생활의 전부이며, 정신과 육체를 성장하게 하는 교육이며, 놀이를 통한 교육 방법은 소파가 그 시대에 이미 아동교육에서 놀이의 중요성을 인식하고 있었다는 것을 알 수 있다.
- **칭찬과 대화를 통한 교육**: 소파의 사상적 토대가 된 천도교는 인내천(人乃天)과 사인여천(事人如天)을 기본 사상으로 하고 있다. 소파는 아동의 체벌에 대해 부정적인 입장을 가지고 있으며 이는 칭찬과 대화를 통한 교육 방법으로 나타나고 있다.

- 발달수준에 알맞은 교육: 소파는 아동을 교육할 때, 아동의 수준에 알맞게 쉽게 교육할 것을 당부하였다. 아동의 발달수준에 맞는 교육만이 아동중심 교육이며, 아동중심 교육만이 아동에게 기쁨과 흥미와 이해를 줄 수 있다. 이는 어린이의 심리와 발달의 관계를 잘 이해하지 못하고서는 주장하기 어려운 일이다.

2. 우리나라의 보육 역사

우리나라의 보육 사업은 사회의 흐름과 밀접한 연관을 갖고 변화해 왔다. 산업화, 도시화, 여성의 사회참여 증가, 가족구조의 변화 등 우리 사회가 변화함에 따라 보육에 대한 사회적 인식도 변화해 왔다. 지금까지의 우리나라 보육 사업의 변천을 살펴보면 다음과 같다.

1) 초기 탁아 사업 시기(1921~1960년)

우리나라 최초의 보육 사업은 1921년 '태화 기독교 사회관'의 탁아 프로그램이다. 이 프로그램은 종교적인 관점에서 설치된 빈민아동을 위한 구제사업이었다. 이후 1926년 부산 공생탁아소와 대구탁아소가 설치되었다. 당시는 총독부의 내무국 사회과에서 사회사업 분야의 하나로 보육서비스 사업을 지도·통제하였는데, 이 당시 통계에 따르면 1939년에 전국에 관립 1개소, 공립 2개소 등 11개소의 공립·사립 탁아소에서 435명의 영유아가 보육을 받았다. 이 시기의 탁아소는 사회사업 시설로서 일본 구호령에 근거를 두었고, 특히 극빈 자녀를 위한 구빈적 성격이 강했다.

해방 이후인 1945년부터 1960년까지는 한국전쟁으로 인한 전쟁고아들과 도움이 필요한 영유아가 급증하면서 수용보호 시설이 외국의 원조에 의해 설치되었으며, 피난민이 많았던 부산에는 1953년에 시립탁아소, 1955년에 사회탁아소 등이 설립되었다. 이 시기에 설치된 시설들은 주로 빈민층 가정의 자녀를 단순히 보호하는 수준으로 고아원과 별 차이가 없었으며, 임시구호적인 성격을 띠었다.

2) 아동복리법 제정 시기(1961~1981년)

1961년 「아동복리법」이 제정·공포되면서 본격적인 보육 사업이 시작되었다고 할수 있다. '탁아소'가 정부의 법정시설로 인정되었으며, 보육 사업이 빈민구호적인 성격에서 벗어나 아동의 복리를 증진시키는 보편적 탁아 사업으로 그 성격이 변화·발전되었다.

제3공화국이 들어서면서 경제개발계획이 활기를 띠어 근로여성이 증가하는 반면, 기아와 부랑아가 늘어나 사회문제로 대두되자, 보건사회부는 1968년 3월 '미인가 탁아시설 임시조치 요령'을 공포하여 종전의 법인체만 운영할 수 있었던 탁아소의 운영주체를 완화해 민간 설립을 통한 탁아시설 증설을 꾀하여 1960년 전국에 24개에 불과했던 탁아소가 1966년 말에는 116개소나 되었다. 1968년에는 '탁아소'의 명칭이 '어린이집'으로 변경되면서 보육 기능의 중요성이 부각되기 시작하였으며, 이때 전국의 어린이집이 202개소, 보육 영유아가 25,443명에 달하였다.

1977년에 어린이집의 수가 600개소를 넘자, 보건사회부에서는 「사회복지사업법 시행규칙」 제6조 제2항을 개정하여 다시 어린이집의 법인화를 장려하면서 미인가 탁아시설 임시조치 요령을 폐기하였다. 1978년에는 '탁아시설운영방안'을 발표하여 어린이집을 일반 영유아에게 개방하고 보육료를 받을 수 있게 하여 저소득층뿐만 아니라 중류계층의 자녀도 어린이집을 이용할 수 있도록 하였다.

1980년 제5공화국이 들어서면서 복지사회 건설과 교육혁신을 강조하여 유아교육이 정부의 주요 정책이 되었으며 그 일환으로 1981년 「아동복리법」을 「아동복지법」으로 전면개정하여 무료 탁아시설의 경우 법인 이외의 개인도 신고만으로 시설을 설치 운영할 수 있게 되었다. 이에 따라 1981년 5월 전국의 어린이집 수는 657개, 영유아는 45,075명이 재원하게 되었다.

3) 유아교육진흥법 시기(1982~1990년)

1982년 3월 정부는 유아교육진흥종합계획을 수립하고 12월에 「유아교육진흥법」

을 제정 · 공포하였다. 「유아교육진흥법」은 정규 교육기관의 유아교육에 중점을 두었기 때문에 보육시설은 아무런 법적 근거를 갖지 못하였다. 그래서 691개소의 어린이집과 382개소의 농번기 탁아소, 263개소의 새마을 협동 유아원 및 38개소의 민간 유아원 등 1,374개소의 어린이 시설이 '새마을 유아원'으로 통합 · 일원화되어 내무부가 관장하게 되었다. 새마을 유아원의 지원체계는 시설 확충과 운영 관리 부분은 내무부에서, 장학지도와 교재 · 교구 개발, 교사양성, 재정지원, 종합계획 수립은 교육부에서, 급식과 보건위생은 보건사회부에서 각각 맡아 운영을 하게 되었다. 이로써 유아교육기관은 유치원과 새마을 유아원으로 나누었으며, 교육은 유치원에서, 보육은 새마을 유아원에서 중점을 두고 실시하도록 하였다.

그러나 급증하는 보육 수요를 충족시키기에는 한계가 있어 이 시기에 여러 조치가 나타났다. 1987년 노동부에서 「남녀고용평등법」을 제정 · 공포하여 공단지역을 중심으로 시범 탁아소와 공단 탁아소를 설치하여 근로자의 자녀를 우선적으로 보육하도록 하였다. 서울시는 1988년 88탁아소 140개소를 새마을 유아원에 병설 또는 따로 신설하여 운영하게 되었다. 이와는 별도록 영세민 지역에서 법적 근거 없이 운영되는 소위 지역탁아소들이 생겨나 약 200개소의 탁아소가 회원으로 있는 지역탁아소연합이 자생적으로 생겨났다.

1989년 9월부터 다시 보건사회부에서 보육 사업을 맡게 되면서 「아동복지법 시행령」을 개정하여 보육시설의 설치 운영에 관한 법적 근거를 마련하였으며, 1990년 1월에 「아동복지법 시행규칙」을 개정하여 보육 사업의 확충 방안 계획을 수립하였다.

4) 영유아보육법 시기(1991 ~ 2003년)

1990년대 들어 보육이 주요한 사회적 이슈가 되면서 정부는 이에 적극적으로 대처하기 위해 1991년 1월에 「영유아보육법」을 제정 · 공포하고 1991년 8월에 「영유아보육법 시행령 및 시행규칙」을 제정하였다. 「영유아보육법」이 제정되면서 내무부, 노동부, 교육부, 보건사회부 등으로 다원화되어 있던 보육 사업의 주관 부서가 보건사회부로 일원화되었고, 「유아교육진흥법」에 의거하여 설치 · 운영되어 온 새마을 유아원에 대해서는 1993년까지 「교육법」에 의한 유치원이나 「영유아보육법」에 의한 보육시설로 전환토록 함으로써 보육 사업의 체계를 확립하였다. 이로써 종전의 단순한 탁아 사업에서 보호와 교육이 통합된 '보육 사업'으로 확대·발전되었다. 「영유아보육법」의 제정으로 우리나라의 보육 사업은 본격적으로 실시되었으나, 수익자 부담을 강조하고, 직장 보육시설에 대한 강제 규정이 약한 점 등의 문제점을 가지고 있었다. 그러나 저소득층 보육아동에 대한 명확한 규정을 한 점, 일부이지만 국가의 재정 부담을 명시한 점, 그리고 보육교사의 자격에 대해 명확히 규정한 점 등은 기존의 법령들과 비교하였을 때 진일보한 것이다(이순형 외, 2006).

1994년 「정부조직법」 개정을 통해 보건사회부는 보건복지부로 변경되면서 행정체계가 일원화되었다. 또한 보육정보센터를 설치하는 등의 내용으로 보육에 관한 단일 법안을 만들었다는 점에서 보육 사업의 정비기이자 보육 사업의 발전에 결정적인 토대를 마련한 시기로 볼 수 있다. 「영유아보육법」 제정 이후 10여 차례의 법령 개정과 보육시설 확충 계획을 통하여 늘어나는 보육 수요에 대응하고 보육서비스의 질적 향상을 위해 지속적인 노력을 기울였다(여성가족부, 2007).

2001년 말부터 보육이 영유아 양육뿐 아니라 가족복지 증진 및 여성인력 활용을 통한 국가경쟁력 강화를 위한 중요한 국가정책으로 인식되기 시작하여 보육의 국가적 책임과 지원을 강화해야 한다는 요구가 잇따랐다.

5) 보육 사업의 질적 발전기(2004년~현재)

2004년 1월 「영유아보육법」이 전면개정되었고 보육업무가 보건복지부에서 여성부로 이관되었다. 2005년 1월에는 「영유아보육법 시행령」이 개정됨으로써 보육시설의 설치 시 인가 제도, 보육교사 자격증 제도, 보육시설 평가 인증제도 도입 등 보육 서비스 향상 방안이 마련되었다. 이를 통해 보육서비스의 다양화, 질적 수준 향상, 보육에 대한 공적 책임 강화를 통해 보육 사업의 발전적 전환기를 맞게 되었다. 또한, 시설장의 국가 자격증제와 보육시설 운영위원회 설치 의무화를 도입하고 보육시설 설치 사전 상담제를 실시하여 보육시설 운영의 책임성과 투명성 및 효율성을 도모하였다.

2006년 11월에는 「영유아보육법 시행규칙」 개정을 통해 '표준보육과정'을 제정함으로써 보육에서도 영유아의 전인적 발달을 위한 국가수준의 보육과정을 마련하게 되었다.

2004년 여성부로 이관되었던 보육 업무는 2008년 다시 보건복지가족부로 이관되었으며, 2010년 「정부조직법」이 개정됨에 따라 명칭이 바뀐 보건복지부에서 보육 업무를 담당하였다.

2011년에는 「영유아보육법」 일부개정에 따라 그동안 사용해 왔던 '보육시설'을 '어린이집'으로, '보육시설의 장'을 '어린이집 원장'으로, '보육시설 종사자'를 '보육교직원'으로 변경하였다.

2011년 5월 정부는 만 5세 어린이집과 유치원의 공통과정 제도를 도입(국무총리실, 교육과학기술부, 보건복지부 보도자료, 2011. 5. 2.)하기로 하여 2012년에 시행하였으며, 2013년에는 만 3~4세까지 확대 실시하였다. '누리과정'은 유치원과 어린이집으로 이원화되어 있는 교육 보육과정을 통합하여 유아 단계에서 양질의 공통 교육과정을 제공함으로써 교육의 질을 제고하고 생애 초기 출발점에서 평등을 보장하는 것으로 보육에서 교육의 측면을 강화하는 것이다.

3. 외국의 보육 사상

1) 17~18세기 보육 사상

유럽에서는 르네상스와 종교개혁으로 아동관과 영유아 보육에 대한 관점의 근본적인 변화가 나타났다. 코메니우스, 로크, 루소 등의 주장을 바탕으로 아동 존중사상이 구축되기 시작하였다. 즉, 아동이 지닌 특수성과 독립성에 대해 인식하기 시작한 것이다.

(1) 코메니우스

'근대교육의 아버지'라 불리는 코메니우스는 새롭고 근대적인 교육론을 체계화한

근대교육의 선구자이자, 17세기 대표적인 실학교육 사상가이다. 그는 감각실재론자로서, 실제 행해 본 결론을 중시하며 당시 기독교 사회에 속해 있었던 만큼 신중심적 세계관과 기독교적 세계관을 가진 철학자이며, 성서에 의해 교육을 본 사상가이다.

코메니우스(Johann Amos Comenius, 1592~1670)

① 근본 사상

▶ 통일의 원리

코메니우스 사상의 근간은 통일의 원리로 구성되어 있다(쇼우지, 1995; 안인희, 1989). 신적인 것은 세계를 지배하고, 이 세상의 모든 존재는 신의 원리에 따라 존재하므로 궁극의 삶은 신의 원리와 통합되는 것이다. 신의 모습과 많이 닮은 인간의 궁극적인 목적은 모든 완전함과 영광과 행복의 정점인 신과 결합하여 신의 힘에 의해 완전한 영광과 행복을 손에 넣는 것으로 보았다. 코메니우스는 현세의 생명은 영원한 생명의 준비이며, 내세에서 신과의 통일이 인간의 궁극적인 목적으로 보았다.

▶ 평화의 원리

코메니우스는 현실을 절망적으로 보면서, 한편으로는 교육에 의해 평화로운 세계를 건설할 수 있다고 보았다. 즉, 현실에 오염되지 않고 순진무구하며 무한한 가소성을 지닌 아동을 교육에 의해 참된 인간으로 육성함으로써 지상에 평화로운 세계를 건설할 수 있다고 보았다. 신의 원리가 깃든 자연을 이용하여 신의 소명에 응답할 때 인간은 지상에서 평화로운 세계를 창조할 수 있다고 보았다.

② 유아관

코메니우스의 유아관은 기독교적인 유아관을 바탕으로 한다. 유아는 신의 귀중한 선물이며, 지상의 보물이라고 하였다. 코메니우스에 따르면, 유아는 신을 위해서 태어나고 신에 의해 우리의 손에 맡겨졌기 때문에 깊은 경의를 갖고 아동을 보호하고 교육할 필요가 있다. 유아는 원죄를 제외한 순진무구한 상태라고 하였다. 인간이 선해질 수 있는 것은 자기 속에 기독교적 덕성을 지니고 있기 때문이다. 그의 인간관은 백지설이나 성선설이 아니다. 신의 창조에 의해 유아는 덕성과 학식과 신에 귀의하는 마음이 본래부터 있었던 것으로 본다. 유아를 성인의 축소판으로 보았던 중세적인 유아관을 완전히 벗어나서 기독교를 바탕으로 한 새로운 유아관을 수립하였다.

③ 교육 목적

코메니우스의 교육 목적은 인간이 신과 합일되어서 영원한 행복을 누리는 것이다. 이를 위해서는 지적(학식), 도덕적(도덕적 고결함과 덕성), 종교적(신앙과 숭배) 도야의 세 방향에서 이루어져야 한다. 첫째, 지적인 도야는 지식을 계발하며 모든 사물을 알기 위하여 노력하는 것이며, 둘째, 도덕적 도야는 도덕을 실천하여 만물 및 자신의 지배자가 되게 하는 것이며, 셋째, 종교적 도야는 기독교를 믿음으로써 스스로는 물론 만물을 신에게 귀인 시키는 것이다. 코메니우스는 이 세 가지가 하나로 통일되어야 하며 지식은 도덕을 위해 존재하고 도덕은 종교(신앙)를 위해 존재한다는 전제 하에서 교육 목적을 세웠다.

유아교육의 목적은 지적, 도덕적, 종교적 기본을 가르치는 것으로, 유아의 양육자이자 교사인 어머니의 교육적 역할을 강조하였다.

코메니우스는 유아기 교육이 필요한 이유에 대해 "유아가 실생활 활동을 시작하기 전에 준비를 해두기 위해서이고, 모든 것은 유아기와 같은 유연한 시기에 형성하기가 가장 쉽기 때문이며, 인생 초기인 유아기에 형성하는 것이 확실하게 습득되기 때문이다."라고 주장하였다.

④ 교육 방법

▶ 직관에 의한 교수

코메니우스는 직관에 의한 교수를 강조하였다. 특히 영유아는 감각을 통해 주변의 모든 것을 습득하므로, 감각기관 훈련을 통해 감각에 자극을 주고 감각을 통해 사물을 경험하도록 하여야 한다. 그는 다섯 가지 감각을 잘 훈련시켜 유아의 주변 환경 속에 있는 사물들을 변별하는 법을 익힘으로써 유아기 동안 지식의 바탕이 확립되어야 한다고 주장하였다. 이것은 세계 최초의 시청각 교육교재인 그의 저서『세계도회』를 통해서도 잘 나타나있다. 이 책은 그림으로 아동에게 가르쳐야 할 사물과 사상을 설명하고 있다. 사물과 언어를 통합하여 짧은 시간에 흥미있고 정확한 지식을 감각에 의해 얻도록 하였다.

이러한 감각훈련을 통해 유아는 오성(悟性)과 이성에 눈을 뜨고 신의 법칙에 의한 참된 인간으로 형성되어 간다고 보고 있다.

▶ 자연의 질서에 따른 객관적 자연주의 원리에 의한 교수

감각훈련은 유아의 성격과 발달단계에 따라 자연의 법칙에 따라 이루어져야 한다. 그러기 위해서 그는 다음의 방법을 제시하였다.

- 쉬운 것에서 어려운 것으로 나아갈 것
- 모형으로 시작한 다음 언어로 설명할 것(모형에서 언어로 나아갈 것)
- 학습은 점진적으로 이루어지도록 할 것
- 직관에서 출발하여 감각에 호소할 것
- 생활에 유용하고 가치있는 것을 선택할 것

(2) 로크

로크는 영국 고전적 경험론의 주창자이며, 17세기 계몽주의철학 사상가이다. 그는 철학가, 정치가, 경제가이자 종교가였고, 유아교육사상에 있어서도 중요한 공헌을 하였다. 로크는 백지설, 오성론을 주장한 신사교육(gentleman education) 사상가다.

로크(John Locke, 1632~1704)

① 근본 사상

▶ 경험론적 인식론

로크는 "인간의 마음은 백지와 같이 깨끗하게 닦인 칠판과 같다."라고 하였다. 경험에 의해 이 백지에 문자가 써지고 관념이 들어간다. 그는 어떤 관념도 경험에 앞서지

못한다는 것을 강조하였다. 우리의 마음은 백지 위에 문자가 쓰여지는 것과 마찬가지로 경험이 쌓여감에 따라 관념이 형성된다. 이때, 관념은 감각과 반성에 의해 형성되며, 이것은 인간 본성의 능동성을 포함하는 것이다.

아동의 학습에 있어 감각적인 작용이 많은 주의력을 필요로 하지 않기 때문에 감각적인 관념들이 더 잘 학습되며, 경험에 의해서만 궁극적인 인식도 가능하다. 교육은 백지와 아동의 마음속 외부에서 자극을 주어 거기에 관념을 구성시켜 나가는 것이다. 그에 따르면, 어떤 관념으로부터 인식된 지식도 경험을 떠나 존재할 수 없다(Locke, 1977). 유아는 자신의 자연적 욕구에 의해 행동하기 쉽고 실수를 쉽게 저지르며, 이성적이고 합리적인 면보다는 감정적인 면이 강하기 때문에 부모의 계속적인 보살핌과 일관성 있는 훈련에 의한 습관 형성이 필요하다. 이러한 과정을 통해 비로소 인간은 한 사람의 완전한 인격체로 성숙할 수 있다고 보았다.

▶ 인간오성(悟性)론
- 오성이란 인간의 인식능력으로 일반적으로 감성(感省)과 대비되는 의미로 사용된다.
- 인간의 오성이 지식을 인식하는 과정은 감각으로부터 인상이 주어지면, 반성에 의해서 관념이 이루어지고, 이 과정을 통해 인식에 이르게 된다.

로크는 감각을 통하여 지식이 생기고, 바른 지식이 쌓이면 이성이 형성되고, 이성의 훈련을 통해 마음이나 성품이 착해진다고 하였다. 즉, 좋은 경험을 하거나 자기 환경에 적응하면 성품이 좋아지고, 그렇지 못하면 나빠진다. 교육이란 훈련을 통한 습관의 형성에 의해서만 가능한 것이다. 훈련을 통하여 자기 환경에 적응하며, 지식의 원천은 유전이 아니라 환경이며, 신앙이 아니라 이성이라고 보았다.

② 유아관
로크의 백지설에서 유아관을 살펴볼 수 있는데, 로크는 "인간의 마음은 백지와 같이 깨끗하게 닦인 칠판과 같다."고 하였다. 그의 백지설은 인간이 생득적으로 어떠한

능력을 가지고 태어난다는 개념을 부정하고, 능동적인 지식 활동과 교육의 역할을 강조하고 있다.

로크의 유아관은 낙관주의적인 성격을 가진다. 유아의 자주적인 활동성과 자발성에 대해 신뢰를 가지고 있다. 유아는 경험을 통해 적극적으로 습관을 형성할 것을 강조한다.

③ 교육 목적

로크는 교육 목적을 개인의 품성 도야와 국가의 보호와 번영에 두었다.

첫째, 개인의 품성 도야의 목적은 개인적 차원에서 이성에 의한 자기 통제를 할 수 있는 사람과 전인적인 인간상인 신사도를 구현하는 것을 말한다. 둘째, 국가의 보호와 번영의 목적은 사회적 차원에서 개인적 목표 달성 이후에 신사가 이끌어 가는 것을 말한다.

로크에게 있어서 교육은 사회개혁의 수단이었다. 이러한 면은 시민정부를 지지하였던 그의 정치적 성향을 살펴볼 수 있다.

④ 교육 내용

로크는 신체교육, 덕성교육, 지식교육의 세 가지 측면에서 교육 내용을 다루었다 (쇼우지, 1995; Locke, 1977).

▶ 신체교육

로크는 당시 대도시 귀족의 아동에 대한 편협된 과보호와 교육에 있어 지나친 엄격성을 비판하였다. 교육은 과도하게 인위적인 생활양식에서 유아를 해방하고, 절제와 단련에 의해서 변화되어 가는 환경에 적응할 수 있는 인간으로 유아를 단련시켜 나가야 하며, 육체적인 활동이 수반되는 신체교육이 필수적이라고 하였다. 유아는 어린 시절부터 편하고 부드러운 것에 익숙해지지 않도록 해야 하며, 불편하고 싫은 것도 감당해 낼 수 있도록 계속적인 단련을 통하여 억제, 절제, 규칙 등의 신체적인 습관을 가져야 한다.

▶ 덕성교육

로크는 덕이란 신사의 사회생활과 개인생활에 있어서 기본적인 행동 양태로 어린 시절부터 습관 형성에 내면화되며, 이러한 덕성을 잘 발휘하기 위해서 지혜와 예절이 필요하다고 하였다. 로크가 강조한 신사교육에서 덕성은 매우 중요하다.

▶ 지식교육

로크는 일반적으로 교과만을 생각하여 라틴어나 희랍어의 암기 같은 것을 전부로 생각하는 것을 비판하면서, 생활 전반에 걸친 교육을 주장하는 실학주의 입장에서 지식을 논하였다. 학습은 필요한 것이지만 중요한 것은 아니며, 학습의 목적을 덕성의 함양과 신사로서의 자질을 갖추는 데 두었다.

⑤ 교육 방법
- 로크는 유아기부터 철저한 훈육을 강조하였다. 그러나 체벌의 사용은 반대하여, 체벌보다 칭찬, 유아의 명예심에 호소하여 바람직한 지식과 미덕을 스스로 흥미롭게 익혀 나가도록 하는 것을 강조하였다.
- 모든 아동은 제각기 다른 기질을 타고나기 때문에 일률적으로 모든 어린이에게 적합한 교육 방법은 없다. 즉, 인간의 기질적 차이는 다양하나 공통된 아동의 본성(호기심, 흥미, 용기, 게으름 등)은 있다고 보아 교육은 이들의 본성에 준거해서 필요한 습관과 지식을 배워나갈 수 있도록 하여야 한다. 유아의 관찰에 입각한 교육 방법을 강조하였다.
- 합리적 · 논리적 · 계통적인 교육 내용과 방법을 중요시하였다.
- 이론보다는 실제를, 암기보다는 실천을 통해 학습하는 것을 강조하였다.

(3) 루소
루소는 18세기 대표적인 자연주의 철학가이자 계몽주의 철학가이다.

① 근본 사상

▶ 자연주의 철학

루소는 기독교적 세계관의 영향을 받아 신의 원리이자 신
이 창조한 세계인 자연 상태를 완전하다고 보았다. 자연의 법
칙에 따라 자연 속에서 인간이 발달할 때 완전하다고 보고 있
다. 루소는 참된 자연인은 교육에 의해 형성된다고 보았다. 루
소에 있어 교육은 신의 원리와 자연의 법칙에 따라 인간의 본
성을 계발하고 자연 상태가 지닌 모든 장점과 사회 상태가 지

루소(Jean Jacques Rousseau, 1712~1778)

닌 모든 장점이 결합되도록 돕는 것이다. 자연의 힘은 인간의 힘으로 좌우될 수 없는
신의 영역이며, 인간은 이러한 자연의 힘에 따라 발달되고 교육받아야 한다.

▶ 사회계약론

루소는 인간이 자연 상태에서 사회 상태로 옮겨지면서 본래의 자연을 잃고 억압받
게 되었다고 하였다. 그는 자연 상태에서의 인간은 자연적으로 자유를 갖게 되지만,
기존의 사회 상태에서는 제도에 의해 정치적인 자유가 박탈되었고, 사회적인 편견으
로 도덕적인 자유를 잃고 있다고 하였다. 기존의 불평등한 사회 상태를 목가적인 자
연으로 되돌려야 한다고 보았다.

② 교육관

루소는 인간을 교육하는 주체로 자연, 인간, 사물의 세 가지가 있다고 하였다(임태
평, 2006). 자연의 교육은 인간의 능력을 내부로부터 발전시키는 것을 의미하고, 인간
의 교육은 어떻게 이용할 것인가를 가르치는 것이며, 사물의 교육은 주변의 사물에
관하여 경험을 하도록 하는 것이다. 인간과 사물은 의식적으로 조절되지만, 자연은 독
립적인 하나의 기준이며 주어지는 것이다. 자연은 자유롭게 활동하는 것이며, 그 활동
은 억제받지 않는 것이다.

이 세 가지 교육이 서로 조화를 이루고 동일한 목적에 집중될 때 비로소 완전한 교
육을 받게 된다. 루소의 교육은 자연을 따라 인간을 발전시키는 것이라 할 수 있다.

③ 유아관

루소의 인간관은 성선설에 바탕을 둔다. 인간의 본성은 선하며 자연 그 자체로 보았다. 여기에서 선은 사회적인 도덕관에서의 선이 아니라, 신의 자연법칙을 의미하는 선이다. 루소에 따르면 이 세상에 태어난 순간의 아기는 본질적으로 선한 존재이다. 루소는 유아는 어느 때나 성인과 동일하게 존중받아야 한다고 보았고, 유아 내부의 가능성은 자연에 법칙에 따른다고 보았다. 따라서 외부의 간섭은 비교육적이고, 자연에 따라 성장·발달하여야 한다고 하였다.

④ 교육 목적

루소의 교육 목적은 사회 속에 살아가는 인간을 참된 자연인으로 형성하려는 것이다. 궁극적으로는 악으로 물든 사회를 참된 자연인을 통해 개조하려고 하였다. 참된 자연인의 완성은 곧 모든 인간이 평등한 권리로 살 수 있고, 사회의 개조를 불러 일으킨다고 보았다.

⑤ 교육 내용

루소는 교육 내용을 가정교육, 신체교육, 감각교육의 측면에서 다루었다(쇼우지, 1995; 임태평, 2006).

루소는 영유아기 양육에 대한 부모의 의무와 역할인 가정교육을 강조하였다. 신체교육도 중요시하였다. 루소는 신체발달을 위해 영양의 문제를 개선하여야 한다고 하였다. 또한 영유아에게는 전원의 신선한 공기와 자연환경이 가장 필요하다고 보았다. 자연환경에서 유아가 신체를 단련하고 건강하게 성장해야 한다고 보았다. 감각교육에서는 오감각을 통해 자연을 경험하고 자유롭고 자발적인 놀이와 함께 신체활동을 경험하도록 하였다. 감각교육은 단지 개별적인 감각훈련에만 그치지 않고 지적 발달의 기초가 되는 추리력과 판단력을 기를 수 있도록 도와야 한다고 보았다.

⑥ 교육 방법

교육의 세 가지 주체, 즉 자연, 인간, 사물을 통한 교육을 중요시하였다(쇼우지,

1995; 임태평, 2006).

- 교육 방법은 자연법을 기준으로 삼았다. 자연법은 자연의 질서를 발견하는 것으로, 자연법칙에 따라 교육이 이루어져야 한다. 따라서 유아는 자연의 법칙에 의한 발달단계와 흥미에 따라 가르쳐야 한다.
- 경험과 감각을 통한 학습을 중요시하였다.
- 유아는 유아의 수준에 따라 가르쳐야 한다.
- 교사는 직접 가르치기보다는 안내를 하여야 한다. 유아가 스스로 흥미를 가지고 활동하도록 안내한다. 교사는 적절한 안내를 하기 위해 유아의 심신 발달에 관한 지식과 이해가 필요하다.
- 유아교육에서 가정의 역할은 매우 중요하다. 어머니는 참된 수유자로서 자식에 대한 의무를 다하는 것을 최대의 미덕이라고 보았다. 아버지는 참된 교사로서 아버지에 의해 어머니와 교육방식이 일치하여야 하며, 어떠한 유능한 교사보다도 아버지에 의한 교육이 더 잘 이루어진다고 보았다. 그것은 지식이나 기술이 열등하더라도 아버지의 열의가 그 재능을 보충해 주기 때문이다.

2) 19~20세기 보육 사상

18세기에 싹튼 아동중심, 아동존중 사상은 19세기에 들어 페스탈로치와 프뢰벨에 의해 꽃을 피우게 되었다. 20세기는 듀이의 진보주의 교육사상, 몬테소리의 교육 방법, 피아제와 비고츠키의 구성주의 이론으로 '아동의 세기'라 불리게 되었다.

(1) 페스탈로치

페스탈로치는 '빈민아동의 아버지'로서 낙관적 유아관을 가지고 자기 활동 및 노작교육을 강조한 교육실천가이다.

① 근본 사상

페스탈로치의 근본 사상은 자발성, 직관, 조화적 발달의 원리에서 살펴볼 수 있다(마송희, 2001; 쇼우지, 1995)

페스탈로치(Johann Heinrich Pestalozz, 1746~1827)

▶ 자발성의 원리

페스탈로치는 아동으로부터의 교육을 주장하여 유아의 흥미와 기분을 고려하여 유아에게 적합한 방법으로 가르쳐야 한다는 것을 강조하였다. 그래야만 유아 스스로 내부의 잠재능력을 발휘하고 발달시켜 나갈 수 있다. 교사의 역할은 단지 유아의 잠재능력을 발현하는 데 도움을 주는 것일 뿐이다.

▶ 직관의 원리

직관은 교수의 기본이 되어야 한다. 자연을 직접 감각을 통해 경험하면서 자연이 가진 교육적 감화력을 인식하여야 한다.

▶ 조화적 발달의 원리

페스탈로치의 교육 활동의 이상은 지식과 기술과 도덕의 조화로운 발달이다. 신체, 덕성, 지식이 조화롭게 발달하여야 한다.

② 유아관

페스탈로치는 유아가 태어날 때부터 잠재적인 모든 능력을 부여받은 존재로 보았다. 그러나 그 능력은 어느 쪽으로도 발달해 있지 않았기 때문에, 아직 싹트지 않은 씨앗과 같다고 하였다. 유아는 내적 잠재력을 가진 발달 가능성이 있는 존재로 보았다.

③ 교육 목적

페스탈로치는 교육의 목적을 인간 내면의 능력을 지혜로 향상시키는 것으로 보았다(마송희, 2001; 쇼우지, 1995). 즉, 인간을 자연적 상태에서 사회적 상태로 나아가 도덕적 상태로 변화시켜, 인간의 타고난 소질을 지·덕·체의 조화적 발전을 꾀하는 것으로 보았다. 궁극적으로는 학교에서의 학문 완성이 아니라 생활에 대한 적응에 목적을 두었다.

세부적인 교육 목표는 개인을 인도하여 신에 대한 관계를 인식하게 할 것, 사회에 대한 관계에서 유용한 일원으로서의 자격을 부여할 것, 그리고 개인으로서의 행복을 줄 것이라고 보았다.

④ 교육 내용

페스탈로치의 교육 내용은 신체교육, 지식교육, 덕성교육으로 나뉜다(Browers & Gehring, 2004).

신체교육은 단순한 움직임으로부터 복합적인 방향으로 나아가는 법칙성을 지니며, 이는 자연스럽게 발달한다고 보았다(정영근, 2012). 체조는 나이나 체력에 따라 이루어지며 건강, 쾌활함, 협동 정신, 근면성, 공명하고 솔직한 성격, 용기를 기를 수 있다고 보았다.

지식교육은 원숙한 판단력을 목표로 학과수업에서 획득하는 사물과 세계에 대한 지식으로부터 형성할 수 있다고 보았다. 학과수업은 직관의 원리에 의해 이루어지는데 교사는 유아가 순차적인 감각적 인상을 통해 지적인 힘들이 발달함으로써 전인적 사람이 될 수 있도록 도와줘야 한다고 하였다.

덕성교육은 사랑, 신뢰, 감사의 감정에 근거하여 젖먹이 때부터 자신의 욕구를 충족시켜 준 어머니가 중요한 역할을 한다고 보았다. 이는 순수한 감정을 통해 도덕적 심정의 조화를 교육하는 일, 자기 극복 및 옳고 바른 것의 추구를 통한 도덕적 실천의 교육, 그리고 옳고 도덕적인 관계들에 대해 사유 비교하는 일을 통해 도덕적 안목을 열어주는 교육이라고 하였다(정영근, 2012). 이를 위해 유희나 음악, 그림 등의 예술교육이 유아의 유능함, 인내, 노력을 기를 수 있다고 보았다.

⑤ 교육 방법
• 감각적 직관은 학습지도의 기초이다.

- 언어는 항상 직관에, 실물 또는 내용에 결부시켜야 한다.
- 학습의 시간은 판단이나 비판의 시간이 아니다.
- 교수는 단순한 것에서 복잡한 것으로 아동의 발달에 따라 진전시켜야 한다.
- 교사는 유아의 개성을 존중하여야 한다. 유아의 흥미가 없는 교수는 주의력 부족을 가져오고, 교수에 대한 혐오감을 가져온다.
- 능력은 지식에, 기능은 학습에 연결되어야 한다.
- 교사와 학생의 관계는 특히 훈육에 있어, 사랑에 기초를 두고 대하여야 한다.
- 교수는 훈육보다 우선시되어야 한다. 처벌이나 체벌은 금지되어야 한다.
- 도덕교육과 종교교육은 가정에서부터 이루어져야 한다.

(2) 프뢰벨

프뢰벨의 교육사상은 통일, 창조적 자기활동, 노작, 사회화의 원리로 나누어 살펴볼 수 있다(안인희, 1989; 쇼우지, 1995; Bentley, 2006). 프뢰벨은 낭만주의 교육사상가이자 교육실천가로서 유아교육에 많은 기여를 하였다.

프뢰벨(Friedrich Fröbel, 1782~1852)

① 근본 사상

▶통일의 원리

프뢰벨에 따르면, 신은 만물의 유일한 본원으로서 만물 속에 존재하고 만물을 지배한다. 만물의 본성은 신성이며, 만물의 사명은 단지 그의 본질인 신성을 외부에 표현하는 것이다. 프뢰벨은 교육이란 사고하는 존재인 인간을 자극하고 지도하여 인간 스스로 가지고 있는 내적인 법칙, 즉 신적인 것을 인식하게 하여 스스로의 결단으로 밖으로 순수하고 완전하게 충분히 표현할 수 있는 방법과 수단을 제공하는 것이라고 하였다. 교육을 통해 신과 인간과 자연의 통일을 이루어져야 인간이 신의 법칙에 따라 자신의 잠재능력을 발현한다고 보았다.

통일의 원리에서 중요한 것은 신성이다. 신성은 만물 가운데 하나의 영원한 법칙으로 만물을 움직이고 지배한다. 만물은 신성, 즉 신으로부터 나오는 것이다. 신은 우주의 본질이고 통일의 중심으로 만물은 신에 의해 생생한 조화와 통일을 이룬다.

▶ 창조적 자기 활동의 원리

프뢰벨은 신성의 본질이 활동이자 창조이며 노작이라고 보았다. 교육의 과제는 유아의 자기표현을 도와주는 것이며, 유아의 모든 흥미와 욕구에 따른 창조적 자기활동에 따라 교육하는 것이다. 그러므로 모든 명령적 · 간섭적 · 강제적인 교육은 부정하며 금지된다.

▶ 노작의 원리

노작이란 작업 또는 수기(手技)라고도 불리는 것으로, 좁은 뜻으로는 신체적 활동, 주로 손운동의 민첩성을 길러주는 것이고, 넓게는 신체적 활동을 통해 자연의 법칙을 가르치는 것을 목적으로 한다.

노작은 그 자체가 목적이며, 어떤 목적을 위한 수단으로 보지 않고 인간의 본질, 즉 신의 표현을 직접적인 목적으로 보았다. 노작은 인간 생명의 창조적이고 자발적인 활동이며, 감각교육의 필요성을 역설한 페스탈로치의 영향을 받았다. 모든 교육은 감각의 지각과 더불어 시작해야 하며, 구체적 사물 제시는 유아의 학습에 대한 흥미 유발에 적절히 사용될 수 있다.

▶ 사회화의 원리

인간은 사회적 동물이므로 교육도 사회활동의 한 과정이다. 협동과 예절 등이 유아교육의 특징이 되어야 하며, 신의 원리에 바탕을 둔 사회적 환경을 강조하였다.

② 유아관

프뢰벨의 유아관은 성선설에 바탕을 두고 있으며, 유아의 본성은 곧 신성이라고 보았다. 유아 내면의 신성은 끊임없이 생성 · 발전하고, 창조적으로 활동하고, 생명으로 가득차 생명을 탄생시키는 실재이다. 유아는 내적으로 신성을 타고나고, 그 움직임은 반드시 선이며, 이를 잘 발현하기 위해서는 신의 원리에 의해 자연적으로 발달을 도와야 한다고 보았다.

③ 교육 목적

프뢰벨에 있어 교육은 인간 내적 본성의 발현이다. 이에 교육 목적은 자연스러운 환경을 제공하여 각자가 영원한 법칙에 의거하여 내부로부터 자연스러운 자기활동적 인간이 되도록 하는 것이다. 유아가 창조적으로 자기 활동을 하도록 하기 위해서 유아의 내적 자아에 외부적 형태의 어떤 것이 투입되어야 한다고 보았다.

④ 교육 내용

프뢰벨의 유아교육 내용은 다음과 같다(쇼우지, 1995; Bentley, 2006; Cole, 1990).

- 프뢰벨의 교육 내용에서 중요한 것은 은물과 작업(놀이)이다. 프뢰벨은 교육에서 놀이를 강조하였는데, 놀이는 유아의 흥미와 발달수준에 따라 제시되어야 한다고 보았다. 유아의 자발적이고 창조적인 활동은 놀이 속에서 자연스럽게 나타나며, 놀이의 교육적 가치를 실현하기 위해 신의 원리를 반영한 열 가지의 은물을 고안하였다. 은물은 신이 주신 은혜로운 선물이라는 뜻으로서, 유아의 기하 학습과 구성활동을 돕는다.
- 노래, 율동, 게임, 이야기, 동시 등의 교육 활동을 제공하였다. 정확한 율동과 게임의 가치를 인식하여, 유아의 내면적 정신세계를 외부적으로 표출하는 수단으로 보았다. 게임은 통일성을 상징하는 원형으로 배치하였다.
- 극놀이에는 이상적인 가족관계를 제시하였다.
- 정원 가꾸기 활동은 유아에게 보이지 않는 자연의 힘을 볼 수 있는 기회를 제공한다. 각 유아를 위한 자그마한 정원을 제시하여 여러 종류의 꽃과 채소들이 분리되어 자라는 것을 경험하게 하였다. 이를 통해 식물의 성장 조건을 배울 수 있고, 부분과 전체의 관계를 익힐 수 있다.
- 비형식적 교육 프로그램으로는 사육장의 애완동물을 돌보고 시골길을 산보하는 활동이 있다.

모든 활동의 목적은 프뢰벨이 추구하는 상징적인 이상주의, 신비주의적 관념을 갖도록 하는 것이며, 모든 교육과정은 그의 이상주의적 관념인 인간의 신성한 내적 법칙을 유아가 각성하게 안내하는 과정이다.

표 2-1 프뢰벨 은물의 구성

은물		은물의 구성
제1은물	입체	빨강, 오렌지, 노랑, 초록, 파랑, 보라색의 털실 공(지름 6cm) 6개
제2은물		나무로 만든 구(지름 6cm) 1개, 한 변의 길이가 6cm인 정육면체 2개, 지름이 6cm인 원기둥 1개, 기둥 2개, 들보 1개, 가는 막대 1개, 고리 3개
제3은물		나무로 만든 한 변의 길이가 3cm인 정육면체 8개
제4은물		나무로 만든 직육면체 8개(3×6×1.5cm)
제5은물		나무로 만든 한 변의 길이가 3cm인 정육면체 21개, 작은 정육면체를 대각선으로 한 번 자른 큰 삼각기둥 6개, 작은 정육면체를 대각선으로 두 번 자른 작은 삼각기둥 12개
제6은물		나무로 만든 직육면체 18개(3×6×1.5cm), 직육면체 3개를 길게 한 번 자른 기둥 6개, 직육면체 3개를 짧게 한 번 자른 받침 12개
제7은물	면	플라스틱으로 만든 8가지 색의 7종류의 도형(3cm) - 도형: 정사각형, 직각이등변삼각형, 정삼각형, 직각부등변삼각형, 둔각이등변삼각형, 원, 반원 - 색: 빨강, 노랑, 파랑, 주황, 초록, 보라, 검정, 흰색
제8은물	선	플라스틱으로 만든 5가지 길이의 막대(3cm, 6cm, 9cm, 12cm, 15cm)
제9은물		금속으로 만든 3가지 크기의 고리(3cm, 4.5cm, 6cm), 고리를 반으로 자른 3가지 크기의 반고리
제10은물	점	지름 1cm, 높이 5mm인 원기둥 모양의 나무조각

⑤ 교육 방법

프뢰벨의 교육 방법의 특징은 다음과 같다(안인희, 1989; 쇼우지, 1995; Bentley, 2006).

• 유아의 잠재능력과 능동적 자발성을 인식하고 유아의 발달단계와 흥미에 따라 교육시켜야 한다.

- 프뢰벨은 유아를 놀게 하면서 지도하고, 즐겁게 하면서 창조적인 충동을 발달시켜야 한다고 보았다. 유아교육에 있어 유희의 가치를 높이 평가하고, 유아 장애의 내적 생활의 싹을 틔우는 데 중요한 요소로 보았다. 이 원동력은 유아가 자기활동을 하고 연속적으로 발전하도록 한다.
- 사물과 마음은 본질적으로 동일하기 때문에 신체적인 움직임은 정신의 본질을 계발한다. 이러한 노작 원리는 유아가 구체적인 사물과 은물을 직접 조작하면서 정신을 발달시켜 나가야 한다는 원리를 제공하고 있다.

(3) 몬테소리

몬테소리는 기독교적 세계관을 바탕으로 당시 많은 이론의 영향을 받아 어린이집을 설립하고 유아를 위한 체계적이고 조직적인 교육이론을 펼쳤다.

몬테소리(Maria Montessori, 1870~1950)

① 근본 사상

몬테소리의 근본 사상은 기독교적 세계관, 자연주의 철학, 인류학, 진화론, 특수교육학과 행동주의에 영향을 받았다 (Standing, 1984).

▶ 기독교적 세계관

몬테소리의 근본 사상은 기독교적 세계관에 바탕을 둔다. 몬테소리가 살았던 유럽은 오랜 기독교적 전통을 지니고 있었고, 몬테소리 집안 역시 가톨릭의 깊은 신앙을 가지고 있었다. 몬테소리의 기독교적 세계관은 평화교육에 잘 나타나 있다.

▶ 자연주의 철학

몬테소리는 루소, 페스탈로치와 프뢰벨의 자연주의 철학에 영향을 받았다. 유아의 자율성과 자발성, 자기활동의 원리, 작업의 원리, 자기발전의 원리는 이 사상적 영향의 결과라 할 수 있다.

② 유아관

유아는 천부적으로 민감성, 흡수정신, 자율성을 지니고 태어나며, 그의 성장발전은 각 단계마다 독특한 특성을 가진다(Montessori, 1965).

첫째, 민감기(sensitive period)는 유아기의 특성으로서 어떤 특성에 대해 민감성을 나타내는 상태이다. 민감기에는 유아가 어떤 특성에 대해 지적 흡수력이 왕성하게 나타난다. 민감기의 유아는 특별한 어떤 자극에 대하여 수용적이기 때문에 뚜렷한 이유 없이 계속 되풀이해서 어떤 행동을 하는 데 강한 흥미를 가지게 된다.

둘째, 몬테소리(1955)는 유아의 정신을 '흡수정신'이라고 하였다. 흡수정신이란, 유아가 내부에 잠재해 있는 흡수하는 정신을 통해 환경을 받아들이며 스스로 경험하여 배우게 되는 유아의 특성을 말한다. 또한 유아가 의식을 갖기 이전에 환경으로부터 무의식적으로 무엇인가를 흡수하는 경향성이다.

셋째, 몬테소리는 유아를 자기 형성에의 강렬한 동기를 지니고 있는 자율적인 존재로 보았다. 유아는 능동적 존재이고, 독립된 인격과 창조적 정신을 가진 존재로서 자발성과 독립성을 가진다고 하였다.

몬테소리는 유아의 특성에 대해 다음과 같이 밝혔다.

- 유아는 놀라운 집중력을 가지고 있다.
- 유아는 반복을 좋아한다.
- 유아는 질서를 좋아한다.
- 유아는 선택의 자유를 원한다.
- 유아는 놀이하는 것보다 작업하는 것을 더 좋아한다.
- 유아는 상과 벌을 원하지 않는다.
- 유아는 침묵을 좋아한다.
- 유아는 단 것을 거절할 줄도 안다.
- 유아는 인간의 존엄성에 대한 감각을 지니고 있다.
- 유아에게는 쓰기의 폭발기가 있다.
- 유아는 스스로 읽기를 한다.

• 유아는 자발적인 자기 훈련을 한다.

③ 교육 목적

몬테소리(1965)는 교육 목적을 유아가 주변 환경에 적응할 수 있게 하고 전인적인 성장을 하도록 도와주며 궁극적으로 '정상화(normalization)'에 도달하는 데 두었다.

정상화는 유아가 흥미를 가지고 주의집중하고 반복하여 작업하는 과정에서 만족감과 자신감을 갖게 되고, 내적으로 훈련하고, 목적을 가지고 작업을 선택하게 되는 과정이다. 유아의 정상화는 민감기, 흡수정신, 내적 훈련을 통해 이루어진다. 즉, 정상화는 특별한 성향에 대해 민감성을 보이고, 환경을 받아들이고 흡수하며, 끊임없이 내적 훈련을 하는 과정에서 이루어진다. 유아가 스스로 선택한 작업에 집중하여 반복하고 환경 속의 질서를 내면화하게 된다. 유아는 작업을 통해 독립심을 기르고 성숙하면서 자발적인 순종을 통해 정상화가 이루어지며, 준비된 환경과 교사의 도움으로 정상화가 촉진된다.

정상화는 유아에게 부여된 진정한 자유에서 비롯되는데, 몬테소리는 진정한 자유가 제한 속에 있다고 보았다. 몬테소리가 말하는 자유는 작업을 선택할 수 있는 자유, 시간의 자유, 반복학습의 자유, 움직일 수 있는 자유, 말할 수 있는 자유를 말한다. 유아가 정상화에 도달한다는 것은 우주의 질서와 보편적인 법칙에 따라 생활하는 것이다.

유아는 다음의 3단계의 정상화 과정을 거친다.

• 정상화 1단계: 유아가 무엇을 해야 할지 모르는 단계로, 다른 유아를 관찰하거나 다른 유아가 하는 작업을 즉흥적으로 시도하지만 교구의 목적대로 사용하지 못한다.
• 정상화 2단계: 유아가 일시적으로 교구를 선택하여 작업하기도 하지만, 진정한 흥미를 느끼지는 못해서 교사가 제시한 방법대로만 작업을 시도한다. 또한 유아 자신이 교구를 선택하여 작업하지 못하고 교사가 제시한 작업을 하기도 한다. 교구를 반복·집중하는 시간이 짧고, 교구를 자주 바꾸어서 작업한다.
• 정상화 3단계: 유아가 정상화에 도달하는 최종 단계로서, 유아는 교구를 스스로

선택하고, 선택한 작업에 대해 진정한 흥미를 보이고 반복하고 집중하여 작업한다. 제시된 방법뿐 아니라 스스로 응용하여 창의적으로 교구를 사용하기도 한다. 작업의 집중 시간이 길고, 유아 스스로 작업과 휴식 시간을 조절하고, 다른 유아에게 작업을 가르쳐 주기도 한다.

④ 교육 내용

몬테소리의 교육 내용은 크게 일상생활훈련, 감각교육, 언어교육, 수학교육, 문화교육의 5영역으로 나뉜다.

▶ 일상생활훈련

일상생활훈련은 일상생활에서 매일 일어나는 활동을 구성하여 독립심과 일상생활 습관을 기르는 데 도움을 준다. 일상생활 훈련의 작업은 환경, 인간, 사회적 관계, 운동의 조정과 분석에 관한 활동으로 구성되어 있다.

표 2-2 일상생활훈련의 영역과 작업의 예

영역	작업의 예
환경과 관련된 활동	깔개 펴기와 말기, 물 따르기, 문 열고 닫기, 의자 옮기기, 책 읽기, 앞치마 입기, 병과 병뚜껑 맞추기
인간과 관련된 활동	손씻기, 겉옷 벗기 · 걸기 · 입기, 구두 광내기
사회적 관계에 관련된 활동	지퍼 올리기 틀, 단추 끼우기 틀, 리본 매기 틀, 가위 전달하기, 종이 오리기, 망치질하기, 열쇠와 자물쇠 맞추기, 땅콩 까기
운동의 조정과 분석	선 따라 걷기, 조용한 놀이(침묵게임)

▶ 감각교육

몬테소리는 유아가 감각을 통해 발달하며, 인간의 최고의 지성 또한 감각기관을 통해 발휘된다고 하였다. 감각교육을 통해 일상생활훈련 영역의 확장, 감각 및 신체 발달이 이루어진다. 감각교구들은 감각의 물리적 특성에 따라 구분되어 있고, 오감각을 발달시키도록 고안되어 있다. 감각교구는 일상생활훈련 영역의 확장뿐 아니라 수학

표 2-3 감각교육의 영역과 작업의 예

영역		작업의 예
단순감각	시각	꼭지 달린 원기둥, 분홍탑, 갈색 계단, 긴 막대, 색깔판
	촉각	거칠고 부드러운 판, 촉각판 맞추기, 직물상자
	청각	소리상자, 음감벨
	후각	냄새 맡기 상자
	미각	맛보기 병
복합감각	온도감각	온도병, 온도판
	중력감각	무게판
	시각과 형태지각	기하도형 서랍장과 카드, 기하입방체, 나뭇잎 서랍장과 카드, 구성삼각형, 꼭지 없는 원기둥, 겹치는 기하도형, 이항식상자, 삼항식상자
	형태지각	단추 분류하기, 비밀 주머니

교육, 언어교육에 도움을 주기도 한다. 즉, 감각교구는 소근육발달, 공간지각 능력 발달에 도움을 주고, 많은 교구가 10(십)으로 구성되어 10을 기준으로 생각하기, 순서짓기, 입체도형 및 평면도형의 기하학적 속성 및 이름 인식하기에 도움을 줄 수 있다.

▶ 언어교육

몬테소리는 0~6세를 언어의 민감기로 보았다. 언어교육 영역은 듣기, 말하기, 읽기, 쓰기 영역으로 구성되어 있다.

표 2-4 언어교육의 영역과 작업의 예

영역	작업의 예
듣기	소리듣고 구별하기, 이야기 듣기, 듣고 기억하기, 침묵게임
말하기	나의 것 소개하기, 새소식 말하기, 이야기 꾸미기, 동요, 동시, 극놀이
읽기	소리는 몇 개, 명사카드, 대명사카드, 수사카드, 조사카드, 형용사카드, 동사카드, 부사카드, 감탄사카드, 반대말카드, 복합단어
쓰기	그림 색칠하기, 점잇기, 모래종이글자, 움직이는 자모음, 홈이 난 글자판, 작은 칠판에 쓰기, 덧쓰는 글자카드, 글자연습

▶수학교육

몬테소리는 유아의 수학적 지식이 발달되기 위해서는 자연에서 경험하고 지각하는 과정이 필수적이라고 하였다.

표 2-5 수학교육의 영역과 작업의 예

영역	작업의 예
수의 소개	숫자막대, 모래종이 숫자카드, 숫자막대와 카드, 방추형 막대상자, 숫자와 수세기 단추, 숫자기억놀이
수세기 (1~10, 11~99세기)	구슬교구, 숫자판(세강판 1, 2)
연산의 학습	덧셈의 뱀놀이, 덧셈판, 덧셈암산판, 뺄셈의 뱀놀이, 뺄셈판, 뺄셈암산판, 곱셈 색구슬 놀이, 곱셈판, 곱셈암산판, 나눗셈판, 나눗셈 암산판
추상적 연산활동	작은 구슬틀, 큰 구슬틀, 나눗셈 시험관놀이
십진법	구슬교구와 카드
분수	분수판, 분수봉

▶문화교육

문화교육의 영역에서는 사회, 과학, 음악, 미술의 내용을 다루었다.

표 2-6 문화교육의 영역과 작업의 예

영역		작업의 예
사회	지리	지구본 1, 지구본 2, 땅과 물의 모형, 대륙지도퍼즐, 개별 대륙퍼즐, 국기 꽂기, 대륙에 관련된 사진, 한국 지도, 나의 몸과 방향, 동서남북 방위 소개
	역사	날짜에 관한 짝짓기 카드, 유아 자신의 연대표, 1년, 한 달, 낮과 밤, 시계, 시간과 정각
과학	생물	생물과 무생물 구별하기, 동물카드 짝짓기, 식물카드 짝짓기, 광물카드 짝짓기, 같은 동물카드 짝짓기, 무척추동물과 척추동물 분류하기, 척추동물의 신체부위 명칭 알기, 식물 기르기, 여러 가지 꽃의 종류 알기, 꽃의 각 부분 명칭 알기
	물상	태양계, 별자리 이야기, 뜨는 것과 가라앉는 것 분류하기, 달걀 띄우기, 촛불 태우기, 자석에 붙는 것과 붙지 않는 것 분류하기

음악	소리 구별하기, 컵을 이용한 소리 듣기, 음감벨 연주하기, 음감벨의 음이름 청각적 연상하기, 피아노에서 음이름 알기, 음표, 악기 알아보기
미술	찢어붙이기, 콜라주, 크레용으로 그림 그리기, 수채물감으로 그림 그리기, 그림 감상하기

⑤ 준비된 환경

몬테소리는 유아의 발달과 성장을 위해 '준비된 환경'이 필요하다고 보았다. 유아의 정신이 발달하기 위해서 유아의 신체가 영양분을 공급받아야 하는 것처럼, 성장은 유아의 발달에 따라 환경으로부터 발달에 필요한 영양분을 공급받아야 한다. 때문에 환경은 매우 중요하다(Lillard, 1973).

지적이고 감각적인 성인이 유아를 위해 준비된 환경을 세심하게 마련해야 한다. 유아의 삶과 성장 속에 참여할 수 있어야 한다. 몬테소리의 준비된 환경은 교구, 환경의 물리적 환경과 유아, 또래 유아, 부모, 교사의 인적 환경을 포함한다. 이렇게 준비된 환경의 특징은 다음과 같다(Lillard, 1973).

첫째, 몬테소리는 준비된 환경에는 자유가 있어야 한다고 보았다. 자유는 제한된 자유이며, 유아가 생활하는 곳에서 유아 스스로 선택할 수 있는 자유, 시간에 대한 자유, 반복의 자유, 움직임과 말에 대한 자유 등이 있다.

둘째, 준비된 환경은 구조와 질서를 가지고 있다. 준비된 환경의 구조와 질서는 유아가 정신세계를 형성하고 내면화하는 데 도움이 된다. 예를 들면, 교구는 단순한 것에서 복잡한 것으로의 순서로 진전되고, 난이도가 다르게 구성되어 있다. 질서는 유아의 내면에서 형성되며, 준비된 환경 속에서 유아에게 자유가 보장된다면 사회적 집단 속에 참된 질서가 형성된다.

셋째, 준비된 환경은 유아의 발달단계와 욕구에 맞게 준비되어야 한다.

넷째, 어린이집의 환경은 유아를 위한 환경이며, 유아의 지적 발달을 위해 특별히 만들어진 교육적 자료뿐만 아니라 소규모의 가정을 꾸밀 시설을 갖추어야 한다. 교실의 시설은 현실적으로 꾸미되, 유아의 욕구와 발달단계에 맞도록 알맞은 크기로 준비되어야 한다. 일상생활 자체로 꾸며져야 하고 동식물 사육과 재배, 자연과의 접촉을 통해 자연을 관찰하고 자연에 대한 감사, 자연의 법칙(성장)을 알게 하는 데 도움을 주어야 한다.

다섯째, 준비된 환경은 혼합 연령의 학급으로 구성되어 유아의 사회성 발달을 촉진한다.

여섯째, 준비된 환경에서 교구는 자동교육이 되도록 고안되었고 심미감을 주며 유아의 활동을 이끈다. 교구는 유아의 민감기와 발달단계에 맞도록 연구되었고, 분리된 조작으로 되어 있고, 단순한 것에서 복잡한 것으로 진전되도록 하며, 유아의 생각을 구체적인 것에서 추상적으로 표현하게 한다.

일곱째, 준비된 환경에서 교사는 지도자(director)로서 유아를 존중하고 유아의 발달을 도와주는 역할을 한다. 교사는 유아의 발달과 작업을 관찰하는 관찰자의 역할을 하고, 작업하는 유아를 보호하는 보호자, 유아의 발달을 안내하는 안내자, 상호작용을 촉진하는 촉진자, 준비된 환경을 마련해 주는 역할을 한다.

⑥ 교육 방법

몬테소리의 교육 방법은 작업의 원리에서 찾아볼 수 있다. 작업은 자동교육, 3단계 교수법, 유아와 유아 간의 상호작용 측면에서 살펴볼 수 있다.

▶자동교육

자동교육은 유아가 교구를 통해 스스로 배우는 것을 의미한다. 몬테소리는 유아가 교육 프로그램 속에서 자신이 선택한 교구를 가지고 작업하면서 자신의 능력을 발달시켜 나갈 수 있다고 보았다. 몬테소리 교구는 잘못을 정정할 수 있는 기능이 있어서 유아는 교구를 다루면서 자신의 잘못된 점을 스스로 고칠 수 있다. 예를 들면, 꼭지 달린 원기둥의 경우, 유아가 어느 하나를 잘못 끼우면 마지막에 끼우게 되는 원기둥은 나머지 구멍에 맞지 않게 된다. 유아는 구멍의 높이와 원기둥의 높이, 또는 원기둥의 지름과 구멍 지름의 틈을 발견함으로써 잘못된 것을 스스로 찾을 수 있다. 유아 스스로 수행한 작업을 피드백하고 그것에 근거하여 다음 단계에 몰두할 수 있다. 이러한 자동교육은 유아와 교구와의 상호작용 속에서 유아 스스로 발달해 나감을 의미한다.

▶3단계 교수법

교사가 유아에게 교구의 사용법을 시범보일 때 3단계 교수법을 사용한다.

- 1단계: 사물과 명칭을 일치시킨다. 모래숫자카드의 경우 교사가 모래 숫자를 손가락으로 만지며 "1. 이것은 1이야."라고 말하며 명칭을 말해 준다.
- 2단계: 명칭에 해당되는 사물을 유아가 인지하여 지적해 본다. 교사가 유아에게 "1은 어느 것이니?" 또는 "1을 선생님에게 줘 보겠니?"의 질문으로 유아가 인지한 것을 확인한다.
- 3단계: 사물의 명칭을 기억하여 말하도록 한다. "이것은 무엇이니?"의 질문으로 유아가 사물의 명칭을 기억하여 말하도록 한다.

▶ 유아와 유아 간의 상호작용

몬테소리의 어린이집은 2~6세 유아들의 혼합연령 학급으로 구성되었다. 처음에 구성되는 학급의 유아 수는 12~15명에서 시작하여 매년 7~10명의 유아를 영입하고, 그 후 3년까지 약 35명의 유아가 한 학급에서 지내도록 한다.

유아의 사회성을 발달시킬 수 있고, 서로 다른 발달수준의 유아들이 서로 도움을 주고 상호작용할 수 있다. 이러한 학급 구성은 유아의 독립심과 자율성을 기르고 사회성을 발달시킨다.

(4) 듀이

듀이는 20세기 미국을 대표하는 실용주의 철학자이며, 진보주의 교육사상의 이론 제공자이다. 듀이의 교육사상을 살펴보면 다음과 같다(송선희, 1998; Dewy, 1981; Dewy, 1987; Johnson, 2006).

듀이(John Dewey, 1859~1952)

① 근본 사상
▶실용주의

프래그머티즘(pragmatism)이란 용어는 1877년 퍼어스(Peirce)가 처음 쓴 것으로,

칸트의 '실용적 믿음(pragmatische glaube)'에서 유래되었다. 프래그머티즘, 즉 실용주의는 철학의 한 방법으로서, 사상을 행위와 관련지어 파악하려는 철학이다. 듀이는 과학적 방법론을 강조하여 근대 과학의 경험적 방법을 생활 전반에 적용하고, 구체적 경험 속에서 과학적 방법을 활용하는 것에 관심을 두었다. 듀이는 형이상학적 이론을 그것이 뜻하는 사실과 행동, 실제적 효과를 반성적(reflective)으로 사고하여 타당성 여부를 검증하는 과정을 중요시하였고, 탐구의 결론에 이르게 되는 과정, 탐구방법의 의의를 강조하였다.

② 교육관

▶ 경험의 원리

듀이는 인간의 삶을 경험으로 이해하려 하였다. 듀이는 경험의, 경험에 의한, 경험을 위한 교육을 강조하였다. 듀이는 경험을 인간의 몸과 마음이 하나가 되어 작용하는 과정이고, 감각적인 요소와 관념적인 요소가 함께 행위 속에서 통일되어 활동하는 상태라고 하였다.

경험은 계속성과 상호작용 원리의 특성을 가지고 있다. 계속성은 경험의 시간적 측면으로, 수동적인 면과 능동적인 면의 통일이다. 경험은 먼저 받아들이는 것이고, 시간적으로 과거의 산물이 전달되는 것이다. 유아는 처음에 외부의 사물과 감각적으로 접촉하고 점차 능동적인 지적 사고활동을 형성해 간다. 사고과정을 통해 과거의 산물은 현재의 활동과 연결될 수 있고 이는 과거를 받아들이고 미래를 시도하는 통일과정이다. 또한 상호작용의 원리는 경험의 공간적 측면으로서, 인간이 사회적·물리적 환경과 상호 교섭하는 것을 의미한다. 인간은 사물과 사람의 세계에서 존재하고 경험은 환경에서 행해지며, 이때 개인과 환경과의 상호작용이 일어난다. 이를 장의 형성이라고 하는데, 교사는 교육경험을 제공하는 장의 조정을 중요시하여야 한다.

▶ 성장의 원리

성장의 원리는 교육 목적의 궁극적 원리이다. 인간은 태어날 때부터 불완전하고 미숙하므로 환경에 적응하기 위해 성장은 필수적이다. 성장은 생물학적 의미와 지적인 의미를 포함한다. 지적인 의미의 성장은 바람직한 경험의 확대라고 할 수 있다. 성장은 개인을 고정적이고 통속적인 상태에서 어떤 형태로든지 변화시키고, 이러한 변화는 개인을 새로운 모습으로 환경에 적응하도록 한다. 듀이는 미성숙을 적극적인 가능성의 가진 의미로 보고, 성장할 수 있는 힘이자 계발될 수 있는 능력으로 보았다.

성장은 의존성과 가소성의 개념으로 살펴볼 수 있다. 의존성은 성장의 가능성을 전제로 하는 개념으로, 인간이 미성숙한 존재로 혼자 살아갈 수 없고 다른 사회구성원들과 의존해 나갈 수밖에 없다는 상호 의존성이다. 의존성은 또한 가소성은 미성숙한 인간이 사회에 스스로 적응시키고 변화할 수 있는 잠재력을 의미한다. 유아는 환경과 상호작용을 통해 배우고 발달하게 된다. 이 두 개념은 상호 보완적이다.

▶ 지성의 원리

듀이는 인간을 지성적인 존재로 보았다. 인간은 자신의 신체적 욕구와 생명 보존을 위해 대상이나 환경에 조화를 이루려는 본질적 경향이 있으며, 그 목적을 달성하기 위해 수단과 방법을 생각하는 지성을 가지고 있다. 지성은 태어날 때부터 본능적으로 타고나는 것이고, 이는 경험을 개조하고 새롭게 하는 과정에서 작용하게 된다.

▶ 탐구의 원리

듀이는 경험에서 이루어지는 탐구과정을 중요시하였다. 듀이가 실용주의 철학에서 탐구해 나가는 방법과 과정을 중요시 하였듯이, 교육에서의 탐구과정을 중요시한다. 개인과 환경이 상호작용할 때, 문제해결을 위해 가설, 실험 관찰의 탐구과정이 이루어진다.

③ 유아관

듀이는 다윈의 진화론의 영향을 받아 인간을 생물학적 존재로 파악하였다. 듀이는 인간성의 기본적인 3요소를 충동, 습관, 지성으로 파악하였다. 생물학적 존재인 인간은 자신의 이해와 욕망에 따라서 행동을 일으키려는 존재이며, 어떠한 행동을 가능하게 하는 힘은 본능적 충동이고, 이 충동이 삶에 표출될 때 습관이라는 표현방식으로 나오게 된다. 충동 자체는 맹목적이고, 습관도 고정적 · 반복적인 특성을 가지고 있다. 인간 개인의 본능과 충동으로 나타나는 개인적 습관과 사회적 습관 사이는 반드시 조화가 이루어지지는 않는다. 보편적으로 충돌과 불일치가 일어나기 쉬운데, 자신과 타인간의 이해, 개인적 이해와 사회적 이해의 불일치를 조정하기 위해 사고가 발생한다.

사고할 수 있는 능력은 지성이다. 지성으로 인간은 의미있는 행동이 가능하다. 지성은 끊임없는 반성적 사고의 계속적 과정이고, 충돌과 불일치를 조정하고 새로운 적응을 가능하도록 한다. 듀이의 인간관은 이러한 지성의 역할을 강조함으로써 유아 개인의 능동성을 강조하고 있다.

듀이는 이와 같이 유아를 본능과 충동을 가진 존재이면서 지성을 타고난 가능성을 가진 존재로 보았다. 유아는 경험과의 상호작용 속에서 능동적이고 지적인 존재로 역할을 한다.

④ 교육 목적

듀이는 경험을 통한 끊임없는 성장과정을 교육이라고 보았고, 성장 자체를 교육의 목적으로 보았다. 듀이의 교육 목적은 유아의 성장을 목적으로, 유아가 현재 가지고 있는 경험을 조사하여 이를 다룰 잠정적 계획을 세우고 새로운 조건이 발생함에 따라 계획을 수정하여 나가는 실험적인 목적이며, 행동에 의해 검증되면서 끊임없이 성장하도록 하는 것으로 보았다.

⑤ 교육 내용

듀이는 교육 내용으로 경험과 교과를 관련짓고자 하였다. 유아의 경험을 시작으로 경험 안에서 새로운 사실과 아이디어를 능동적으로 탐구하도록 내용을 구성하여야 한다고 하였다.

듀이의 교육 내용의 특성은 다음과 같다.

- 교육 내용은 유아의 경험으로부터 출발하지만, 교육과정의 중요한 요소로서 유아와 사회의 상호작용을 중요시한다.

- 교육 내용으로 경험이 중요하지만, 지성(사고)이 개입되어야만 교육의 효과를 가져온다. 유아의 교육적 경험은 수동적으로 이루어지는 것이 아니라 유아의 지성에 의해 통제되거나 조정되어야 한다.
- 교육은 사고하는 것을 배우는 것으로, 이를 통해 삶 · 성장 · 지식을 이끌 수 있어야 한다.
- 교육 내용은 인간과 가정을 중심으로 유아의 사회적 활동에 초점을 맞추어야 한다. 듀이는 교육 내용에서 요리, 목공, 바느질, 수공 등의 표현활동이나 블록놀이과 같은 구성활동은 유아의 지적 부담을 덜어 줄 뿐만 아니라 생활과 밀접한 관계를 가지고 있다고 보았다.
- 읽기, 쓰기, 셈하기는 유아의 내적 동기를 강조하여 필요를 느낄 때까지 기다려서 지도하여야 한다고 보았다. 읽기가 교과나 과제로 유아에게 제시되었을 때 아무 의미가 없으며, 유아에게는 자기표현 활동(음악, 그리기, 구성놀이 등)이 글자에 집중하는 것보다 더 필요하다고 보았다.

이러한 교육 내용은 유아의 경험이 지적으로 연결되도록 경험에서 출발하되 능동적으로 학습이 일어나도록 조직하여야 한다.

⑥ 교육 방법

듀이는 유아기를 교육의 출발점으로 보기 때문에 교육 방법에 있어서도 아동중심, 흥미중심, 경험중심 이론을 전개하였다(안인희, 1989; 쇼우지, 1995; Dewey, 1981; Dewey, 1987; Johnson, 2006).

- 유아의 본성에 따라야 한다. 듀이는 교육 방법이 아동의 힘과 흥미의 발달이 이루어지는 순서에 따라야 한다고 하였다.
- 교육 방법은 유아의 흥미를 존중하여야 한다. 듀이는 이러한 흥미가 노력과 결합될 때 진정하게 일어난다고 보고, 유아가 사물을 자유의지로 지적인 방향으로 자기 표현을 할때 의미를 가진다고 보았다.

- 교육 방법, 내용과 목적은 분리될 수 없다.
- 유아를 위한 개별화 방법을 찾아야 한다.
- 교사는 유아의 활동 방향으로 지적으로 향하도록 다리를 놓아 주는 사람이다. 교사에게는 관찰자, 안내자, 연결자, 제안자, 중재자의 역할이 강조된다. 교사는 유아의 현재 발달수준을 정확히 파악해야만 올바른 교육을 이끌 수 있고, 유아에게 새로운 지성 세계로 안내할 수 있으며, 새로운 대상과 사전의 유아의 이전 경험과 지적으로 연결되도록 도와주어야 한다. 또한 교사는 유아가 토론을 통해 사고하도록 제안하고, 예상되는 결과를 갖고 적절한 개입을 통해 활동을 제시하도록 하여야 한다.

4. 외국의 보육 역사와 제도

1) 영국의 보육 역사와 제도

전통적으로 영국에서는 아동교육과 보육에 대한 책임이 부모와 가정에 있고, 영유아는 어머니와 함께 있는 것이 교육, 건강, 발달에 가장 좋은 환경이라는 보육인식이 강하였다. 1789년 산업혁명의 영향은 영국을 산업화 도시화로 이끌었으며, 여성근로자 늘어나면서 어머니를 대신하여 영유아를 양육할 필요성이 대두되었다(이연정 외, 2015). 1816년 오웬은 자신의 방직 공장에서 일하고 있는 여성 근로자의 자녀를 돌봐줄 탁아시설인 성격 형성 학원과 부속기관인 유아학교를 설립하였는데, 이것이 탁아시설 설립 운동의 시초가 되었다.

제2차 세계대전 이후 여성 노동력의 수요가 감소하였고, 2세 미만 영아의 건강한 양육을 위해서는 어머니가 가정에 있어야 한다고 하여 보육시설에서 영유아 양육을 금지하고 유아교육기관의 확장도 제한하였다. 1980년대 후반부터 경기 활성화로 인한 여성취업의 증가와 사회적 인식의 변화로 보육체제에 변화를 가져오게 되었다. 1998년 영국 정부는 복지개혁의 첫 번째 프로그램에 영유아 교육과 보육을 포함시켰다. 1998년 5월에 국가 아동보육 전략 정부계획안 '아동보육에 대한 도전(The National Childcare Strategy Green Paper: Meeting the Childcare Challenge)'을 발표하고 이러한 정책의 일환으로 '슈어스타트 프로그램(Sure Start Local Programs)'를 통해 영유아와 가족에게 교육, 보육, 보건, 부모 및 가족 지원 서비스 등을 통합적으로 제공하기 시작하였다(지성애 외, 2007).

1998년에는 '보육시설의 당면과제'에서 교육과 보육은 분리할 수 없음을 분명히 하고 유아교육계획서를 확장하여 보육 요소를 포함하고 3, 4세 무상교육을 위한 법적 근거를 마련하였다(김명순 외, 1999). 1998년부터 만 4세 유아 대상 무상교육을 시작하였고, 2004년 4월부터 무상교육 대상을 만 3세 유아까지 확대하였으며, 낙후 지역에는 만 2세 영유아도 무상교육을 실시하였다.

2004년에는 부모를 위한 10개년 전략을 발표하고, '부모를 위한 선택, 영유아를 위한 최상의 출발'이라는 취지하에 부모에게 질 높고 이용 가능하며 적합한 육아지원기관을 그들이 원할 때 그들이 원하는 곳에서 제공하는 것을 목표로 설정하였다. 2006년 실행계획을 발표하여 저소득층과 소외계층의 영유아는 물론 모든 영유아를 취한 보편적인 서비스를 제공하기 위하여 영국 전역에 800개 이상의 슈어스타트 아동센터(Sure Start Children's Center)를 설립할 계획을 제시하였다.

슈어스타트 프로그램은 '양질의 통합적 서비스'를 제공하는 데 있으나, 궁극적으로 모든 영유아에게 가정적 배경과는 무관하게 최상의 인생 출발을 하도록 하는 데 목적이 있다. 또한, 영유아와 가족의 건강과 안녕을 증진시킨다는 취지 아래 영유아의 사회정서, 건강, 학습능력을 발달시키고 가족과 지역사회 능력을 강화시킨다는데 근본 목표가 있으며, 지역사회에 적합한 지방 프로그램을 통해 영유아 무상교육과 양질의 보육 제공 그리고 가족지원을 주 업무로 하고 있다. 슈어스타트 프로그램은, 첫째, 0~5세 영유아와 가족에 대한 교육, 보육, 건강, 취업 등의 가족 지원 서비스를 제공하고, 둘째, 부모의 빈곤 탈피를 돕기 위한 체제를 구성·운영하며, 셋째, 범죄 감소, 효율적인 노동시장을 위한 환경 등을 구축하여 생산성 높은 건전한 시민 사회를 재건하는 것을 목표로 한다. 이처럼 영국은 가정의 기능을 회복하고 지역사회가 협력하여 모든 영유아가 최상의 환경에서 성장하도록 국가의 정책적 지원을 실시하고 있다.

2) 스웨덴의 보육 역사와 제도

스웨덴에서는 1850년대에 접어들면서 사회적인 지원이 필요한 아동들을 대상으로 최초의 유아원(nurseries/creches)이 설립되어 자선단체들로부터 재정적 지원을 받았다. 1890년대에는 중산층 아동을 대상으로 하는 최초의 유치원이 설립되어 시간제로 유아교육을 제공하였다.

1904년 설립된 최초의 공립 유치원은 3세부터 모든 계층의 아동을 대상으로 하는 종일제 프로그램을 운영하였으며, 특히 가정과 같은 환경을 제공하였다. 이는 이상적인 신중산층 가정을 모델로 만든 것으로, 의료 · 사회 · 보육 · 교육 서비스가 통합된 형태였다.

제2차 세계대전 이후 스웨덴의 사회복지 개념은 공동체, 연대 및 정의가 중심이 되는 공평한 사회건설의 수단으로 설명될 수 있다. 주요한 사회정치적 이념으로 사회자유주의를 표방하고 있는 스웨덴은 모든 시민에게 혜택이 돌아가도록 국가의 핵심적 가치를 실천하는 국가의 본보기이다. 이러한 가치들을 구현하기 위해 사회제도는 만민을 위한 기본권으로서의 서비스를 제공하는 보편성과 형평성에 바탕을 두게 되었다. 사회적 혜택이 오직 빈곤한 하층민에게만 주어지는 부수적인 것으로 해석되는 다른 국가들과는 달리, 광범위하게 서비스를 공급받는 것은 스웨덴 국민생활의 기본이자 삶의 당연한 일부이다. 이에 사회복지사업은 대규모의 공공지원을 받고 있고, 보건, 교육, 후생 등 모든 삶의 영역을 아우르고 있다. 특히 스웨덴의 아동은 태어나면서부터 진심으로 존중받고, 사회의 보살핌을 받으며, 부모에 의해 잘 보호받을 권리를 가진다. 이러한 권리가 아동에게 부여되는 것은 아동이 인류평등주의 사회질서에 대한 새롭고 보다 나은 비전을 이어나가야 하기 때문이다(문무경 편역, 2006).

20세기 중반 급격한 산업화로 인해 여성의 노동시장 진출이 늘어남에 따라 탁아 서비스에 대한 요구가 급증하였으며, 이에 스웨덴 의회는 '가족위원회(family commission)'를 결성하여 탁아 서비스에 대한 전반적인 조사를 실시하였다. 1968년 '가족위원회'의 보고서에 기초하여 '국가보육위원회(National Commission on Child Care)'가 구성되었으며, 서비스의 목적, 교육 내용 및 조직 서비스 확장 등과 관련된 활동을 수행하였다(Gunnarson, 1993). '가족위원회'는 1972년 발표한 보고서에서 사회 복지적 측면이 강조된 보호와 영유아의 발달을 도모하기 위한 교육이라는 양분된 관점에서 벗어나 모든 영유아에게 교육과 보호가 통합된 형태의 서비스가 제공되어야 한다고 주장하였다. 즉, 당시 스웨덴에 존재했던 다양한 기관을 유치원이라는 하나의 유형으로 통합할 것을 제안하였으며, 이에 따라 스웨덴에서는 유치원을 통해 유아를 위한 교육과 보호가 통합된 'educare model'을 선도적으로 제공하게 되었다(신동주, Ingrid, 2009).

1996년 스웨덴에서는 만 1~6세 영유아의 교육과 보육 업무를 보건사회부에서 교육과학부로 이관하였으며, 현재까지 교육과학부가 영유아 교육과 보육에 관한 목표, 지침, 재정에 관한 모든 중앙정부 정책을 총괄하고 있다. 1998년 「학교법(School Act)」에 따라 보육시설과 유치원의 구분을 없애고, 만 1~6세 영유아를 위한 '푀르스콜라(förskola: pre-school)'와 만 6~7세를 위한 '유아학급(pre-school class)'을 운영하고 있다. 「학교법」에 따라 육아 관련 업무가 289개의 지방자치단체로 이양되어 지방자치단체가 육아관련 모든 책임을 전담하고 있다.

오늘날 스웨덴의 영유아 보육서비스의 방향은 영유아의 전인적 발달을 도모하기 위해 보육과 교육을 통합한 질 높은 서비스를 제공하는 데 있다. 풍부하고 창의적인 환경을 제공하여 영유아의 발달 및 학습에 대한 요구를 충족시키고, 학업 또는 취업 중인 부모가 사회생활을 충실히 할 수 있도록 유연하게 보육기관을 운영함으로써 교육과 보호 및 사회적 기능이 통합된 총체적 서비스를 제공하고 있다(신동주 외, 2007).

3) 일본의 보육 역사와 정책

1947년 「아동복지법」이 제정되면서 공적 보육제도의 토대를 구축한 일본은 1955년부터 시작된 일본 경제의 고도성장과 함께 근로여성의 보육 요구가 급격히 증가하였다. 특히 1970년대 말에는 공립 보육소의 비율이 60% 이상을 차지하게 되었을 뿐만아니라 당시까지 민간 보육시설의 대다수를 차지하였던 개인 설립 보육소도 정부의 법인화 정책에 의해 사회복지법인화를 이룩하게 되었다.

「아동복지법」 제24조는 보호자가 아동을 양육하기 곤란한 경우 시·정·촌(市·町·村: 우리나라의 시·군·구에 해당)이 책임을 지고 아동을 보육소에 입소시켜야 한다고 규정하고 있다. 자녀양육에 대한 일차적인 책임은 부모에게 있다. 그러나 근로, 질병, 장애, 임신, 출산, 재해 또는 가정 내 간호를 필요로 하는 환자가 있어 부모가 자녀를 양육할 수 없는 경우가 발생하면 시정촌이 양육 책임자로서의 역할을 수행한다고 제시하고 있다(유희정, 2006).

1980년대에는 보육소의 수가 급격히 늘어났으며, 60% 이상을 공립이 차지하게 되었다. 늘어나는 보육예산에 위기감을 느낀 일본 정부는 사회복지 예산 절감을 이유로 1990년도 중반까지 보육소 억제정책을 실시하였다.

그러나 1989년 합계출산율이 인구 유지 수준을 밑도는 1.57명을 기록함과 동시에 남녀평등의식의 확대와 함께 일하는 여성이 증가하게 되자 정부 보육정책의 적극적 전환을 요구하게 되었다. 이에 따라 1990년 중반 이후 정부의 보육정책은 보육 수요에 적극적으로 대응하는 노선으로 전환되었다.

일본의 취학 전 아동을 위한 양육지원 기관은 유치원은 문부과학성이, 보육소는 후생노동성이 관할하는 이원화된 행정체계로 운영되고 있다. 유치원과 보육소의 일원화 문제는 오래전부터 제기되어 왔으나 실현되지 못한 채 현재에 이르고 있다.

2000년 이후 일본의 영유아 보육과 교육을 둘러싼 환경이 크게 변화하여 왔다. 저출산으로 영유아의 수가 감소함으로써 유치원이 줄어들어 유치원 경영이 심각한 위기상황에 봉착한 반면, 기혼 여성의 취업률 증가로 보육소 입소를 희망하는 아동이 급격히 증가하고 있어 새로이 보육소를 신설·증설하기보다는 유치원의 비어 있는 교실을 이용하여 보육소 아동을 흡수하고자 하는 유치원과 보육소의 일원화 논의가 정부에서 활발하게 전개되어 왔다.

2003년 일본 정부는 '경제제정 운영과 구조개혁에 관한 기본방침 2003'에서 '취학 전 아동에게 보육과 교육을 일체로 제공하는 종합시설'의 제안을 구체화하여 2004년 유아교육·보육의 일원화 정책에 대한 기본 구상이 나오게 되었다. 여기서 나온 구상을 기본으로 2005년 4월부터 전국적으로 35개 영유아 시설에서 모델 사업이 시작되었고, 2006년 본격적으로 실시되게 되었다. 그리하여 각 지역의 다양한 요구에 따라 유치원과 보육소의 좋은 점을 살려 2006년 10월부터 영유아 교육·보육의 일원화 정책 시설을 공식적으로 '인정 어린이집'이라 칭하는 새로운 제도가 시작되었다.

인정 어린이집의 기능은 다음과 같다. 첫째, 보호자가 직장을 갖고 있든 그렇지 않든에 관계없이 이용 가능하게 하여 영유아의 발달을 최우선으로 하고, 영유아 발달의 기초를 다진다. 둘째, 단체 활동과 다른 연령과의 교류를 통해 건강한 성장을 지원한다. 셋째, 대기 아동을 해소학기 위하여 기존의 유치원 등을 활용한다. 넷째, 충실한 지역 자녀양육 사업을 통하여 가정을 지원한다(최순자, 2007).

최근 일본의 유아교육과 보육의 일원화 동향은 영유아의 이익을 최우선으로 하면서 영유아 발달의 기초를 다지며, 또한 보호자나 지역의 자녀양육 능력을 높이기 위한 여러 가지 지원을 실시하고 있다.

보육학개론
제2장

활동해 봅시다

- 소파 방정환이 우리나라 유아교육에 기여한 점에 대해 토의해 봅시다.

- 우리나라 고려시대와 조선시대 유아교육의 공통점과 차이점을 찾아 토의해 봅시다.
- 내가 좋아하는 교육가를 선택하고, 선택한 이유를 설명해 봅시다(선택한 교육가의 생각에 동의하는 점과 동의하지 않는 점이 무엇인지 토의).

〈코메니우스〉

〈로크〉

〈루소〉

〈페스탈로치〉

〈프뢰벨〉

〈몬테소리〉

〈듀이〉

제3장

발달과 보육

학습목표

1. 발달의 개념적 기초를 이해하고 설명한다.
2. 발달이론을 이해하고 비교 · 분석한다.
3. 영유아의 발달적 특성을 이해한다.

이 장에서는 발달의 개념과 발달이론, 영유아의 발달적 특성에 대해 살펴본다. 먼저 발달의 개념에서는 발달의 의미 및 원리, 발달의 중요성을 살펴본다. 발달이론으로는 성숙주의 이론, 정신분석 이론, 행동주의 이론, 인지이론 등을 고찰하고, 마지막으로 영유아의 발달영역과 발달단계에 따른 영유아의 발달적 특성을 살펴본다. 보육교사는 영유아의 발달이 어떻게 이루어지고 그 과정에서 영유아는 무엇을 생각하는지, 어떤 영향을 받는지 등 영유아의 발달을 이해함으로써 양질의 보육서비스를 제공할 수 있게 된다.

1. 발달의 개념

1) 발달의 의미

인간의 발달은 생후부터 사망까지 모든 기간에 걸쳐 일어나며, 연령 증가에 따라 일어나는 신체적·심리적 변화과정을 의미한다. 인간의 발달 중에서도 아동발달에 특히 중점을 두는 이유는 인간의 전 생애 중 발달 속도가 가장 빠르고 이 시기의 발달이 청년기, 성인기 등 아동기 이후의 발달에 많은 영향을 미치기 때문이다.

발달의 개념은 성장과 성숙의 개념을 포함하고 있다. 성장은 시간의 흐름에 따라 점차 키와 몸무게 등 양적인 증가로 발달을 간주하며, 성숙은 보다 나은 단계로 전개되는 운동기능이나 감각기능 등 질적인 변화의 개념으로 이해할 수 있다. 또한 발달의 개념은 결정적 요인인 유전과 환경의 개념을 고려할 수 있다. 먼저, 인간의 발달을 유전적 관점에서 보는 입장은 부모로부터 물려받은 유전자에 의해 공통된 발달패턴과 개인차의 일부분이 결정된다. 환경의 지배를 받지 않고 유전적 힘이 성장 발달을 한다고 본다. 다음으로, 환경적 관점에서는 인간 스스로는 재능, 기질, 성격 등을 변화시킬 힘이 없으며, 인간의 발달은 환경에 의해서만 결정된다. 즉, 인간의 발달은 환경의 질, 환경의 변화, 학습 등 외적인 영향에 의해 쉽게 영향을 받고 발달 시기 역시 환경에 의해 달라질 수 있다고 본다. 마지막으로, 유전과 환경 간의 오랜 상호작용의 산물이 인간의 발달을 이루어 왔다고 보는 입장이 있다. 유전과 환경의 상호작용은 인간의 발달 속도를 가속화할 뿐 아니라 질적 발달(언어, 사고 등)에도 많은 작용을 한다고 본다. 현대 발달심리학자들은 대부분 세 번째 입장을 취하고 있으며, 생물학적인 요소와 환경 간의 요인이 어떻게 상호작용하는지에 관심을 기울이고 있다.

2) 발달의 원리

인간의 발달은 복잡하고 다양하여 인간 발달의 특성을 설명하는 학자마다 다르나, 수많은 실험과 관찰을 통한 지식을 근거로, 발달의 규칙성과 가능성을 예견할 수 있는 보편적인 발달의 원리가 있다. 이를 살펴보면 다음과 같다.

(1) 발달은 순서가 있으며, 일정한 방향으로 진행한다

발달은 유전에 의해 순서대로 진행된다. 예를 들면, 태어나서 걷기까지 앉고, 서고, 그다음에 걷는 것처럼, 일정한 순서를 거친다. 특히 신체 및 운동 발달의 경우 일정한 방향으로 발달이 이루어진다. 첫째, 발달은 위에서 아래로, 즉 머리 부분이 먼저 발달하고 점차 팔, 다리 아래쪽 부분의 기관이 발달한다. 둘째, 발달은 중앙에서 말초로 진행된다. 중앙에 있는 심장이 먼저 생기고 점차 손가락, 발가락의 말초 부분이 형성된다. 셋째, 일반적인 것에서 특수한 것으로 발달이 진행된다. 즉, 대근육이 먼저 발달하고 나중에 소근육이 발달한다.

(2) 발달은 개인차가 있다

발달의 순서는 일정하지만, 발달의 속도와 양상은 아동마다 각기 다르다. 어떤 영유아는 돌이 되기 전에 말을 하며, 어떤 영유아는 세 돌이 될 때 까지도 말을 하지 못한다. 심지어 일란성 쌍생아들 간에도 태어날 때부터 개인차가 있다. 이처럼 인간의 발달은 연령의 범위 내에서 각자의 고유한 특성(유전과 환경)에 따라 다르게 발달한다.

(3) 발달은 상호 연관성을 갖는다

발달은 유전과 환경의 상호작용에서 이루어지는 원리와 같이, 신체 · 정서 · 지능 · 사회성 등의 발달 영역은 서로 영향을 주고받는다. 즉, 정서적 장애는 신체적 · 사회적 · 지적 성장에 모두 영향을 미친다는 것을 예견할 수 있다. 신체적으로 미숙한 영유아는 주위 탐색을 적극적으로 하지 못한 결과, 인지적 발달과 사회적 관계에 있어서도 미성숙할 수 있다. 이처럼 발달은 각 영역이 서로 유기적으로 연결되어 진행되는 특성을 보인다.

(4) 발달은 계속 이루어지지만, 발달속도는 동일하지 않다

발달은 생후부터 사망에 이르기까지 계속적으로 일어나지만 발달의 속도는 신체적 · 심리적 특성에 따라 혹은 발달영역에 따라 일정하지 않다. 즉, 일반적 신체기관과 뇌의 조직, 임파 조직, 생식 기관 등이 개체 내에서 그 속도가 다르지만 끊임없이 발달 현상을 나타냄으로써 개체의 발달이 이루어진다.

(5) 발달은 점진적으로 이루어진다

발달은 이전 단계의 발달을 근거로 다음 단계의 발달이 이루어진다. 이는 초기의 발달은 후기 발달의 기초를 제공하며, 각 단계는 다음 단계의 변화를 예견할 수 있다. 또한 발달은 추월하지 않는다는 뜻이기도 하며, 부족한 이전의 경험은 이후의 발달에 지장을 줄 수도 있다.

(6) 발달에는 결정적 시기가 있다

결정적 시기는 발달이 가장 용이하게 이루어지는 최적의 시기를 의미한다. 대인관계에서 애착을 형성하는 문제도 애착 형성 시기를 놓치게 되면 어려움을 겪게 되고, 출생 후 2개월 간의 시각 차단의 경험이 지각 발달에 치명적 영향을 준다는 실증적인 연구에서 나온 원리(Fantz, 1963)와 같다.

2. 발달이론

19세기 과학의 발달로 인해 인간의 발달에 대한 이해는 과학 영역의 과제로 넘어 갔으며, 심리학자들에 의한 인간 발달 연구는 20세기 들어와서야 비로소 이루어지게 되었다. 20세기의 주요 발달이론들을 살펴보면, 인간의 발달에 대한 초점을 인간의 내적인 힘인 유전적인 측면, 외적인 힘에 의한 발달인 환경적 측면, 내적·외적 힘의 상호작용을 강조하는 상호작용 측면에 따라 발달이론이 각기 다르다. 각 입장에 따른 발달이론들을 살펴보면 다음과 같다.

1) 성숙주의 이론

성숙주의 이론은 유전적 요인과 관련되며, 발달 정도나 속도는 개인에 따라 다르지만 모두가 정해진 발달단계의 순서를 지닌다고 본다. 즉, 아동의 성장과 발달에 따른 행동양식은 유전에 의해 이미 결정되어 있으며, 내재된 것이므로 교육에 있어 아동에게 자유를 부여하고 자연스러운 발달을 지원

게젤(Arnold Gesell, 1880~1961)

해야 한다고 본다. 성숙주의 이론의 대표적인 학자인 게젤은 출생에서 청년기까지의 행동발달 변화 정도에 관한 관찰연구를 바탕으로 운동행동, 적응행동, 언어행동 그리고 개인적·사회적 행동의 연령적 발달 특성을 기술하고 이를 기초로 '표준행동목록 (behavior norms)'을 제시하였다. 게젤은 아동 행동발달 단계를 3단계로 출생에서 만 5세, 만 5~10세, 만 10~16세로 나누었다. 이 중 출생에서 5세까지가 행동발달이 이후의 발달단계에 많은 영향을 미친다고 하였다. 게젤의 표준행동목록은 당시 유아교육자에게 제공되었으며, 유아의 학습기능을 비롯하여 신체적·정서적·지적발달에 관한 성숙 정도를 객관적으로 볼 수 있는 중요한 준거가 되었다(유안진, 2001).

2) 동물행동학적 이론

동물행동학적 이론은 진화론적 관점에서 인간의 특정한 행동의 의미와 가치를 발견하고자 한다. 모든 문화권에서 공통적으로 나타나는 발달의 근원을 찾고자 하는 대표적인 학자는 로렌츠와 볼비가 있다.

오스트리아의 동물학자인 로렌츠는 자연관찰법을 사용하여 동물행동을 연구하였다. 그는 모든 동물은 자연도태 과정에서 생존할 수 있는 적응적 행동을 가지고 태어난다고 보았다. 로렌츠는 청둥오리의 알을 두 집단으로 나누고 한 집단은 알을 낳은 어미가 부화하게 하고, 다른 집단은 로렌츠 자신이 부화시켰다. 그 결과 청둥오리들은 로렌츠를 청둥오리의 어미로 생각하고 어미처럼 따라 다니는 행동을 보였다. 알

로렌츠(Konrad Lorenz, 1903~1989)

에서 깨어난 새끼가 처음 본 대상을 어미로 인식하고 따라가는 행동은 움직이는 대상을 따르려는 생득적 경향성(청둥오리는 부화 후 13~16시간이 가장 민감한 시기)과 알에서 깨어난 후 일정 시간 내에 실제로 움직이는 대상이 제공되는 환경을 만날 때 각인 (imprinting)되는 종 특유의 행동인 것이다. 로렌츠는 이러한 각인은 인간의 행동에도 적용되어 생의 어떤 결정적인 시기에 각인 현상이 나타나고, 이후에는 지울 수 없는 강력한 작용을 하며 이는 학습과는 구별되는 과정이라고 주장하였다.

각인 현상을 인간에게서 찾으려 했던 동물행동학자 볼비는 영유아와 어머니 간의 관계를 이해하는 데 영유아 역시 다양하고 선천적인 행동을 보였으며, 그러한 반응이 자신의 생존과 정상적인 발달에 도움이 되는 특유의 경험을 증진시킨다고 주장하였다. 그는 삶에서 특별한 사람에게 느끼는 강력한 정서적 결속을 나타내는 용어를 애착(attachment)이라고 하였다. 애착은 종족을 보존하기 위해 주위 환경에 적응하는 데 필요한 요소로서, 애정이나 사랑과 같은 긍정적인 정서의 의미를 지닌다 (Ainsworth, 1973). 그는 인간의 사회 정서적 발달을 위한 민감한 시기가 생후 3년 간이라고 믿고 이 시기에 주양육자를 각인하고 긴밀한 애착을 형성해 나가는 과정에 대해 설명하는 애착이론을 제시하였다. 애착은 상호적 관계로 형성되는 것으로 아기의

출생과 동시에 애착이 형성되는 것이 아니라 초기 몇 개월 간 일상생활 속에서의 반복적이고도 지속적인 상호작용을 통해 서서히 형성된다. 즉, 영유아와 양육자 간의 지속적인 상호작용을 통해 서로에 대해서 잘 알게 되고 편안해지며 서로 만족하게 되어 강력한 상호 애착을 형성하게 된다.

3) 행동주의 이론

행동주의 이론은 개체의 발달이 유기체의 내재적 힘에 의존하기보다는 경험의 누적에서 이루어진다는 입장이다. 행동주의 이론은 파블로프와 왓슨의 고전적 조건형성 이론에 기원을 두고, 스키너의 조작적 조건형성 이론, 밴듀라의 사회학습 이론 등이 이에 속한다.

(1) 파블로프의 고전적 조건형성 이론

파블로프는 러시아 생리학자로 개의 타액 분비 실험을 통해 고전적 조건형성의 기본원리를 처음으로 제시하였다. 파블로프는 개에게 음식을 주고 그것의 생리적 반응인 타액 분비과정을 연구하였는데, 이같은 과정을 반복하면 나중에는 연구 도중 음식을 주지 않아도 개가 침을 분비한다는 사실을

파블로프(Ivan Petrovich Pavlov, 1849~1936)

발견하였다. 이는 개에게 종소리(중성자극)를 들려주고 음식을 주는 과정을 여러 번 반복하였더니 개가 종소리(조건자극)만 듣고도 침을 분비(조건반사) 한다는 연구이다. 즉, 음식물과 관련 없는 자극도 타액 분비 반응과 연합이 이루어질 수 있음을 발견하였다.

- **조건화 전 단계:** ① 종소리(중성자극) ⇨ 개(무반응)
  ② 음식(무조건자극) ⇨ 개(침의 분비)
- **조건화 단계:** ① 종소리(중성자극) ⇨ 음식(무조건자극) ⇨ 개(침의 분비)
  ② 반복

• 조건화 후 단계:　종소리(조건자극) ⇨ 개(침의 분비)

여기에서 중요한 점은 조건자극이 무조건자극보다 먼저 주어져야 조건형성이 이루어진다. 그러나 새로이 조건형성이 이루어진 후에 조건자극만 계속 제시하면 처음에는 조건반사인 침을 흘리는 반응이 나타나지만 반복될수록 점차 미약해지고 마침내 침을 흘리는 반응이 사라진다. 이를 소거현상이라고 한다.

(2) 왓슨의 고전적 조건형성 이론

왓슨은 파블로프의 고전적 조건형성 이론의 기본원리를 교육학과 심리학에 응용한 학자이다. 왓슨은 11개월 된 자신의 아들 알버트를 대상으로 실험하여 인간이 새로운 자극에 대해 공포감을 느끼게 되는 형상을 조건형성으로 설명하였다. 그는 알버트에게 흰쥐(중성자극)를 보여 줄 때 망치로 쇠막대를 때리면서 큰 소리(무조건자극)를 내어 놀라게(무조건반응) 하였다. 처음에 알버트는 흰쥐에 대해 공포심이 없었지만, 같은 실험이 7회 반복되자 소리를 제거하고 흰쥐만 보여 줘도

왓슨(John Broadus Watson, 1878~1958)

놀라서 우는 반응을 보였다. 이 실험으로 왓슨은 인간의 정서인 공포가 큰 소리인 중성자극과 연합될 수 있다는 것을 보여 주었다.

왓슨은 공포를 제거하는 것 역시 조건형성을 통해 가능하다고 하였다. 토끼를 무서워하는 만 3세인 피터를 대상으로 실험하였다. 피터는 이미 토끼에 대한 공포반응이 형성되어 있었으나, 오후 간식을 준 후 피터가 무서워하지 않을 만큼 떨어진 거리에 토끼를 보여 주었다. 그다음날에도 조금씩 토끼를 피터 가까이 가져오게 하였다. 이 과정을 반복하자 마침내 피터는 과자를 먹으면서 다른 한 손으로 토끼를 만질 수 있게 되었다. 이러한 실험을 통해 왓슨은 인간의 모든 행동은 결국 환경에 의존하여 학습되는 것이며, 환경이 발달에 가장 중요하다는 것을 보여 주었다.

(3) 스키너의 조작적 조건형성 이론

스키너는 왓슨의 행동주의를 비판하면서 등장한 학자이다. 그는 고전적 조건형성이 특정 자극에 대해 반응하는 간단한 반사행동의 학습을 설명할 수 있지만, 유기체(사람이나 동물) 스스로 조작하는 행동의 학습과정을 설명하기에는 부적당하다고 보았다. 스키너는 상자를 만들어 이 상자에 흰쥐를 넣고 쥐의 행동을 관찰하였다. 상자의 한쪽 벽은 지렛대가 있어 이를 누를 경우 먹이와 물이 나오도록 되어 있다. 처음에 쥐는 여기 저기 움직이다가 우연히 지렛대를 누르고 먹이를

스키너(Burrhus Frederic Skinner, 1904~1990)

먹게 된 후부터는 지렛대를 누르는 횟수가 증가함을 관찰할 수 있었다. 이와 같이 지렛대를 누르는 행동과 그에 따른 긍정적 결과가 여러 번 반복되면서 지렛대 누르기와 먹이 보상과의 관계를 점차 학습하게 된 쥐는 지렛대를 누르는 조작행동을 반복함으로써 조작적 조건형성을 하게 된다. 즉, 조작적 조건형성 이론은 유기체가 자극에 반응한 그 결과를 강조하며, 그 결과에 해당하는 유기체의 반응을 빈번히 일으키게 함으로써 자극 요인을 조건화하게 된다. 자극 요인을 조건화하게 만드는 것이 보상인데, 고전적 조건형성 이론에서는 보상이 자극과 동시에 나타나므로 행동을 끌어내는 유인체제로 이해되었으나 조작적 조건형성 이론의 경우에는 강화란 행동 뒤에 따라오는 것으로서 행동을 통제하는 작용을 한다고 보았다.

행동에 따라 빈번히 일어나기를 기대하는 행동이 있는가 하면, 행동이 소멸되기를 기대하여 같은 행동이 나타나지 않기를 바라는 경우에는 통제를 요구하게 된다. 따라서 행동 통제는 두 가지 양상을 띠게 된다. 특정 행동이 계속 일어나도록 '행동목표'를 설정하고 그 행동이 유발될 때 강화하는 일을 정적강화라고 한다. 목표 지향에서 이탈된 행동, 방해되는 행동이 발현된다면 이를 소멸시켜야 하는 통제 기능이 요구될 때는 부적강화가 실시된다. 부적강화는 일반적으로 체벌 또는 정적강화를 철회하는 것인데 체벌의 경우는 통제 기능의 효과는 있으나 또 다른 정서적 효과를 동반하기 때문에 적합하지 않고, 스키너는 그 대신 정적강화를 철회함으로써 소거하도록 제안하였다. 조작적 조건형성에 의해 행동이 결정된다는 스키너의 주장은 외적 자극을 지

나치게 강조한 반면, 학습과정에서의 인지적인 측면을 무시하였다는 점에서 비판을 받았다(김춘경 외, 2004).

(4) 밴듀라의 사회학습 이론

밴듀라는 사회적 상황 속에서 타인의 행동을 관찰함으로써 학습할 수 있다는 사회학습 이론을 주장하였다. 밴듀라는 스키너의 조작적 조건형성 이론은 동물에 있어서는 중요 학습 원리이지만 동물과 달리 인지적 존재인 인간은 강화 없이도 학습이 일어나며, 사회적 상황 속에서도 타인의 행동을 관찰함으로써 학습할 수 있다고 주장하였다. 캐나다 출신의 밴듀라는 행동의 원동력이 환경이라는 행동주의의 기본적인 가정에서 벗어나 개인과 환경 간의 상호성에 의한다는 상호결

밴듀라(Albert Bandura, 1925~1990)

정론적 입장을 취하였다. 따라서 인간은 자신의 개인적인 선호도와 판단(예: 모델 애정도, 자신과의 유사성, 모델의 권력 정도나 전문성, 신체적 능력 등이 영향을 줌)에 따라 특정 모델의 행동을 관찰하여 모방하면서 학습한다고 본다. 밴듀라는 학습과정이 주의(attention) → 파지(retention) → 운동재생(motor reproduction) → 동기(motivation)의 4단계 과정을 통해 이루어진다고 보았다. 주의는 모델의 행동에 주의를 기울이는 과정이며, 파지는 관찰한 행동을 기억 속에 저장하는 과정이다. 운동재생은 기억하고 있는 모델의 행동을 실제로 옮기는 과정이며, 동기는 관찰을 통해 학습된 행동이 계속해서 외적으로 혹은 스스로 강화를 받음으로써 지속되는 과정이다.

4) 정신분석 이론

정신분석 이론은 내적 · 외적인 힘의 상호작용에 의한 발달로 본능과 사회적 요구 간의 갈등으로 이해된다. 인간의 행동을 일으키는 정신의 무의식적인 힘을 분석하고 밝히는 데 목적을 두는 이론으로 마음의 분석 혹은 영혼의 분석이라고도 한다. 정신분석이론은 프로이트의 심리성적 발달이론(psychosexual theory)과 프로이트

의 심리성적인 이론에 기초하면서도 차이점을 통해 독자적인 심리사회적 발달이론 (psychosocial theory)으로 발전시킨 에릭슨의 이론이 있다.

(1) 프로이트의 심리성적 발달이론

비엔나의 정신과 의사였던 프로이트는 히스테리 환자를 자유연상이나 꿈의 해석과 같은 기법으로 치료하였다. 그는 정신적인 문제가 무의식 속에 잠재된 생각이나 욕망에 의해 일어난다고 믿었다. 무의식은 인간의 행동을 결정하는 중요한 역할을 하며, 특히 어린 시기의 성적인 본능과 충동들은 무

프로이트(Sigmund Freud, 1856~1939)

의식 속에 잠재되어 있다가 사고와 행동의 동기를 제공한다. 본능적인 욕망을 충족할 수 있도록 사고와 행동이 동기화되고, 그 결과 정신적인 긴장이 해소되는 과정이 바로 인간의 성격발달 과정으로 설명하였다. 정신과 환자의 문제가 어린 시절의 성적인 갈등에서 비롯된다는 것을 임상 실험을 통해 발견한 프로이트는 가장 중요한 본능을 성적인 본능이라고 보고 이를 리비도(libido)라 불렀다. 유아가 성장함에 따라 리비도가 집중되는 신체 부분은 달라지며, 각 단계에서 추구하는 성적 충동이 적절히 만족되어야 다음 단계로 발달할 수 있지만, 과잉 충족되거나 결핍되면 고착되어 그 단계의 특징적인 성격 유형이 형성된다. 프로이트의 심리성적 발달단계를 살펴보면 〈표 3-1〉과 같다.

표 3-1 **프로이트의 심리성적 발달단계**

구강기 (출생~만 1세)	리비도가 구강에 집중되는 시기로 빨고 깨물며 씹는 행동을 통해 성적 욕구를 충족시킨다. 구강기의 고착현상은 손가락 빨기, 과식, 과음 등이다.
항문기 (만 1~3세)	이 시기의 성감대는 항문 주변으로 항문의 괄약근을 수축하고 이완하는 과정을 통해 만족감을 얻는다. 배변 훈련을 통해 이러한 욕구가 충족된다. 항문기의 고착현상은 배변 훈련이 너무 엄격하거나 청결을 지나치게 강조하면 나타나는 것으로 인색하거나 고집이 세고 의심이 많은 성격을 형성할 수 있다.

남근기 (만 3~6세)	리비도가 성기로 집중되면서 자신의 성기 자극을 통해 만족감을 얻는 시기로 자위 행위를 하기도 한다. 동성의 부모를 강하게 질투하는 오이디푸스 콤플렉스와 엘렉트라 콤플렉스가 나타나지만, 남아는 거세불안의 두려움, 여아는 남근선망의 갈등으로 인해 결국 동성의 부모와 동일시함으로써 문제를 극복하고 초자아가 발달하게 된다.
잠복기 (만 6~11세)	학령기가 되면 외부 환경과 성취 과업에 관심을 갖게 되고, 리비도가 무의식 속으로 잠복하면서 평온한 상태를 유지한다.
생식기 (청년기)	잠복기였던 성적 에너지가 신체적 성숙이 이루어짐에 따라 진정한 의미에서의 성욕이 나타나는 시기이다. 가족 이외의 이성을 향한 성적 충동이 발생한다.

(2) 에릭슨의 심리사회적 발달이론

에릭슨은 프로이트의 제자이면서 신프로이트 학파의 한 사람으로 개인의 성격발달을 위한 중재자가 사회적 맥락에 있다고 설명하였다. 그는 유아를 생물학적인 충동에 얽매인 수동적인 존재로 보는 프로이트의 입장에서 벗어나 환경에 적응하고자 하는 능동적인 존재로 보았다. 또한 어린 시절의 경험에서 부모의 중요성만을 강조했던 프로이트와는 달리 가족, 친구, 사회와 문화 배경도 중요한 영향 요인으로 보았다.

에릭슨(Erik Erikson, 1902~1994)

그리고 에릭슨은 아동기를 중심으로 제한적으로 발달단계를 언급하기보다는 전 생애의 발달 중요성을 강조하면서 심리사회적 발달과정을 8단계로 소개하였다. 각 발달단계에서 사회적 환경에 적응하려는 개인적 욕구와 욕구충족 과정에서 야기되는 갈등의 해결을 중심으로 심리사회적 발달의 단계를 제시함으로써 평생발달의 중요성을 강조하였다. 이러한 갈등 극복의 주체는 자아라고 보았으며 발달이 진행되면서 갈등의 긍정적·부정적 측면을 제시하였는데, 이 두 가지 측면이 다 중요하지만 건전한 발달을 위하여 긍정적 측면이 부정적 측면보다 더 많이 경험되어야 한다고 보았다. 에릭슨의 심리사회적 발달단계는 〈표 3-2〉와 같다.

표 3-2 에릭슨의 심리사회적 발달단계

기본적 신뢰감 대 불신감 (출생~만 1세)	양육자가 얼마나 일관되고 지속적인 경험을 제공하느냐에 따라 영유아는 세상에 대한 기대와 어머니에 대한 신뢰감이 형성되나, 그렇지 못할 때에는 불신감이 형성된다. 이 시기의 기본적 신뢰감 형성은 성장한 후의 사회관계의 기초가 된다.
자율성 대 수치심 (만 1~3세)	이 시기는 대소변의 통제가 가능하고 신체적 · 언어적 능력의 발달과 함께 모든 일을 스스로 하려고 하는 자율성을 발휘하게 된다. 자유를 허락하면서 적절히 도와주면 자율성이 발달하지만, 지나친 통제나 사회적 기대에 부응하지 못하면 수치심을 느끼고 회의감이 생기기도 한다.
주도성 대 죄책감 (만 3~6세)	이 시기에는 성인의 인정을 받고 싶어 하며, 또래와의 갈등도 경험하게 된다. 유아가 스스로 자신의 일을 잘하고 목표를 달성하게 되면 주도성을 갖게 되지만, 실패를 경험하거나 완성할 기회를 갖지 못하면 죄책감이 생긴다.
근면성 대 열등감 (만 6~11세)	프로이트의 잠복기로서 자아성장에 결정적인 시기이다. 학교생활을 통해 기초적 인지기능과 사회적 기능, 신체기능을 습득하면서 근면성이 발달한다. 그러나 각종 능력을 습득하지 못하고 학습에 실패하거나 놀이에서 실수하는 경험이 누적되면 열등감을 갖게 된다.
정체성 대 역할혼미 (청년기, 만 11~19세)	자기 존재에 대한 의문과 탐색을 하는 시기로 자아의 내적 갈등에 초점을 두고 자아정체감을 찾고자 한다. 자신이 선택한 가치관과 직업적 목표를 통해 개인적 정체성을 형성하는 반면, 방황이 길어지고 정체감이 제대로 형성되지 못하면 미래의 성인 역할에 대한 혼란에 빠질 수 있다.
친밀성 대 고립감 (성인초기, 만 19~24세)	앞 단계에서 형성된 자신의 정체성을 바탕으로 타인과 연합하여 공동의 정체성을 확립하며, 친밀감을 나누고 사회적 관계를 형성해 간다. 그러나 앞 단계에서 자아정체감이 확립되지 못한 사람은 타인과 원만한 관계를 맺지 못하고 자신에게만 몰두하여 고립감을 느끼게 된다.
생산성 대 침체성 (성인후기, 만 25~54세)	가정적으로는 자녀의 양육과 교육에 전념하고, 사회적으로는 다음 세대의 복지나 사회적 변화에 관심을 가지며, 직업에 있어서도 매우 생산적으로 일하는 시기이다. 이 시기에 이렇게 다양한 생산성을 발휘하지 못하면 타인에게는 관심이 없고 오로지 자신의 욕구에만 몰두하여 침체성이 형성된다.
자아통합 대 절망감 (노년기, 만 54세 이후)	개인의 전 생애를 통한 완성적 노력과 성취에 대하여 반성하는 시기로 지금까지의 발달과정에 대한 최종적인 통합을 하며, 인생의 가치를 평가하게 된다. 이때 자신의 인생에 대한 무의미함과 무력감을 느끼고 죽음에 대한 두려움 때문에 절망할 수도 있다.

보육학개론
제3장

5) 인지발달 이론

인지란 앎(knowing)의 상태로 이끄는 내적 과정으로 사고하고, 기억하고, 추론하고, 문제를 해결하고, 창조하는 모든 정신 활동을 포함하는 것이다. 유아가 어떻게 사고를 하고, 정보를 처리하고, 해석하는가에 대해 학자들마다 다른 관점에서 바라보고 있다. 여기에서는 피아제의 인지발달 이론, 정보처리 이론, 비고츠키의 사회문화적 이론, 마음이론에서 어떻게 유아의 인지발달에 관해 이해를 하고 있는지 살펴보고자 한다.

(1) 피아제의 인지발달 이론

피아제는 첫 딸이 태어난 1925년부터 시작하여 자신의 세 자녀의 행동을 세심하게 관찰을 하면서, 지식이 수동적이고 강화받은 유아에게 있는 것이 아니라 능동적인 인지 활동을 통해 형성된다고 주장하였다. 즉, 유아는 주변 환경과의 끊임없는 상호작용을 통해 지식을 구성한다. 그리고 인지능력은 유아가 환경에 적응하는 과정의 결과에 의존하며, 적응과정의 메커니즘은 동화와 조절에 의한 것으로 설명하였다. 동화(assimilation)는 도식의 양적인 변화로 유기체가 환경에 적

피아제(Jean Piaget, 1896~1980)

응하고 조직하는 인지 과정의 일부분이다. 이는 새로운 정보를 적용시키려는 경향성을 말한다. 반면에 조절(accommodation)은 도식의 질적인 변화로, 새로운 자극을 받아들일 수 있는 새로운 자극에 알맞게 이미 갖고 있던 도식을 변형시키는 과정이다. 이 같은 인지적인 성장과 발달에서 동화와 조절의 인지적인 균형을 유지하도록 하는 것을 평형화(equilibration)라고 한다. 피아제는 모든 아동이 개인에 따라 속도는 다를 수 있지만 정해진 단계를 순서대로 거쳐 가며, 각각의 단계는 이전의 단계보다 더 높은 수준으로 질적으로 변화한다고 하였다. 이처럼 인지구조가 질적으로 변화하는 과정에 따라 피아제는 인지발달 단계를 감각운동기, 전조작기, 구체적 조작기, 형식적 조작기로 구분하여 제시하였다(〈표 3-3〉 참조).

표 3-3 피아제의 인지발달 단계

단계	특징
감각운동기 (출생~만 2세)	• 감각기관을 통해 사물을 이해함 • 8~12개월부터 대상영속성(사물이 눈앞에 보이지 않거나 만질 수 없을 때에도 여전히 존재한다는 것을 아는 것)을 시작함 • 목표 지향적 행동을 시작함
전조작기 (만 2~7세)	• 놀이 · 그림 · 언어 등을 통해 대상을 표상하는 상징적 사고 출현 • 자아중심적: 유아가 우주의 모든 현상을 자기중심적으로 생각하는 것으로 타인도 자신과 동일한 방식으로 지각한다고 생각함 • 물활론적 사고: 무생물이 살아 있고, 사람처럼 감정이나 의도를 가지고 있다고 생각하는 것으로 4~6세의 유아는 활동하는 모든 대상물을 살아 있다고 여김 • 보존개념의 결여: 사물의 외형이 변한다고 할지라도 그것의 속성은 변하지 않는다는 것을 이해하는 능력이 결여됨 • 불완전한 분류 능력: 상위 유목과 하위 유목 간의 관계, 전체와 부분의 관계를 이해하는 능력이 불완전함
구체적 조작기 (만 7~11세)	• 보존개념 이해: 문제 해결을 위해 직관보다는 논리적 조작이나 규칙을 적용하기 시작함 • 유목화, 서열화: 큰 것부터 작은 것으로 또는 그 반대로 순서적인 배열을 하는 능력을 획득함 • 조망 수용: 자기중심적인 사고에서 벗어나 타인의 입장, 감정, 인지 등을 추론하고 이해할 수 있는 능력을 획득함 • 분류 가능: 대상물이 지니고 있는 공통 속성에 따라 분류하고, 하나의 속성에 따라 분류하는 단순 유목화와 물체를 두 가지 이상의 속성으로 나누어 분류하는 다중 유목화 가능함
형식적 조작기 (만 11세 이후)	추상적 사고, 가설적 사고 가능함

피아제는 아동을 능동적인 사고의 존재로 보았으며, 아동이 스스로 지적 갈등을 일으키면서 실험하고 발견하는 과정에서 지식을 구성해 나간다고 보았다. 교사들은 단순히 지식을 전달하기보다는 아동이 스스로의 능력으로 적극적으로 학습을 하도록 지원하고 중재하는 역할을 해야 한다고 보았다. 이처럼 피아제는 교육적인 측면에서 많은 것을 시사해 주고 있다. 피아제 이후 인지발달은 그의 이론에 근거하여 단계적 발달을 인정하되 단계의 전이가 보다 점진적으로 일어난다고 보는 신피아제 접근 이론가들과 인지단계론을 포기하고 정보처리의 과정을 발달이라고 보는 정보처리 이론

가들로 나뉘어 연구되고 있다(권민균 외, 2008).

(2) 정보처리 이론

정보처리 이론은 인지발달이 연속적인 단계에 따라 일어난다고 보는 것과 달리, 인간의 사고과정과 발달을 컴퓨터의 작동에 비유하여 설명하였다. 정보처리 이론가들은 감각을 통해 자료가 입력되면, 이를 부호화(encoding)하여 저장된 것이 행동으로 출력된다고 보았다. 부호화는 나중에 필요할 때에 정보를 잘 기억해 낼 수 있는 형태로 기록하는 과정으로서, 시각 · 청각 · 촉각 등의 방법으로 부호화한다. 저장은 정보를 기억 속에 쌓아 두는 과정으로 감각기억, 단기기억 및 장기기억으로 구분된다. 인출은 기억된 정보를 얼마나 쉽게 인출할 수 있는가, 기억 재료들이 얼마나 체계적으로 잘 저장되어 있는가에 달려 있다. 또 다른 정보처리 이론가 중 케이스(Case, 1985)는 피아제의 인지발달 단계의 이론을 수용하지만, 다른 점은 단계의 이동은 단순한 성숙에 의해서가 아니라 작동기억 용량의 증가에 기인한다고 설명하였다. 즉, 아동이 유능한 정보처리가 됨에 따라 그들이 작동기억 속에 보유하고 결합할 수 있는 정보의 양은 확대되고, 그 결과 지적 발달을 이룬다고 주장하였다.

즉, 정보처리 접근은 인간의 인지과정을 컴퓨터와 비교함으로써 인간의 복잡한 사고과정을 가시화하였다. 정보처리 이론의 교육적 시사점은 문제해결 능력이나 사고과정에서 개인차를 설명할 수 있고, 교육적으로 각 개인에 따라 학습에 도움이 되는 전략이나 방법을 제공할 수 있도록 도움을 주었다는 측면이다. 그럼에도 불구하고 정보처리 이론은 상상력이나 창의성 같은 논리적이지 못한 인지 측면의 연구를 소홀히 했다는 지적을 받고 있다. 인간과 컴퓨터 간의 유사성이 있지만, 인간은 감정을 지니고 있으며, 타인과의 상호작용 속에서 지내기 때문에 단순히 과제처리 기제나 과정만으로 모든 것을 전부 설명을 할 수는 없다(Berk, 2000).

(3) 비고츠키의 사회문화적 이론

비고츠키는 피아제가 간과했던 사회문화적 환경에서 인지발달의 근원을 찾으려 했다는 점에서 주목받았다. 아동은 똑같은 인지발달 단계를 거치지 않으며, 문화 속에서 또래와 성인 간에 상호작용을 어떻게 하는가에 따라 아는 것과 생각하는 방식이 다르게 형성된다고 주장하였다. 즉, 인간은 자신이 속해 있는 사회문화적 배경에 영향을 받으며, 그 사회문화적 환경에 맞게 사고하고 행동하는 법을 배우게 된다고 보았다.

비고츠키(Lev Semenovich Vygotsky, 1896~1934)

언어는 인간 문화에서 볼 수 있는 도구로, 각 구성원들이 사고를 하기 위해 사용하는 정신적인 도구이다. 비고츠키 역시 언어가 유아의 사고발달에 중요한 필수적인 것이라고 믿었으며, 유아는 문제를 해결하거나 중요한 목표를 달성하고자 할 때 혼잣말(private speech)을 한다고 하였다. 대략 만 3세 정도가 되면 다른 사람과 상호 교류를 위한 언어와 자신만이 들을 수 있는 자기중심적인 언어로 나누어진다. 비고츠키의 자기중심적인 언어는 자신에게 혼잣말로 이야기하지만, 이는 문제나 행동을 계획하는 것을 통해 생각할 수 있도록 하기 위해 언어를 사용한다고 보았다.

또한 그는 피아제와는 달리 학습이 발달을 촉진한다고 보았으며, 학습과 발달 사이의 관계를 개념 짓는 방법으로 두 가지의 발달 수준을 이용하여 설명하였다. 바로, 실제적 발달 수준(actual development level)과 잠재적 발달 수준(potential development level)이다. 그리고 이것의 중간 영역을 근접발달영역(zone of proximal development)이라고 하였으며, 근접발달영역은 학습이 가장 역동적으로 일어나는 영역이라고 하였다. 근접발달영역은 사회적 협력이나 교사의 지도가 아동의 근접발달영역에 작용한다면 학습에 도움을 주는 비계가 설정되므로 아동의 잠재적인 능력을 최대한 개발하는 데 도움을 줄 수 있다.

(4) 마음이론

오늘날 사회인지 연구는 마음에 대한 이해를 중심으로 이루어지고 있다. 마음이론에서 발달은 타인의 믿음, 바람, 의도 등의 마음상태를 추론하는 능력과 이러한 마음상태가 인간의 행동을 매개하고 결정한다는 사실을 아는 능력을 가지는 것을 의미한다. 피아제는 마음에 대해 유아는 보이지 않는 지적인 사건이나 지적 과정을 깨달지 못하고 외현적으로 관찰 가능한 행동적인 물리적 현상만을 이해한다고 보았다. 이러한 피아제의 논리와 다르게, 다른 학자들(Donaldson, 1978; Wellman, 1992)은 어린 연령의 영유아도 타인의 마음과 관점에 관심을 갖고 타인의 관점이 다르다는 것을 알 수 있다고 밝혔다. 부모와 영유아가 어떤 물체나 사건에 함께 주의를 기울이는 것은 또 다른 중요한 사회인지적 기술이다(Moore, 1999). 이러한 공동주의는 상대방의 시선을 따라가고 다른 사람들의 주의와 행동을 이끌어 나가는 것으로 발전한다(Carpenter, Nagel, & Tomasello, 1998). 영유아들은 동생이나 친구가 울면 토닥여 주거나 안아 주어서 위로하며, 성인의 눈물을 닦아 주기도 하는데, 이것은 그들이 다른 사람들의 마음을 알고 있다는 증거이다. 또한 예상치 못한 행동으로 다른 사람의 기분을 좋게 하려고 애쓰기도 한다. 이러한 타인의 마음 상태와 행동을 이해하고 예측할 수 있는 정신능력이 있을 때 유아는 사회적 행동을 할 수 있으며(Wellman, 1992), 다른 사람과 협조를 잘하고 지도성도 높아 사회인지적으로 더욱 적응적인 삶을 살아갈 수 있다.

3. 영유아기의 발달적 특징

영아기는 출생에서 만 2세까지의 기간을 말한다. 영아기는 전체 인생 주기의 겨우 2%에 해당하는 짧은 기간이지만 가장 현저하고 급격하게 발달하는 시기이다. 만 3세부터 초등학교에 들어가기 전까지의 시기는 유아기라고 한다. 유아기는 영유아기처럼 급속한 신체발달이 이루어지지는 않지만, 성인에 가깝도록 점차 균형이 잡혀 가면서 꾸준한 신체적 성장이 이루어지는 시기이다. 따라서 신체적 발달이 원만히 이루어지기 위해서는 음식물을 통한 충분한 영양 공급이 이루어져야 하며, 규칙적인 생활 습관이 형성되어야 한다. 또한 안전한 발달을 위하여 사고나 질병에 노출되지 않도록 세심한 주의와 각별한 보호가 필요하다. 이 절에서는 영아기 주요 발달적 특성을 신체 및 운동기능 발달, 인지발달, 언어발달, 정서 및 사회성 발달로 나누어 살펴보고자 한다.

1) 신체 및 운동기능 발달

(1) 신장과 체중

영유아의 외모와 신체 구성은 출생 초기에 비해 급속도로 성장한다. 돌 무렵이 되면 영유아의 신장은 출생 때보다 50% 이상, 만 2세가 되면 75% 이상 성장한다. 체중도 비슷한 성장률을 보이는데, 생후 5개월이 되면 출생 때 몸무게의 두 배가 되고, 만 1세가 되면 출생 시의 세 배에 달하며, 만 2세가 되면 네 배가 된다. 일반적으로 신생아의 두뇌 크기는 신체의 다른 부분에 비해 상대적으로 크다. 출생 때의 머리둘레는 가슴둘레보다 크며, 6개월이 되면 서로 비슷해지고 만 1세가 되면 가슴둘레가 머리둘레보다 커진다. 이처럼 체중 증가나 머리둘레의 성장 상태는 건강 상태를 살펴보는 중요한 요인이 된다. 영유아의 신체 성장과 체중의 성장에 영향을 주는 요소들은 유전인자의 영향이 가장 크며, 영양이나 건강 상태 등과 같은 환경적인 요소의 영향을 받는다. 그러나 신장에 가장 많은 영향을 주는 요인은 인종과 영양이다(Meredith, 1978). 문화적으로 미국에서는 아프리카계 아동이 아메리카계 아동보다 크다.

(2) 근육과 뼈의 성장

근육의 크기 역시 신장과 체중의 증가와 비례하여 증가하며, 근육조절 능력은 뇌의 발달과 연합하여 운동기능 발달에 기여한다. 유아의 연골 조직은 영아에 비해 더욱 단단해지며, 이에 따라 골격이 튼튼해지면서 내부 기관도 잘 보호하게 된다. 또한 뼈의 발달은 운동발달과 몸의 균형에도 중요한 역할을 한다. 영아 때의 몸매는 배가 나오고 살이 통통하게 찌고 다리가 짧았던 반면, 만 6세쯤 되면 배가 들어가고 살이 빠지고 근육이 발달함으로써 성인과 비슷한 모습으로 변화하게 된다. 만 2세 반 정도가 되면 20개의 유치를 모두 가지게 된다. 그리고 만 5~6세가 되면 유치가 빠지면서 영구치가 나오게 된다. 영구치는 여아가 남아보다 더 먼저 발달하고, 영구치가 나오게 되면 더욱 더 치아 건강에 신경을 써야 한다. 이 시기에 손가락을 빠는 경우는 치열이 고르지 않는 등 치아 발달에 나쁜 영향을 미치므로 주의가 필요하다.

(3) 운동기능의 발달

운동발달은 머리에서 시작하여 팔, 다리 순으로 발달이 이루어지며 몸의 중심에서 말초로 발달이 이루어진다. 운동능력이 전체적이었던 것이 점차로 특수한 움직임으로 발달되며 통합적으로 이루어진다. 즉, 대근육 운동이 발달하다가 소근육 운동으로 발달이 이루어진다. 영유아의 대근육 운동 발달은 주변 환경을 탐색하도록 도우며, 기고 서고 걷는 행위를 조절하는 것을 말한다. 이와 반대로, 소근육 운동 발달은 손을 뻗고 잡는 것과 같은 작은 움직임을 뜻한다.

생후 1개월 된 아기는 엎드린 방향으로 머리를 들어올릴 수 있으며, 3개월이 되면 가슴을 들 수 있고 3~4개월에 뒤집을 수 있다. 약 6개월이 되면 영아는 붙잡아 주지 않아도 혼자 앉는다. 7~8개월이면 길 수 있고, 붙잡아 주지 않아도 혼자 선다. 대략 8개월에서 10~11개월에 가구를 붙잡고 걸을 수 있으며, 12~13개월에는 도움이 없이도 걸을 수 있다. 13~18개월이 되면 계단을 오를 수 있으며, 18~24개월에는 짧은 거리는 달릴 수 있고 뒤로 걸을 수 있으며 점프도 할 수 있다.

유아기는 대소근육이 발달함에 따라 신체의 균형을 유지하고 신체 각 부분의 협응력을 기르는 등 기초적인 운동을 하게 되는 시기이다. 만 3세 유아는 단순히 움직이는 것을 좋아한다. 뛰기, 오르기, 앞과 뒤로 달리기를 하며 반복적인 활동을 통해서 즐거움을 얻는다. 이러한 활동을 통해 유아는 자신감과 성취감을 얻게 되어 자신의 신체적인 자아개념을 형성하게 된다. 만 4세가 되면 좀 더 모험적인 활동을 한다. 정글짐을 기어올라가거나 한 번에 한 발씩 계단을 밟아 가며 올라갈 뿐만 아니라 내려올 때도 한 발씩 내딛으며 내려올 수 있다. 만 5세가 되면, 유아는 만 4세 때보다 훨씬 모험적이다. 빠르게 뛰며 경주하기를 좋아해 부모나 또래와 많은 경주를 한다. 만 3세 유아들에게는 여전히 소근육 발달이 미숙하고 서툴지만, 만 4세 유아의 소근육 협응은 훨씬 정확해진다. 만 5세에 눈과 손의 협응력은 훨씬 향상된다.

(4) 뇌발달

뇌발달은 생후 5년 동안 90% 정도가 이루어지는데, 이때 영유아가 겪는 경험과 주양육자와의 정서적 교류가 뇌의 시냅스 형성에서 직접적인 영향을 준다. 시냅스의 연결은 태아기부터 이미 이루어지기 시작하며 출생 후에도 계속되는데, 특히 생후 1년 동안 급속히 증가한다. 어휘가 폭발적으로 증가하는 생후 16~24개월에 시냅스 연결도 폭발적으로 증가하여 저장 용량과 정보처리 능력도 향상된다. 영유아기의 성장과 정에서 경험하는 내용과 학습 등은 기본 신경망 형성에 영향을 주는 결정적인 시기이며, 이후 성인기에 형성하는 능력의 기반이 된다. 따라서 생애 초기 뇌발달을 돕는 적절한 정서적·인지적인 지원이 중요하다.

유아기의 뇌와 신경계는 유아기에도 계속 성장하나 영유아기 만큼 급속도로 자라지는 않는다. 그러나 만 5세가 되면 성인 크기의 90%가 되고, 뇌와 머리는 어떠한 신체 부위보다도 빠르게 성장한다.

2) 인지발달

인지란 사람이 지각하고 기억하고 학습하는 사고하는 과정을 포함하는 것이다. 여기에서는 지각과 기억발달을 중심으로 살펴보고, 더불어 언어는 인지발달과 서로 상호작용하면서 발달하므로 함께 살펴본다.

(1) 지각발달

지각이란 시각·청각·촉각 등 감각기관을 통해 환경의 사물이나 그 변화를 인지하는 것을 말한다. 객관적인 정보를 정확하게 인지하는 일이란 세상을 올바로 인식하고 이해하는 데 기초가 되며, 생존과 적응에 대단히 중요한 의미를 갖는다. 이러한 측면에서 지각발달은 인지발달 영역에서 중요하게 여겨 왔다. 특히 영유아의 지각발달은 다른 발달과정의 이해를 제공하기 때문에 중요하다. 예를 들어, 시각·청각·촉각은 다른 사람과 상호작용을 하도록 하며, 정서와 사회성 발달의 바탕이 되고, 언어를 습득하기 때문에 인지발달에도 중요하다.

청각은 생후 1년 동안 민감해지면서 보다 작은 소리에도 반응을 할 수 있게 된다. 특히 양육자가 부드러운 음성으로 이야기를 들려주는 것은 영아가 주변 인물을 긍정적으로 인식할 수 있도록 하며, 동시에 언어 획득의 중요한 기능을 하게 된다(Eimas,

1985). 시각은 감각 중 가장 마지막으로 발달하며, 생후 4개월이면 성인의 시각 수준에 도달하게 된다. 6개월이 되면 눈과 입이 움직이는 얼굴을 선호하며, 이는 얼굴표정을 인식하는 데서 오는 변화의 결과이다. 태어난 지 며칠만에 엄마와 타인을 구별할 수 있는데, 이러한 인식은 얼굴 특징을 완전히 구별해서라기보다는 머리 선이나 윤곽으로 구별하는 것이다. 이 외에도 촉각, 미각, 후각이 출생 초기부터 완전히 발달된다. 즐거움을 주는 맛과 익숙한 것, 그리고 사물의 냄새를 구별하며, 촉각은 출생 이전부터 상당히 발달되어 있고, 특히 신생아는 입 주위, 손바닥, 발바닥 주변의 촉각에 민감하다.

(2) 기억발달

케이스는 영유아의 인지발달은 기억 용량을 사용하는 효율성에 따라 다르게 나타나는 것으로 설명하고 있다(Case, 1985). 영유아의 기억이 발달한다는 것은 정보의 저장과 활용측면에서 보이는 양적 · 질적 변화를 의미하며, 영유아의 연령에 따라 효과적으로 사용하는 능력이 다르게 나타난다(박영아 외, 2007). 기억을 저장할 때에는 주의 집중 · 암송 · 조직화 · 정교화의 전략이 필요하고, 기억을 인출할 때 회상 · 재인 전략이 필요하다.

① 주의 집중

주의는 특정한 자극에 관심을 보이고 잠시 몰두함으로써 기억될 수 있는 역할을 한다. 영유아의 주의력은 연령과 함께 증가한다(Ruff & Lawson, 1990). 영유아는 짧은 시간에 장난감을 가지고 놀지만, 영유아는 놀이가 진행됨에 따라 점점 주의 집중하는 시간이 길어지고, 연령이 높을수록 계획적 주의(planning attention)를 기울인다.

② 암송

암송은 기억해야 할 목록을 여러 번 반복하는 것으로, 암송 전략은 연령이 증가되거나, 연습을 많이 할수록 자동화되어 광범위한 상황 속에서 사용될 수 있다. 암송은 아동 초기에 시작되지만 만 6세까지는 일관성 있게 암송하지 못한다.

③ 조직화

조직화는 기억해야 할 것들을 의미적으로 관련지어 묶거나 범주화하는 방법이다. 예를 들어, 자동차 · 기차 · 포도 · 오렌지 등을 기억할 때 자동차와 기차는 탈것으로 포도와 오렌지는 음식으로 분류한 다음 암송한다. 조직화는 상위 개념과 하위 개념에 대한 이해를 전제로 하기 때문에 암송보다 늦게 나타난다. 만 9, 10세에 이른 아동이 사용 가능한 전략이라고 보았다.

④ 정교화

정교화는 기억해야 하는 항목들에 무엇인가 덧붙이거나 의미 있게 연결함으로써 기억을 촉진하는 전략으로, 서로 관계가 없기 때문에 범주화가 쉽지 않은 두 정보에 관계를 설정해 주는 것이다. 정교화 과정을 통해 기억은 단기기억에서 장기기억으로 옮겨가며, 일단 장기기억으로 저장되면 기억은 항상 뇌에 남아 있게 된다. 그러나 만 11세 이전의 아동에게 정교화 방법을 가르치는 것은 거의 불가능한 일이라고 본다 (Schneider & Pressley, 1997). 그럼에도 불구하고 기억을 연구하는 학자들은 기억을 저장하는 방법인 정교화 기억전략에 대해 관심을 가지면서 연구를 진행하고 있다.

⑤ 재인과 회상

인출과정은 재인과 회상으로 구분되는데, 재인과 회상은 모두 장기기억 내에 저장되어 있다. 재인은 저장된 정보를 꺼낼 수 있게 하는 인출 단서가 주어질 때 정보가 인출되는 방식이다. 반면, 회상은 특별한 단서 없이 이전에 본 물건이나 사건을 기억해 내는 것을 의미한다. 회상하기 위해서는 부재한 자극의 정신적 이미지를 생성할 수 있어야 하기 때문에 재인 이후에 발달한다. 피아제의 대상영속성 실험에서 영유아가 숨겨진 장난감을 찾아내거나 어느 정도 시간이 지난 후 타인의 행동을 모방하는 지연 모방은 영유아기의 회상능력을 보여 주는 것이다.

(3) 언어발달

언어발달 과정은 신체적 · 인지적 · 정서적 및 사회적 능력을 포함하는 다양한 영역

간의 상호작용에 의해 이루어진다. 즉, 영유아의 인지발달에 의하여 지식을 스스로 구성하듯이, 언어적 지식, 개념도 소리와 의미를 연결 짓는 인지적 성숙이 이루어지면서 언어발달이 이루어진다.

영유아가 말소리를 하기 전에는 울음, 쿠잉, 옹알이 등을 통하여 의사소통을 한다. 이런 과정을 거치고 출생 후 1년쯤 경과하면 의미 있는 첫 단어를 사용하며 점차 어휘가 급속히 발달하여 효율적인 의사소통 기술을 활용하게 된다. 영유아기의 연령에 따른 언어발달 단계를 살펴보면 〈표 3-4〉와 같다.

표 3-4 영유아기 언어발달 단계

단계	특징
전언어기 단계 (출생~만 12개월)	• 울음 및 옹알이 등으로 의사 표현 • 쿠잉('아'와 같은 모음 소리) 소리 냄 • 자음과 모음을 연결하여 옹알이 • 사회적 의미를 나타내는 제스처 사용(예: 안녕의 의미로 손을 흔들거나 수락의 의미로 고개를 끄덕임)
한 단어기 (만 12~15개월)	• 한 단어 사용(예: '엄마' '아빠') • 소리를 모방함 • 이름 짓기의 상징적 기능 이해
명명 폭발기 (만 16~20개월)	• 50~400개의 어휘 수 습득 • 사물을 이름으로 지칭
두 단어기 (만 18~24개월)	• 조사 등은 결여되어 있으나 두 단어를 조합하여 언어 사용 • 위치, 소유 혹은 주어와 대상과의 관계 등을 의미하는 언어 사용 • 전보문 사용(전보처럼 기본적 단어만을 가지고 이야기함)
문법 폭발기 (만 3~4세)	• 문법적 조사 및 전치사 사용 • 복잡한 문장 구사 • 모국어의 문법에 맞는 말 사용

만 4, 5세 유아의 언어는 거의 성인의 언어와 유사해진다. 문장은 길어지고 문법에 맞는다. 놀이는 능동적이며 말이 많아지고, 다른 사람의 어휘나 말하는 방식을 모방한다. 예를 들어, '괴물' 혹은 좀 더 자극적인 어휘는 유아에게 흥미를 일으키고 금방 다른 또래 유아가 따라한다. 유아가 흉내 내기 좋아하는 소리 혹은 어휘의 예를 들면 사

람의 생리 작용과 관계된 소리이다. 이 시기에는 사회적 말하기(social speech)가 발달하기 시작해서 눈 맞추기, 옆 사람 두드리기, '있잖아.' 등의 표현을 쓸 수 있게 되어 타인의 관심을 자신에게 주목하게 하는 기술이 있다. 잠깐 멈추고 다른 사람의 말을 듣기, 자신의 말을 수정하기, 자신이 말하고 있는 동안 다른 사람이 끼어들지 못하도록 짬을 주지 않기, 자신이 말하고 싶은 바를 마음에 간직한 채 자신의 말한 차례가 올 때까지 참고 기다리는 능력이 생기게 된다.

3) 정서 및 사회성 발달

정서 및 사회성 발달은 프로이트의 심리성적발달이론과 에릭슨의 심리사회적 발달이론을 중심으로 앞에서 소개하였다. 여기에서는 사회적 관계에 영향을 주면서 사회성 발달의 근간이 되는 정서 및 자아의 발달과 사회적 특성으로서 친사회적 행동발달, 공격성 발달 및 성역할 발달에 대해 살펴보고자 한다.

보육학개론
제3장

(1) 정서발달

영유아는 생애 초기에 분노, 슬픔, 기쁨, 놀람과 공포를 보이는데, 이와 같은 비교적 단순한 정서를 기본 정서라고 부른다. 기본 정서는 모든 문화권의 동일 연령 영유아에게서 나타나기 때문에 생물학적으로 준비된 반응으로 가정된다. 당혹감, 수치심, 죄책감, 부러움, 자부심과 같은 2차 정서(복합 정서)는 기본 정서보다 늦게 표현되며, 좀 더 복잡한 인지능력이 요구된다.

정서이해는 영유아가 자신의 정서를 정확하게 인식하고, 타인의 정서를 이해하는 능력이다. 정서이해 능력은 대인 관계 상황에서 상대방의 행동을 예측할 수 있게 해 준다. 또한 상황에 적절하게 대처할 수 있도록 하며, 결과적으로 원만한 사회적 관계를 형성하도록 돕는다. 이러한 타인 정서이해 능력은 영유아기부터 발달하기 시작한다. 8~10개월이 되면 불확실한 상황에 대한 부모의 정서적 반응을 살피고 자신의 행동을 조절하기 위해 정보를 사용하기 시작한다. 익숙하지 않거나 모호한 상황에서 영아는 마치 그 상황을 해석하는 데 도움을 얻으려는 듯이 부모를 바라보는데, 이러한 현상을 사회적 참조(social referencing)라고 한다. 이런 사회적 참조는 연령이 증가하면서 점차 일반적이 되어 타인이 느끼는 감정에 대한 추론이 더욱 정확해진다. 약 3세 무렵이 되면 유아는 얼굴 표정과 상황 단서를 사용하여 정서를 이해한다. 그러나 어린 유아는 공포는 잘 이해하지만 슬픔과 분노는 잘 구분하지 못한다.

정서 조절이란 내적 감정 상태 및 정서와 관련된 생리학적 과정의 발생, 강도, 지속 기간을 조정하는 과정을 말하며, 정서 경험을 주어진 상황에서 사회문화적으로 용인된 방법으로 반응하는 능력이다. 생애 초기에 영아는 자신의 정서 상태를 조절하는 아주 제한된 능력만을 가지고 있다. 따라서 그들은 안아 주거나 흔들어 주면서 달래는 양육자에게 의존한다. 대뇌피질의 빠른 발달로 인해 자극에 대한 영아의 참을성은 증가한다. 4개월 무렵에 주의를 이동하는 능력은 영아가 정서를 통제하는 데 도움을 준다. 타인과 상호작용할 때 자신과 타인의 정서를 이해하고, 사회적 맥락에 맞도록 정서를 조절하는 능력은 아동기의 중요한 사회적 기술이다.

(2) 자아발달

자아 인식은 영아가 다른 대상과 구분되는 독립된 신체로서 자신을 인식하는 것으로 생후 6개월 무렵에 시작하는 것으로 본다(Lamb & Easterbrooks, 1981). 구체적으로 눈으로 자기를 보고 자신을 인지하는 것은 만 15~24개월로 보고 있다(김태련 외, 1987). 루이스와 브룩스-군(Lewis & Brooks-Gunn, 1979)은 영아의 코에 빨간 립스틱을 바르고, 영아에게 거울을 보여 주어 자기의 모습을 알아보는지를 조사하였다. 만 9개월에서 24개월된 영아에게 이 검사를 했을 때 어린 영아일수록 자아에 대한 인식이 없었다. 어린 영아들은 거울 속에 비친 자신의 모습에 대해 마치 다른 사람인 것처럼 반응하였다. 그러나 만 18~24개월 무렵이 되면 거울에 비친 자신의 얼굴에서 낯선 붉은 점을 알아보고 코를 만졌다(Asendorph, Warkentin, & Baudonniere, 1996). 18개월 이후 영유아는 자신의 얼굴에 대한 정신적 심상을 형성하기 위해 감각운동적 도식을 내재화하였기 때문에 거울 속의 자신의 모습을 인식하는 것으로 보인다. 즉, 인지발달이 자아의 발달과 밀접하게 관련된다. 비록 인지발달 수준이 자아 인식에 필수적이기는 하나 사회적 경험도 중요하다. 갤럽에 따르면, 고립되지 않고 정상적으로 자란 침팬지는 거울 속의 자신의 모습을 쉽게 인식했다(Gallup, 1979). 반면, 사회적으로 완전히 고립되어 양육된 침팬지는 거울 속의 모습을 다른 동물인 양 바라만 보고 있었다. 정상적인 침팬지는 사회적 거울에서의 반영을 통해 어느 정도 자아 인식을 발달시킨 반면, 이런 사회적 경험을 박탈당한 침팬지는 분명한 자기 이미지를 획득하지 못하였다. 인간도 사회적 경험을 통해 자아 인식을 발달시킨다.

영유아는 발달하면서 자신에 대한 이해를 넓히고, 자기표현을 구체적으로 할 수 있게 된다. 자아존중감은 자신의 역량 또는 유능함에 대해 평가하는 것으로, 개인의 바람직한 환경 적응 및 건전한 인성발달, 나아가 자아실현에 가장 중요한 요소이다. 이러한 자아존중감 형성에 부모의 양육태도는 결정적인 요소이다. 영유아기에 부모가 자녀의 요구에 민감하게 반응할수록 영유아의 자아 형성에 분명한 영향을 준다. 학령기와 청소년기에도 온정적이며 지지적이고, 양육하는 데 분명한 기준을 세우고, 자녀의 의견을 수용하는 부모일수록 자녀의 자존감이 높았다(Coopersmith, 1967). 자아존중감에 영향을 미치는 또 다른 요인으로는 또래이다. 영유아는 여러 영역에서 또래보다 자신이 월등한지 아니면 열등한지를 구별하기 위해서 사회적 비교(social comparison)를 하면서 자신과 또래 간의 차이를 인식한다. 이런 종류의 비교는 연령이 증가하면서 더욱 정교화되고, 영유아의 자존감 형성에 중요한 역할을 한다.

(3) 친사회적 행동발달

친사회적 행동은 타인을 이롭게 하는 행동으로서 친구에게 자기 소유물을 나누어 주거나, 곤경에 처한 사람을 돕거나, 자신보다는 남을 칭찬하고, 다른 사람의 복지 증진에 관심을 갖는 것을 의미한다(Hay, 1994). 일반적으로 친사회적 행동은 연령이 증가하면서 증가하는 양상을 보인다. 만 2~3세에 타인에 대한 공감을 보이나, 이는 진정한 자기 희생적 반응은 아니다. 자발적인 자기희생은 걸음마기를 지나 유아기 초기에 나타나며, 만 4~6세가 되면 영유아는 진정한 돕기 행동을 보인다.

(4) 공격성 발달

인간의 공격적 성향은 생애 초기부터 나타난다. 예를 들어, 만 1세의 영아는 다른 영아가 가지고 놀고 있는 장난감을 빼앗기 위해 과격한 행동을 보이며, 심지어 자기가 동일한 장난감을 가지고 있을 때도 다른 영아의 장난감을 빼앗기 위해 힘을 사용한다. 생애 초기에 나타나는 이러한 도구적 공격성은 유아기를 거치면서 성인이 유아들 간의 갈등을 해결하기 위해 협상이나 분배의 방식을 제시함에 따라 점차 감소하게 된다. 한편, 타인에게 해를 가하려는 의도를 갖고 행하는 적대적 공격성은 점차 증가하여 언어적 공격성의 형태로 표출된다. 만 3~5세 아동이 보이는 신체적 공격성은 점차 감소하는 반면, 고자질하기, 놀리기 등 다양한 형태의 언어적 공격성은 증가한다.

(5) 성역할 발달

성역할의 발달은 성 고정관념과 성 정체성 그리고 최근에는 심리적 양성성에 초점을 맞추어 연구되어 왔다. 만 2~3세 유아는 성별에 적합한 명칭을 이해하고 있으며 고정관념 수준이 더 높았다(Fagot, Leinbach, & O'Boyle, 1992). 즉 남녀에게 적합한 장난감 및 활동에 대해 더 잘 알게 된다(Welch-Ross & Schmidt, 1996). 또한 이 시기 유아는 주로 옷, 머리 모양 같은 외적 특성으로 남성과 여성을 구분하며, 성별이 불변적 속성임을 인식하지 못한다. 만 5~7세 유아는 성 항상성 개념을 형성하기 시작한다. 이 시기 아동은 자신의 성 항상성을 먼저 인식하며, 동성과 이성의 순으로 성 항상성을 인식하게 된다.

 활동해 봅시다

- 조별로 발달이론 중 한 가지를 정하여 설명하고 싶은 내용을 전지에 그림으로 그려 봅시다. 조별로 그린 그림을 벽에 붙인 후 다른 조의 그림을 보고 잘한 점, 보완할 점을 포스트잇에 적어 발표해 봅시다.

- 인지발달이론과 관련하여 퀴즈를 내고 정답을 맞춰 봅시다.

- 나의 성장과정에 가장 영향을 미친 사람은 누구인지 '3분 토크'를 해 봅시다.

제4장

보육과정과 보육프로그램

학습목표

1. 보육과정과 표준보육과정의 개념을 안다.
2. 어린이집 보육프로그램을 이해한다.

보육과정은 보육의 핵심 요소이다. 영유아 보육 시 영유아의 연령 및 발달에 적합한 보육 내용을 충분히 경험할 수 있도록 보육의 목표와 내용을 계획해야 하고, 이를 바람직한 방법으로 실행할 수 있어야 한다. 그런 의미에서 보육과정 및 국가수준의 보육과정에 대한 개념을 알아야 하며, 보육현장에서 이루어지는 구체적인 적용 방안에 대한 이해를 해야 한다.

1. 보육과정과 표준보육과정의 개념

보육과정에 관한 개념 정의는 학자들에 따라 상이하게 정의내릴 수 있으나, 일반적으로 "영유아의 잠재적 발달을 촉진하기 위한 돌봄, 경험, 보육활동 전반에 관한 기준으로서 추구하는 보육철학 및 목표, 보육 내용, 활동 방법 및 평가가 포함되는 체계적인 설계도"(황혜경 외, 2015)라 할 수 있다. 보육과정은 영유아가 어린이집에서 주제 또는 소주제를 기반으로 하루 일과를 어떻게 지내는 것이 가장 바람직한가에 대한 기준이며 계획에 관한 틀이다. 무엇보다도 이 기준에는 어떤 존재로 영유아를 바라볼 것인가, 어떤 인간상으로 자라게 할 것인가, 영유아가 무슨 내용을 통해 경험할 것인가 등을 가지고 출발하여야 한다. 그러므로 보육과정은 영유아의 존재를 어떤 시각으로 바라보는지에 대한 보육철학에서 출발하여 추구하는 미래 인간상에 기초한 목표를 설정하고, 어떤 내용으로 보육할지 계획하며 이를 바탕으로 영유아의 발달을 지원하는 보육활동을 실행한 후 목표·계획·실행에 대한 전반적인 평가가 이루어진다. 실제 보육과정은 이러한 과정이 순환적으로 이루어지도록 운영하는 데 초점을 두어야 한다.

국가수준의 보육과정이란 어린이집 표준보육과정(이하 '표준보육과정')을 의미한다. 표준보육과정은 어린이집의 만 0~5세 영유아들에게 국가수준에서 제공하는 보편적이고 공통적인 보육의 목표와 내용을 제시한 것이다.

1991년 「영유아보육법」이 제정되면서부터 기존의 단순 '탁아' 사업이 보편적 '보육' 사업으로 확대·발전하였다. 그러나 국가수준의 지침 없이 어린이집을 운영하다 보니 어린이집 간의 질적 수준의 차이가 발생하여 어린이집의 질적 수준 향상에 대한 요구가 대두되기 시작하였다. 다시 말하면 우리나라 영유아를 어떻게 보육해야 하는지에 대한 기본 틀조차 없었던 상황에서 영유아에게 어떤 경험을 제공할 것인가에 대한 국가수준의 지침이 필요하게 되었다. 그리하여 2004년 1월 29일 전면개정된 「영유아보육법」에 표준보육과정을 개발·보급하여야 함이 명시되었고, 2007년 1월에 제1차 표준보육과정의 구체적 보육 내용 및 교사지침이 고시되었다(여성가족부 고시 제2007-1호). 그리고 현장 교사에게 도움이 될 수 있도록 연령별 보육 프로그램이 개발되었는데, 이는 제1차 표준보육과정에 기초하여 총론(1권)과 0~만 5세용 어린이집 프로그램(총 6권), 장애아용 프로그램(1권)이 개발·보급되었다. 이러한 노력은 영유아에게 어떤 목표를 가지고 보육할 것인가에 대한 사회적 합의가 이루어지지 않던 상황에서 국가수준의 보육과정인 표준보육과정을 시행함으로써 영유아의 전인적 성장과 우리 문화에 적합한 내용을 일관성 있고 연계적으로 실천하며, 궁극적으로 사회에서 추구하는 인간상을 구현하고 전국 어린이집의 질적 수준을 높이는 데 기여하고자 하였다(보건복지부, 2013a).

이후 2011년 9월, 만 5세 누리과정을 제정·고시하였고(2011. 9.), 2012년 7월에 만 3~4세 누리과정을 제정하고 만 5세 누리과정을 개정함에 따라 2013년 1월 21일에 보건복지부는 어린이집에 다니는 영유아의 보육과정을 담은 제3차 어린이집 표준보육과정을 개정 고시하였다(보건복지부 고시 제 2013-8호).

제3차 어린이집 표준보육과정은 어린이집에서 0~만 5세까지 모든 영유아를 대상으로 보육을 담당하고 있는 점을 반영하여, '0~1세 보육과정' '2세 보육과정' '3~5세 보육과정(누리과정)'으로 구성해 누리과정을 포함하는 넓은 개념으로 정의하고 있다.

2. 제3차 어린이집 표준보육과정

「제3차 어린이집 표준보육과정」 총론에는 국가수준의 공통과정의 구성 체계와 형식을 갖춰 표준보육과정의 기초(인간상, 기본전제, 구성 방향 및 체계), 목적과 목표, 편성과 운영, 평가 등에 관한 내용으로 구성되어 있다.

다음은 표준보육과정 총론의 전문이다.

1) 총론

(1) 표준보육과정의 기초

① 추구하는 인간상

가. 심신이 건강하고 행복한 사람

나. 자율적이고 창의적인 사람

다. 자신과 타인을 존중하고 배려하는 사람

라. 자연과 우리 문화를 사랑하는 사람

마. 다양성을 인정하는 민주적인 사람

② 표준보육과정의 기본전제

가. 영 · 유아는 개별적인 특성을 지닌 고유한 존재이다.

나. 영 · 유아는 연령에 따라 발달적 특성이 질적으로 다르다.

다. 영 · 유아는 그 자체로서 존중받아야 하는 존재이다.

라. 영 · 유아는 직접적으로 경험할 때 의미 있는 지식, 기술 및 바람직한 태도를 형성해 간다.

마. 영 · 유아는 일상생활이 편안하고 학습과 경험이 놀이중심으로 이루어질 때, 최대의 능력이 발휘된다.

바. 영·유아는 민감하고 반응적인 성인과의 신뢰로운 관계 속에서 최적의 발달을 이룬다.

사. 영·유아가 속한 가정, 지역사회가 함께 협력할 때 영유아에게 가장 긍정적인 영향을 미친다.

③ 구성 방향 및 체계

가. 구성 방향

- 영·유아의 발달 특성과 개인차를 고려하여 연령 및 수준별로 구성한다.
- 어린이집에서 편안하고 행복한 일상생활이 되도록 중점을 두어 구성한다.
- 질서, 배려, 협력 등 기본생활습관과 바른 인성을 기르는 데 중점을 두어 구성한다.
- 자율성과 창의성을 기르는 데 중점을 두고, 전인발달을 이루도록 구성한다.
- 사람과 자연을 존중하고, 우리 문화를 이해하는 데 중점을 두어 구성한다.

제1차 표준보육과정에 근거한 보육 프로그램

출처: 보건복지부(2008).

나. 구성 체계

- 어린이집 표준보육과정은 0~1세 보육과정, 2세 보육과정, 3~5세 보육과정으로 구성한다.
- 어린이집 표준보육과정은 영역, 내용범주, 내용, 세부내용으로 구분하고, 내용 간에 연계가 이루어지도록 구성한다.
- 세부내용이라 함은 0~1세 보육과정과 2세 보육과정에서는 수준별 세부내용을 의미하고, 3~5세 보육과정에서는 연령별 세부내용을 의미한다.
- 0~1세 보육과정은 기본생활, 신체운동, 의사소통, 사회관계, 예술경험, 자연탐구의 6개 영역을 중심으로 구성한다.
- 2세 보육과정은 기본생활, 신체운동, 의사소통, 사회관계, 예술경험, 자연탐구의 6개 영역을 중심으로 구성한다.
- 3~5세 보육과정은 신체운동 · 건강, 의사소통, 사회관계, 예술경험, 자연탐구의 5개 영역을 중심으로 구성한다.
- 3~5세 보육과정은 초등학교 교육과정과의 연계성을 고려하여 구성한다.

표 4-1 연령 집단별 구성 체계

0~1세 보육과정	2세 보육과정	3~5세 보육과정(누리과정)
기본생활, 신체운동, 의사소통, 사회관계, 예술경험, 자연탐구		신체운동 · 건강, 의사소통, 사회관계, 예술경험, 자연탐구
내용범주		
내용		
수준별 세부내용		연령별 세부내용

(2) 목적과 목표

① 목적

영유아의 심신의 건강과 전인적 발달을 도와 행복을 도모하며, 민주시민의 기초를 형성하는 것을 목적으로 한다.

② 목표

가. 0~1세 보육과정

- 건강하고 안전한 일상생활을 경험한다.
- 감각 및 기본 신체운동 능력을 기른다.
- 말소리를 구분하고 의사소통의 기초를 마련한다.
- 친숙한 사람과 관계를 형성한다.
- 아름다움에 관심을 가진다.
- 보고, 듣고, 만지면서 주변 환경에 관심을 가진다.

나. 2세 보육과정

- 건강하고 안전한 생활 습관의 기초를 마련한다.
- 감각, 신체 조절 및 기본 운동 능력을 기른다.
- 의사소통 능력의 기초를 기른다.
- 나를 인식하고 다른 사람과 더불어 생활하는 경험을 한다.
- 아름다움에 관심을 가지고 예술경험을 즐긴다.
- 주변 환경에 호기심을 갖고 탐색하기를 즐긴다.

다. 3~5세 보육과정

- 기본 운동 능력과 건강하고 안전한 생활 습관을 기른다.
- 일상생활에 필요한 의사소통 능력과 바른 언어 사용 습관을 기른다.
- 자신을 존중하고 다른 사람과 더불어 생활하는 능력과 태도를 기른다.
- 아름다움에 관심을 가지고 예술경험을 즐기며, 창의적으로 표현하는 능력을 기른다.
- 호기심을 가지고 주변 세계를 탐구하며, 일상생활에서 수학적·과학적으로 생각하는 능력과 태도를 기른다.

표 4-2 목표와 영역과의 관련성

관련 영역	0~1세 보육과정 목표	2세 보육과정 목표	3~5세 보육과정(누리과정) 목표
기본생활	건강하고 안전한 일상생활을 경험한다.	건강하고 안전한 생활 습관의 기초를 마련한다.	기본 운동 능력과 건강하고 안전한 생활 습관을 기른다. (영역: 신체운동 · 건강)
신체운동	감각 및 기본 신체운동 능력을 기른다.	감각, 신체 조절 및 기본 운동 능력을 기른다.	
의사소통	말소리를 구분하고 의사소통의 기초를 마련한다.	의사소통 능력의 기초를 기른다.	일상생활에 필요한 의사소통 능력과 바른 언어 사용 습관을 기른다.
사회관계	친숙한 사람과 관계를 형성한다.	나를 인식하고 다른 사람과 더불어 생활하는 경험을 한다.	자신을 존중하고 다른 사람과 더불어 생활하는 능력과 태도를 기른다.
예술경험	아름다움에 관심을 가진다.	아름다움에 관심을 가지고 예술경험을 즐긴다.	아름다움에 관심을 가지고 예술경험을 즐기며, 창의적으로 표현하는 능력을 기른다.
자연탐구	보고, 듣고, 만지면서 주변 환경에 관심을 가진다.	주변 환경에 호기심을 갖고 탐색하기를 즐긴다.	호기심을 가지고 주변 세계를 탐구하며, 일상생활에서 수학적 · 과학적으로 생각하는 능력과 태도를 기른다.

(3) 편성과 운영

① 편성

가. 어린이집의 운영시간에 맞추어 편성한다.

나. 표준보육과정에 제시된 각 영역의 내용을 균형 있게 통합적으로 편성한다.

다. 영 · 유아의 발달 특성 및 개인차, 경험을 고려하여 놀이를 중심으로 편성한다.

라. 영 · 유아의 일과 중 일상생활을 포함하여 편성한다.

마. 어린이집과 보육실의 특성에 따라 융통성 있게 편성한다.

바. 성별, 종교, 신체적 특성, 가족 및 민족 배경 등으로 인한 편견이 없도록 편성한다.

② 운영

가. 보육계획(연간, 월간, 주간, 일일 계획 등)에 의거하여 운영한다.

나. 실내 · 실외 환경을 다양한 흥미 영역으로 구성하여 운영한다.

다. 영 · 유아의 능력과 장애 정도에 따라 조정하여 운영한다.

라. 부모와 각 기관의 실정에 따라 부모교육을 실시한다.

마. 가정과 지역사회와의 협력과 참여에 기반하여 운영한다.

바. 교사 재교육을 통해 어린이집 표준보육과정 운영을 개선해 나간다.

③ 교수-학습 방법

가. 주도적인 놀이를 중심으로 교수-학습 활동이 이루어지도록 한다.

나. 흥미를 중심으로 활동을 선택하고 지속할 수 있도록 한다.

다. 생활 속 경험을 소재로 하여 지식, 기술, 바람직한 태도를 기르도록 한다.

라. 교사와 신뢰감을 형성하고 개별적인 활동이 이루어지도록 한다.

마. 교사, 환경, 또래와 능동적인 상호작용이 이루어지도록 한다.

바. 주제를 중심으로 여러 활동이 통합적으로 이루어지도록 한다.

사. 만 0~1세아, 만 2세아는 일상생활 및 개별 활동, 휴식 등이 균형 있게 이루어지도록 한다.

아. 만 3~5세아는 실내 · 실외 활동, 정적 · 동적 활동, 대 · 소집단 활동 및 개별 활동, 일상생활 및 휴식 등이 균형있게 이루어지도록 한다.

④ 평가

가. 운영 평가

- 어린이집 표준보육과정의 목표와 내용에 근거하여 보육 내용이 적절히 편성 · 운영되는지 평가한다.
- 어린이집 표준보육과정의 운영 내용 및 활동이 영유아의 발달수준과 흥미, 요구에 적합한지 평가한다.
- 영 · 유아의 발달수준, 흥미, 요구에 적합한 경험 및 학습을 촉진할 수 있는 다

양한 활동과 교수–학습 방법이 계획되고 통합적으로 운영되는지 평가한다.
- 일과 운영 및 보육활동 구성 시 놀이활동과 일상생활 활동의 양과 내용이 영유아 및 유아 각 연령의 발달에 적합하게 계획되고 운영되는지 평가한다.
- 만 0~1세아, 만 2세아는 집단활동보다 개별적인 상호작용과 교수법을 중심으로 상호작용이 진행되는지를 평가한다.
- 어린이집 표준보육과정 운영 평가 결과를 수시로 반영하여 보육과정 운영 계획을 수정 · 보완하거나 다음 연도의 계획 수립 및 운영에 반영하는지 평가한다.

나. 영 · 유아 평가
- 어린이집 표준보육과정의 목표와 내용에 근거하여 영 · 유아의 특성과 변화 정도를 평가한다.
- 지식, 기술, 태도 등을 평가한다.
- 일상생활과 보육과정 활동 전반에 걸쳐 평가한다.
- 관찰, 활동 결과물 분석, 부모면담 등 다양한 방법을 사용하여 종합적으로 평가하고, 그 결과를 기록한다.
- 평가 결과는 영 · 유아에 대한 이해와 어린이집 표준보육과정 운영 개선 및 부모 면담 자료로 활용한다.

2) 영역별 보육 내용

0~1세, 2세 보육과정은 6개 영역 총 18개의 내용범주로 구성되었으며, 3~5세 보육과정(누리과정)은 5개 영역 총 20개의 내용범주로 구성되어 있다.

0~1세, 2세 기본생활과 신체운동 영역이 3~5세에서는 합해져서 신체운동 · 건강 영역으로 되었으며, 신체운동 영역의 감각과 신체 인식하기가 3~5세는 신체 인식하기로, 사회관계 영역에서 더불어 생활하기가 3~5세는 다른 사람과 더불어 생활하기로 되어있다. 3~5세 내용범주인 '사회에 관심갖기'는 0~1세와 2세에는 없으며, 3~5세

의 '가족을 소중히 여기기'는 0~1세와 2세의 내용범주 중 '더불어 생활하기'에 포함되어 별도로 구분되지 않았다. 0~1세, 2세 수준별 보육과정의 내용범주, 내용 및 세부내용 개수와 3~5세 연령별 누리과정의 내용범주, 내용 및 세부내용 개수는 〈표 4-3〉 〈표 4-4〉와 같다.

표 4-3 0~1세, 2세 수준별 보육과정의 내용범주, 내용 및 세부내용 개수

구분			기본생활	신체운동	의사소통	사회관계	예술경험	자연탐구	총계
내용범주			건강하게 생활하기	감각과 신체 인식하기	듣기	나를 알고 존중하기	아름다움 찾아보기	탐구하는 태도 기르기	18
			안전하게 생활하기	신체 조절과 기본 운동 하기	말하기	나와 다른 사람의 감정 알기	예술적 표현하기	수학적 탐구하기	
				신체활동에 참여하기	읽기	더불어 생활하기	예술 감상하기	과학적 탐구하기	
					쓰기				
내용	0~1세		5	9	9	8	6	10	47
	2세		7	9	9	8	6	11	50
세부내용	0~1세	1수준	10	11	11	9	8	3	52
		2수준	12	11	13	9	8	8	61
		3수준	14	11	16	11	10	12	74
		4수준	14	11	16	11	10	12	74
	2세	1수준	15	11	17	13	12	16	84
		2수준	15	11	17	13	12	16	84

표 4-4 3～5세 연령별 누리과정의 내용범주, 내용 및 세부내용 개수

구분		신체운동·건강	의사소통	사회관계	예술경험	자연탐구	총계
내용범주		신체 인식하기	듣기	나를 알고 존중하기	아름다움 찾아보기	탐구하는 태도 기르기	20
		신체 조절과 기본운동하기	말하기	나와 다른 사람의 감정알고 조절하기	예술적 표현하기	수학적 탐구하기	
		신체활동에 참여하기	읽기	가족을 소중히 여기기	예술 감상하기	과학적 탐구하기	
		건강하게 생활하기	쓰기	다른 사람과 더불어 생활하기			
		안전하게 생활하기		사회에 관심갖기			
내용	3세	14	10	11	10	11	56
	4세	14	11	12	10	12	59
	5세	14	11	12	10	12	59
세부내용	3세	31	17	20	17	18	103
	4세	32	25	28	20	24	129
	5세	33	25	29	20	30	137

(1) 기본생활 영역

① 성격

　기본생활 영역은 일생의 기초이며, 일상생활의 기본이 되는 건강, 영양, 안전에 관한 지식과 기술을 습득하고 건강하고 안전하게 생활하는 태도를 기르기 위한 영역이다. '건강하게 생활하기' '안전하게 생활하기'의 두 가지 내용범주로 구성되어 있다.

② 목표 및 세부목표

	0~1세 보육과정	2세 보육과정
목표	건강하고 안전한 일상생활을 경험한다.	건강하고 안전한 생활습관의 기초를 마련한다.
세부 목표	1. 건강하고 편안한 일상생활을 경험한다. 2. 안전한 생활을 경험한다.	1. 건강한 생활습관의 기초를 경험한다. 2. 안전한 생활습관의 기초를 경험한다.

(2) 신체운동/신체운동 · 건강 영역

① 성격

신체운동 영역은 다양한 신체활동을 통하여 자신의 신체에 대해 긍정적으로 인식하고, 일상생활에 필요한 기본 운동 능력을 기르며, 신체활동에 즐겁게 참여하도록 하기 위한 영역이다. 이를 위해 0~1세와 2세의 신체운동 영역은 '감각과 신체 인식하기' '신체 조절과 기본 운동하기' '신체활동에 참여하기'의 세 가지 내용범주로 구성되어 있다. 3~5세는 기본 생활과 신체운동 영역이 합해져서 신체운동 · 건강 영역이라고 하며 '신체 인식하기' '신체 조직과 기본 운동하기' '신체활동에 참여하기' '건강하게 생활하기' '안전하게 생활하기'의 다섯 가지 내용범주로 구성되어 있다.

② 목표 및 세부목표

	0~1세 보육과정	2세 보육과정	3~5세 보육과정(누리과정)
목표	감각 및 기본 신체운동 능력을 기른다.	감각, 신체 조절 및 기본 운동 능력을 기른다.	기본 운동 능력과 건강하고 안전한 생활 습관을 기른다.
세부 목표	1. 감각기능을 발달시키고 자신의 신체를 탐색한다. 2. 대소근육을 조절하고 걷기 등의 능력을 기른다. 3. 규칙적으로 신체활동에 참여한다.	1. 감각능력을 기르고, 자신의 신체 움직임을 탐색한다. 2. 안정된 자세로 대소근육을 조절하고 기본 운동 능력을 기른다. 3. 규칙적으로 신체활동에 참여한다.	1. 감각능력을 기르고, 자신의 신체를 긍정적으로 인식한다. 2. 신체를 조절하고 기본 운동 능력을 기른다. 3. 신체활동에 즐겁게 참여한다. 4. 건강한 생활 습관을 기른다. 5. 안전한 생활 습관을 기른다.

(3) 의사소통 영역

① 성격

의사소통 영역은 듣고 말하는 것을 즐기며 상황에 맞는 언어를 익혀 바른 언어생활을 하도록 하고, 일상생활에 필요한 의사소통 능력과 기초적인 문해능력을 기르기 위한 영역이다. 이를 위해 의사소통 영역은 '듣기' '말하기' '읽기' '쓰기'의 네 가지 내용범주로 구성되어 있다.

② 목표 및 세부목표

	0~1세 보육과정	2세 보육과정	3~5세 보육과정(누리과정)
목표	말소리를 구분하고 의사소통의 기초를 마련한다.	의사소통 능력의 기초를 기른다.	일상생활에 필요한 의사소통 능력과 바른 언어 사용 습관을 기른다.
세부목표	1. 주변의 소리와 말소리 듣기에 관심을 보인다. 2. 표정, 소리, 몸짓으로 자신의 생각과 느낌을 표현한다. 3. 짧은 그림책이나 친숙한 환경 인쇄물에 관심을 가진다. 4. 끼적이기에 관심을 가진다.	1. 다른 사람의 말과 짧은 이야기 듣는 것을 즐긴다. 2. 자신의 생각과 느낌을 말로 주고받기를 즐긴다. 3. 그림책이나 환경 인쇄물에 관심을 가지며 글의 내용에 흥미를 가진다. 4. 글자 형태 끼적이기에 관심을 가진다.	1. 다른 사람의 말을 주의 깊게 듣는 태도와 이해하는 능력을 기른다. 2. 자신의 생각과 느낌을 말하는 능력을 기른다. 3. 글자와 책에 친숙해지는 경험을 통해 글자 모양을 인식하고 읽기에 흥미를 가진다. 4. 말과 글의 관계를 알고 자신의 생각, 느낌, 경험을 글로 표현하는 데 관심을 가진다.

(4) 사회관계 영역

① 성격

사회관계 영역은 우리나라 영유아가 올바른 판단과 합리적인 의사결정을 할 수 있는 책임있는 민주시민으로 성장하도록 돕기 위한 영역이다. 이를 위해 0~1세와 2세의 사회관계 영역은 '나를 알고 존중하기' '나와 다른 사람의 감정알기' '더불어 생활하기'의 세 가지 내용범주로 구성되어 있다. 3~5세는 보다 세분되어 '나를 알고 존중하기' '나와 다른 사람의 감정 알고 조절하기' '가족을 소중히 여기기' '다른 사람과 더불어 생활하기' '사회에 관심 두기'의 다섯 가지 내용범주로 구성되어 있다.

② 목표 및 세부목표

	0~1세 보육과정	2세 보육과정	3~5세 보육과정(누리과정)
목표	친숙한 사람과 관계를 형성한다.	나를 인식하고 다른 사람과 더불어 생활하는 경험을 한다.	자신을 존중하고 다른 사람과 더불어 생활하는 능력과 태도를 기른다.
세부목표	1. 자신과 다른 사람을 구별된 존재로 인식한다. 2. 기본 정서를 표현하고, 다른 사람의 감정에 주의를 기울인다. 3. 안정적인 애착을 형성하고, 또래나 교사와 함께 지낸다.	1. 자기 존중감을 형성한다. 2. 자신의 감정을 알고, 다른 사람의 감정에 반응을 보인다. 3. 가족을 사랑하고, 또래·교사와 즐겁게 지내며, 간단한 규칙 등을 지킨다.	1. 자신을 소중히 여기며, 자율성을 기른다. 2. 자신과 타인의 감정을 알고, 자신의 감정을 적절하게 표현하고 조절한다. 3. 가족과 화목하게 지내며, 서로 협력한다. 4. 친구, 공동체 구성원들과 서로 돕고, 예의·규칙 등 사회적 가치를 알고 지킨다. 5. 우리 동네, 우리나라, 다른 나라에 관심을 가진다.

(5) 예술경험 영역

① 성격

예술경험 영역은 출생 후부터 영유아가 주변 환경 및 생활 속에서 다양한 예술적 요소들을 흥미롭게 경험하고 즐기도록 돕기 위한 영역이다. 이를 위해 '아름다움 찾아보기' '예술적 표현하기' '예술 감상하기'의 세 가지 내용범주로 구성되어 있다.

② 목표 및 세부목표

	0~1세 보육과정	2세 보육과정	3~5세 보육과정(누리과정)
목표	보고, 듣고, 만지면서 주변 환경에 관심을 가진다.	아름다움에 관심을 가지고 예술경험을 즐긴다.	아름다움에 관심을 가지고 예술경험을 즐기며, 창의적으로 표현하는 능력을 기른다.
세부목표	1. 주변 사물에 대한 탐색을 시도한다. 2. 주변에서 일어나는 수학적 상황을 지각한다. 3. 감각과 조작을 통하여 주변 사물과 자연환경에 대해 지각한다.	1. 주변 생활에서 예술적 요소를 발견하고 흥미롭게 탐색한다. 2. 간단한 리듬이나 노래, 움직임, 자발적인 미술활동을 자유롭게 시도하고, 모방이나 상상놀이로 표현한다. 3. 주변의 환경과 자연 및 다양한 표현에서 예술적 요소를 관심 있게 보고 즐긴다.	1. 자연과 주변 환경에서 발견한 아름다움과 예술적 요소에 관심을 갖고 탐색한다. 2. 자신의 생각과 느낌을 음악, 움직임과 춤, 미술, 극놀이를 통해 창의적으로 표현하는 것을 즐긴다. 3. 자연과 다양한 예술 작품을 감상하며, 풍부한 감성과 심미적 태도를 기른다.

(6) 자연탐구 영역

① 성격

자연탐구 영역은 영유아가 다양한 감각과 호기심으로 주변 사물과 자연환경의 특징을 지각하고, 탐색하는데 필요한 기초능력과 태도를 기르기 위한 영역이다. '탐구하는 태도 기르기' '수학적 탐구하기' '과학적 탐구하기'의 세 가지 내용범주로 구성되어 있다.

② 목표 및 세부목표

	0~1세 보육과정	2세 보육과정	3~5세 보육과정(누리과정)
목표	보고, 듣고, 만지면서 주변 환경에 관심을 가진다.	주변 환경에 호기심을 갖고 탐색하기를 즐긴다.	호기심을 가지고 주변 세계를 탐구하며, 일상생활에서 수학적·과학적으로 생각하는 능력과 태도를 기른다.

세부목표	1. 주변 사물에 대한 탐색을 시도한다. 2. 주변에서 일어나는 수학적 상황을 지각한다. 3. 감각과 조작을 통하여 주변 사물과 자연환경에 대해 지각한다.	1. 호기심을 가지고 주변 세계에 대해 다양하게 탐색한다. 2. 주변에서 경험하는 수학적 상황을 인식한다. 3. 다양한 탐색을 통하여 주변 사물과 자연환경을 인식한다.	1. 주변의 사물과 자연 세계에 대해 알고자 하는 호기심을 가지고 탐구하는 태도를 기른다. 2. 생활 속의 여러 상황과 문제를 논리·수학적으로 이해하고 해결하기 위한 기초능력을 기른다. 3. 주변의 관심 있는 사물과 생명체 및 자연현상을 탐구하기 위한 기초능력을 기른다.

3. 제3차 어린이집 표준보육과정에 기초한 연령별 보육프로그램

제1차 표준보육과정에 따른 연령별 보육프로그램이 보급되었으나, 활동 내용이나 적용할 양이 부족하다는 지적과 제3차 어린이집 표준보육과정에 기초하여 새롭게 보육과정을 제공할 필요가 있어 어린이집 보육교사들이 효과적으로 운영될 수 있도록 돕기 위한 연령별 보육 프로그램 자료가 개발되었다. 표준보육과정의 연령별 구분은 0~1세, 2세, 3~5세로 되어 있으나, 영유아 발달수준에 적합한 활동을 개발하여 어린이집 현장에서 활용할 수 있도록 하기 위해 2012년 2월에는 5세 누리과정에 기초한 어린이집 프로그램이, 2013년 초에는 3, 4세 누리과정에 기초한 어린이집 프로그램과 어린이집 표준보육과정에 기초한 0~2세 영유아 보육프로그램이 제작·보급되었다. 이 절에서는 연령별 보육프로그램을 0~2세, 3~4세, 5세로 나누어 살펴본다.

1) 0~2세 보육프로그램의 개요

(1) 구성

2013년 3월에 『어린이집 표준보육과정에 기초한 영유아 보육프로그램 0~2세』가 개발되었다. 이는 운영의 이해 1권, 0세 2권, 1세 2권, 2세 3권 등 총 8권으로 구성되었다.

<table>
<tr><td colspan="3">표 4-5　어린이집 표준보육과정에 기초한 영유아 보육프로그램 구성</td></tr>
</table>

프로그램 종류	개발 권수	내용
0~2세 영유아 보육프로그램 운영의 이해	1권	영유아반 운영 이해에 필요한 내용을 쉽게 기술하여 제시 • 0~2세 영유아 보육프로그램의 특징 • 0~2세 영유아의 발달적 특성 • 영유아를 위한 프로그램의 계획 · 운영 및 평가 • 영유아를 위한 일상생활 운영 • 영유아를 위한 적응 기간 운영 • 가정 및 지역사회와의 관계
0세 영유아 보육프로그램	2권	0~12개월 영유아를 위한 양육과 활동들을 6개 주제로 제시 • 0세아를 위한 보육계획 수립 • 일상생활 운영 • 주제별 보육계획 운영
1세 영유아 보육프로그램	2권	13~24개월 영유아를 위한 양육과 활동들을 7개 주제로 제시 • 1세아를 위한 보육계획 수립 • 일상생활 운영 • 주제별 보육계획 운영
2세 영유아 보육프로그램	3권	25개월 이상의 2세반 영유아를 위한 양육과 활동들을 총 9개 주제로 제시 • 2세아를 위한 보육계획 수립 • 일상생활 운영 • 주제별 보육계획 운영

'운영의 이해'에는 영유아반 운영 이해에 필요한 내용이 기술되어 있으며 '0세'에는 0~12개월 영유아를 위한 양육과 활동들을 6개의 주제로 제시되었고, '1세'에는 13~24개월 영유아를 위한 7개의 주제로, '2세'에는 25개월 이상의 2세반 영유아를 위한 9개 주제로 제시되었다.

(2) 연령별 주제 및 소주제

연간보육계획을 수립할 때 1년 동안 영유아가 달성해야 할 보육목표와 내용을 주제로 묶어 제시하게 된다. 연령별 연간주제는 〈표 4-6〉과 같다.

'0세'는 6개의 주제를 중심으로 각 주제별로 5개의 소주제를 선정하여 총 30개의 소주제로 구성되어 있으며, '1세'는 7개의 주제를 중심으로 각 주제별로 2~6개의 소

표 4-6 0~2세 연령별 연간 주제와 소주제

0세		1세		2세	
주제	소주제	주제	소주제	주제	소주제
낯설어요	엄마와 함께 해요 선생님을 만나요 선생님을 만져 봐요 선생님과 놀아요 익숙해졌어요	새로운 것이 낯설어요 (8주)	어린이집에 왔어요 만나고 친해져요 우리 반에 무엇이 있을 까요 밖으로 나가 보아요	어린이집 이 좋아요 (7주)	나는 ○○반이에요 엄마, 아빠와 헤어질 수 있어요 우리 반 선생님과 친구 들이에요 재미있는 놀잇감이 있어요 내가 좋아하는 놀잇감이 에요 편안하게 지내요 안전하게 놀아요
느껴 보아 요	씻으며 느껴요 입으며 느껴요 먹으며 느껴요 놀며 느껴요 자연을 느껴요	느낄 수 있어요 (10주)	만져보아요 살펴보아요 들어보아요 맡아보아요 맛보아요 온몸으로 느껴 보아요	봄나들이 가요(5주)	바깥놀이가 재미있어요 안전하게 바깥놀이해요 꽃구경은 즐거워요 벌레가 꿈틀꿈틀해요 봄나들이 갈까요
움직여요	누워서 움직여요 앉아서 움직여요 기어요 서고 걸어요 잡아 보아요	놀이할 수 있어요 (8주)	놀잇감은 재미있어요 1 놀잇감은 재미있어요 2 물놀이는 재미있어요 까꿍놀이는 재미있어요	나는요 (5주)	나는 ○○○이에요 내 몸을 살펴보아요 나는 느껴요 내가 좋아하는 것이 있 어요 혼자서도 잘해요
놀이는 재 미있어요 I	움직이는 놀잇감 구멍이 있는 놀잇감 굴러가는 놀잇감 까꿍 놀잇감 소리가 나는 놀잇감	나는 할 수 있어요 (5주)	즐겁게 할 수 있어요 말할 수 있어요 찾을 수 있어요	재미있는 여름이에 요(7주)	날씨가 더워졌어요 비가 많이 와요 깨끗하게 씻어요 물놀이가 재미있어요 1 물놀이가 재미있어요 2 여행을 가요
놀이는 재 미있어요 II	통·상자놀이 헝겊·천놀이 공놀이 악기놀이 그릇놀이	움직이는 것이 재미있어요 (7주)	바깥놀이를 재미있어요 몸을 움직여요 움직이게 할 수 있어요	나는 가족 이 있어요 (5주)	엄마, 아빠가 좋아요 우리 가족을 흉내내요 1 우리 가족을 흉내내요 2 우리 가족을 소개해요 1 우리 가족을 소개해요 2

좋아해요	마주 봐요 안아 줘요 같이 해 봐요 함께 웃어요 사랑해요	좋아하는 놀이가 있어요 (8주)	그림책으로 놀아요 춤추고 놀이해요 흉내내요 응가, 쉬 놀이가 좋아요	동물놀이해요(6주)	여러 가지 동물이 있어요 엄마동물 아기동물 동물처럼 소리를 내어 보아요 동물처럼 움직여 보아요 ○○반이 좋아하는 동물 동물을 사랑해요
		새로운 것도 좋아요(4주)	함께 놀아요 선생님이 좋아요	알록달록 가을이에요(6주)	가을이에요 가을나들이 단풍이 물들어요 자연물로 놀이해요 알록달록 색깔나라 재미있는 그리기 나라
				겨울과 모양을 즐겨요(5주)	여러 가지 모양이 있어요 모양놀이해요 즐거운 성탄이에요 추워요 따뜻하게 지내요
				나는 친구가 있어요 (6주)	내 친구가 좋아요 친구와 함께하는 놀이가 있어요 우리는 ○살(설날) 형·언니가 되었어요 즐거웠던 우리반이에요

주제를 선정하여, 총 26개의 소주제로 구성하였다. '2세'는 9개의 주제를 중심으로 각 주제별로 5~7개의 소주제를 선정하여, 총 50개의 소주제로 구성하였다(〈표 4-6〉 참조). 1개의 주제는 4주 이상 8주 정도까지 진행할 수 있으며, 1개의 소주제는 1~2주간 진행하되, 교사는 한 반으로 구성된 영유아의 월령에 따른 발달수준과 반응, 관심 정도에 따라 동시에 2개의 주제를 진행할 수도 있으며, 진행 기간 역시 융통성있게 조정할 수 있다. 이는 기존에 월별로 주제를 제시하여 월간보육계획안을 수립했던 방식에서 벗어나 영유아의 발달 특성을 고려하여 몇 개의 주제를 반복·심화·확장할 수 있도록 하였다. 그리고 주제는 어린이집에서 이루어지는 연간 행사의 일정과 연계하여 계획하나, 0~1세는 행사와 연계하지 않아도 된다.

영유아 보육프로그램

출처: 보건복지부(2013).

(3) 주제별 보육계획안의 활동 구성

주제별 보육계획안의 활동은 등원 및 맞이하기, 기본생활 및 안전, 일상생활, 실내 자유놀이, 실외놀이, 귀가 및 가정과의 연계 등으로 구성하였다. 그리고 연령을 고려하여 용어를 다르게 표현하거나 영역을 점차 세분화하였다. 자세한 내용은 〈표 4-7〉과 같다.

표 4-7 연령별 보육계획안의 활동 구성

활동명	0세	1세	2세
등원 및 맞이하기	등원 및 맞이하기		
기본생활 및 안전	기본생활 및 안전		
일상생활	수유 및 이유 낮잠 기저귀갈이	식사 및 간식 낮잠 기저귀갈이 · 배변활동	점심 및 간식 낮잠 배변활동
실내자유놀이	신체 언어 탐색	신체 언어 감각 · 탐색 역할 · 쌓기	신체 언어 감각 · 탐색 역할 · 쌓기 미술 음률
실외놀이	실외놀이		
귀가 및 가정과의 연계	귀가 및 가정과의 연계		

2) 3~4세 보육프로그램의 개요

(1) 구성

『3~4세 누리과정에 기초한 어린이집 보육프로그램』(2013)은 어린이집과 유치원에서 공통으로 개발한 3~4세 누리과정 교사용 지도서의 내용에 종일보육 및 연중 운영되는 어린이집 운영 특성을 감안하여 추가 개발 및 재편집하여 개발하였다. 즉, 3세 10개, 4세 11개의 생활주제로 개발된 교사용 지도서에 3개의 주제('가을과 열매' '겨울과 놀이' '형님이 되어요') 및 오후 자유선택활동 등을 추가로 개발하여 재편집하였으며, 총 52주의 주간보육계획안의 활동이 수록되었다.

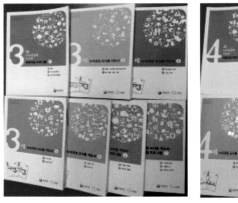

3세 프로그램(왼쪽)과 4세 프로그램(오른쪽)

출처: 보건복지부(2013), 교육과학기술부(2013).

(2) 연령별 주제 및 소주제

3~4세 누리과정에 기초한 어린이집 프로그램에서 제시된 연간보육계획의 주제 및 소주제는 〈표 4-8〉과 같다(보건복지부, 2013d, 2013e). 주제는 우리나라 3~4세의 발달, 경험, 흥미, 관심 등을 반영하여 전국적으로 활용 가능한 보편적인 주제를 제시한 것이므로 이를 참고하여 개별 어린이집과 반의 특성에 맞게 적절히 수정 · 보완하여 적용할 수 있다.

표 4-8 3~4세 연령별 연간 주제와 소주제

3세			4세		
월	주제	소주제	월	주제	소주제
3	어린이집과 친구	어린이집의 환경 어린이집에서의 하루 어린이집에서 만난 친구 함께 놀이하는 어린이집	3	어린이집과 친구	어린이집의 환경 어린이집에서의 하루 어린이집에서 만난 친구 함께 만드는 어린이집
4	봄	봄의 날씨 봄의 풍경	4	봄	봄의 날씨 봄의 풍경
4~5	동식물과 자연	궁금한 동식물 동물과 우리 생활 식물과 우리 생활 자연과 더불어 사는 우리	4~5	동식물과 자연	동물과 우리 생활 궁금한 동식물 식물과 우리 생활 궁금한 동식물 자연과 더불어 사는 우리
5~6	나와 가족	나의 몸과 마음 소중한 나 소중한 가족 가족의 생활과 문화	5	나와 가족	나의 몸과 마음 소중한 나 소중한 가족 행복한 우리 집
6	우리동네	우리동네 모습 우리동네 생활 우리동네 사람들	6	우리동네	우리동네 모습 우리동네 생활 우리동네 사람들 우리동네 전통과 문화
7	건강과 안전	즐거운 운동과 휴식 깨끗한 나와 환경 맛있는 음식과 영양 안전한 놀이와 생활	6~7	건강과 안전	즐거운 운동과 휴식 깨끗한 나와 환경 맛있는 음식과 영양 안전한 놀이와 생활
7~8	여름	여름의 날씨 여름 꽃과 과일	7	여름	여름의 날씨와 물놀이 여름풍경
8~9	교통기관	여러 가지 육상 교통기관 고마운 육상 교통기관 항공/해상 교통기관 즐거운 교통생활	7~8	교통기관	여러 가지 육상 교통기관 고마운 육상 교통기관 항공/해상 교통기관 즐거운 교통생활
9	우리나라	우리나라 사람들의 생활 우리나라의 놀이와 예술 우리나라의 역사와 자랑거리	8~9	우리나라	우리나라 사람들의 생활 우리나라의 놀이와 예술 우리나라의 역사 우리나라의 자랑거리

보육학개론
제4장

10	가을과 열매	가을 풍경(2권) 가을의 변화 풍성한 가을 추석과 놀이 가을 나들이	9~10	세계 여러 나라	세계 여러 나라 사람들의 생활 세계 여러 나라의 문화유산 세계 여러 나라와의 교류 세계의 자연과 사회 현상
11~12	환경과 생활	물과 우리 생활 돌·흙과 우리 생활 바람·공기와 우리 생활 빛과 우리 생활 소리와 우리 생활	10~11	가을과 열매	가을 풍경(2권) 가을의 변화 풍성한 가을 추석과 놀이 가을 나들이
12~1	겨울과 놀이	겨울 날씨(2권) 겨울 풍경(2권) 사랑을 나눠요 건강한 겨울나기 눈과 눈사람	11~12	환경과 생활	물과 우리 생활 돌·흙과 우리 생활 바람·공기와 우리 생활 빛과 우리 생활 소리와 우리 생활
1	생활도구	다양한 생활도구 생활도구를 움직이는 힘 생활도구로서의 미디어	12~1	겨울과 놀이	겨울 날씨(2권) 겨울 풍경(2권) 감사와 사랑을 나눠요 신나는 겨울놀이
2	형님이 되어요	많이 컸어요 동생들에게 알려 주어요 형님이 될 준비를 해요 즐거웠던 우리 반	1	생활도구	다양한 생활도구 생활도구를 움직이는 힘 생활도구로서의 미디어 미래의 생활도구
			2	형님이 되어요	많이 컸어요 동생들에게 알려주어요 형님이 될 준비를 해요 즐거웠던 우리 반

3) 5세 보육프로그램의 개요

(1) 구성

『5세 누리과정에 기초한 어린이집 프로그램』(2012)은 3~5세 누리과정의 5세에 해당하는 세부내용을 기초로 1년 동안 운영해야 할 보육활동을 총 12개의 연간 주제와 52개의 소주제를 선정하여 개발하였다. 총 4권 구성이며, 각 권마다 3개의 주제, 13개의 소주제로 되어 있고, 권당 1개의 DVD가 포함되어 있다(보건복지부, 2012).

5세 프로그램

출처: 보건복지부(2012).

(2) 주제 및 소주제

5세 프로그램의 연간 주제 및 소주제는 〈표 4-9〉와 같다. 개발된 연간 주제와 소주제는 어린이집의 특성, 5세의 발달과 흥미, 지역사회의 여건, 사회적 이슈 등을 반영하여 수정·보완하여 적용하도록 한다.

표 4-9 5세 연간 주제와 소주제

월별 주제		소주제		월별 주제		소주제	
월	주제명	주	소주제명	월	주제명	주	소주제명
3	즐거운 어린이집	1	새로 만난 우리 반	4	봄과 동식물	1	봄의 모습
		2	새로 꾸민 우리 반			2	식물의 봄맞이
		3	어린이집 탐험			3	동물의 봄나들이
		4	사이좋은 친구			4	우리들의 봄 이야기

5	소중한 가족	1	소중한 나	6	우리 동네	1	우리 동네 모습
		2	나와 우리 가족			2	우리 동네 기관 1
		3	함께하는 가족놀이			3	우리 동네 기관 2
		4	여러 가족의 모습			4	다양한 직업
		5	사랑하는 우리 가족			5	함께 하는 우리 이웃
7	신나는 여름	1	여름의 모습	8	교통과 안전	1	내가 궁금한 교통수단
		2	건강하게 여름나기			2	편리한 교통시설
		3	즐거운 물놀이 1			3	미래의 교통수단
		4	즐거운 물놀이 2			4	안전한 교통문화
9	세계 속의 우리나라	1	우리나라의 생활	10	가을과 자연	1	가을의 변화
		2	우리나라의 문화유산			2	가을 곡식과 열매
		3	세계 여러 나라와 사람들			3	우리들의 가을 이야기 - 추석
		4	세계 여러 나라의 생활			4	가을 나무와 숲
		5	함께 하는 세계				
11	지구와 환경	1	우리가 사는 지구	12	겨울과 놀이	1	겨울의 모습
		2	지구의 변화			2	동식물의 겨울나기
		3	고마운 지구			3	겨울철 건강과 안전
		4	지구의 보호			4	이웃과 함께 하는 겨울
						5	새해맞이와 놀이
1	기계와 생활	1	편리한 생활 도구	2	초등학교에 가요	1	궁금한 초등학교
		2	우리 주변의 기계			2	일학년이 되면
		3	우리는 발명가			3	즐거웠던 어린이집 1
		4	미래의 생활			4	즐거웠던 어린이집 2

4. 보육과정의 운영

영유아를 위한 보육과정 운영은 보육과정 전반의 목표와 내용, 계절적 특성, 영유아가 속한 환경에서의 경험과 흥미, 영유아의 개별성과 연령별 적합성 등 다양한 측면이 고려되어야 한다. 이를 바탕으로 영유아를 위한 보육은 대체로 연간, 월간, 주간, 일일 보육계획으로 구성된다.

1) 연간보육계획

연간보육계획은 1년 동안 이루어지는 전체 보육프로그램에 대한 포괄적인 계획이다. 1년 동안 해야 할 보육 목표 및 내용의 전체적인 흐름을 쉽게 파악할 수 있도록 수립되어야 하며, 어린이집에서 이루어지는 연간행사 일정을 계획하는 데 근간이 된다.

2) 월간보육계획 및 주간보육계획

월간보육계획은 연간계획에 기초를 두고 목표를 달성하기 위해 한 달을 1주에서 4주로 나누어 활동을 계획하는 것이다.

주간보육계획은 1주 동안에 이루어지는 모든 활동을 한눈에 파악할 수 있는 세부적인 보육계획으로, 활동들을 요일별로 배치하여 수립한 것이다. 현재 대부분의 어린이집은 월간보육계획안을 따로 세우기보다 연간보육계획안을 참고하여 주간보육계획안을 상세히 작성하여 실행하는 경우가 많다. 주간보육계획안은 연간·월간보육계획을 바탕으로 설정되어야 하고, 전 주의 보육 내용과 관련성을 유지하며 계획되어야 한다.

주간보육계획은 요일별, 시간대별, 실내의 공간별, 흥미영역별로 주제별 활동을 어떻게 배분하여 진행할 것인가에 대한 계획이다. 교사는 주간보육계획안을 통해 한 주 동안 진행되는 모든 활동을 한눈에 파악할 수 있어야 하며, 실제 보육활동에 필요한 교재·교구나 활동의 방법, 환경 구성이 결정되므로 사전에 충분히 연구하여 주간보육계획을 수립해야 한다.

3) 일일보육계획

일일보육계획은 월간 또는 주간보육계획에 기초하여 영유아가 어린이집에 등원해서 귀가하기까지의 하루 일과를 시간대별로 나누고, 시간대에 맞추어 관련 활동을 정하고, 정해진 각각의 활동을 계획하여 필요한 준비물 등을 수립하는 것이다. 하루 일과 시간은 기관의 상황, 지역사회, 부모의 요구, 영유아의 연령에 따라 다르다. 각 연령별 일과 운영 시간대의 예시는 다음 〈표 4-10〉과 같다.

표 4-10 연령에 따른 일과운영 시간대 예시

연령	시간대	활동 내용
0세	07:30~08:00	영유아 맞이하기
	08:00~08:30	오전 수유 및 기저귀갈이/손씻기
	08:30~10:00	실내자유놀이
	10:00~10:30	실외놀이
	10:30~11:00	오전 수유 및 낮잠 준비
	11:00~12:00	오전 낮잠
	12:00~13:00	수유 및 이유식/손씻기/이닦기
	13:00~14:00	실내자유놀이
	14:00~14:30	오전 수유 및 휴식
	14:30~15:30	오전 낮잠/산책 및 일광욕
	15:30~16:30	기저귀갈이/이유식
	16:30~17:30	실내자유놀이
	17:30~18:30	저녁수유/기저귀갈이/손씻기/이닦기
	18:30~19:30	휴식 및 부모 맞이하기
2세	07:00~09:00	등원 및 통합보육
	09:00~09:30	화장실 가기 및 오전 간식
	09:30~10:50	오전 실내자유놀이
	10:50~11:00	정리정돈 및 화장실 가기
	11:00~11:50	실외놀이 및 손씻기
	11:50~13:20	점심식사 및 이닦기
	13:20~15:00	낮잠
	15:00~15:30	화장실 가기 및 오후 간식
	15:30~16:50	오후 자유놀이
	16:50~17:30	실외놀이 및 손씻기
	17:30~19:30	귀가 및 통합보육

4세	07:30~9:00	등원 및 통합보육
	9:00~10:30	오전 실내자유놀이
	10:30~10:50	정리정돈 및 화장실 가기
	10:50~11:20	대·소집단 활동
	11:20~12:20	실외놀이/손씻기
	12:20~13:20	점심식사/이닦기
	13:20~14:00	조용한 활동, 정리정돈 및 낮잠 준비
	14:00~15:30	낮잠 및 휴식
	15:30~16:00	낮잠 깨기 및 정리정돈
	16:00~16:30	오후 간식
	16:30~18:00	오후 자유선택활동
	18:00~19:30	통합보육 및 귀가

출처: 보건복지부(2013b, c, e).

등원/하원

실내자유선택놀이

대집단 활동

실외놀이

간식

낮잠

하루 일과 장면

활동해 봅시다

- 보육과정과 표준보육과정은 어떤 관련성이 있는지 토론 후 설명해 봅시다.
- 연령별 어린이집 보육 하루일과를 살펴보면서 연령별 특징이 무엇인지 찾아봅시다.

제5장

영유아와 놀이

'놀이'

노는 것은 인간의 기본적인 욕구이다. 놀이는 인간에게 없어서는 안 될 기본적인 권리인 동시에 삶을 살아가는 원천이 된다. 놀이는 영유아의 생활 자체이며, 영유아는 놀이에서 즐거움과 기쁨을 경험하고 놀이를 통해 성장·발달한다. 이 장에서는 영유아의 놀이 개념과 특성, 놀이의 기능 및 발달과의 관계, 놀이의 유형, 놀이의 실제에 대해 다루고자 한다.

1. 놀이의 개념과 특성

영유아의 놀이에 대해서 많은 철학자, 심리학자, 교육학자들은 논의를 지속해 왔다. 학자들은 놀이를 정의하기 매우 어려운 개념으로 보고 있다. 비트겐슈타인 (Wittgenstein, 1958), 러셀(Russell, 1912, 1967) 등의 철학자는 놀이가 광범위하고 다각적 의미를 가지므로 한 마디로 정의되기보다 여러 개의 개념들이 서로 엮인 로프(줄)로 생각해야 한다고 보았다(Johnson, Christie, & Yawkey, 1999). 놀이의 개념화는 놀이의 공통된 특성을 통해 정의하는 '수렴적 접근'과 놀이의 특성을 구별하여 정의하는 '확산적 접근'으로 살펴볼 수 있다(Johnson, Christie, & Yawkey, 1999).

수렴적 접근의 놀이 개념을 살펴보면, 프뢰벨(Fröbel)은 놀이를 영유아의 가장 순수한 정신활동으로 정의하였고, 듀이(Dewey)는 놀이를 활동 자체가 목적인 활동으로 보았다. 그 밖의 학자들은 놀이를 인간의 가장 창의적인 활동의 한 유형으로 개성을 계발하는 역동적인 과정이라고 보았다(Liberman, 1977; Pepler & Ross, 1981).

확산적 접근의 놀이 개념은 1970년대 이후 놀이에 관한 체계적인 연구가 이루어지면서 놀이를 탐색, 일, 행동과 구분지어 개념화되었다.

표 5-1 놀이와 탐색, 놀이와 일, 놀이와 놀이가 아닌 행동의 구분

관점	놀이	탐색/일/놀이가 아닌 행동
	내적으로 동기화된 활동임	
놀이 vs. 탐색	놀이는 물체를 가지고 활동하는 사람의 욕구에 의해 이루어지는 인간중심 활동	탐색은 어떤 물체의 정보를 얻는데 관심을 두고, 물체에 의한 자극으로 통제되는 자극중심 활동
놀이 vs. 일	놀이는 활동적이고 자발적이고 흥미를 가지고 목적이 없으며, 자기주도적인 특성	일은 수동적이고 강제적이고 단조롭고 힘들고, 외적 목표에 의해 구속되며, 타인 주도적이고 무사안일한 특성
놀이 vs. 놀이가 아닌 행동	놀이는 내적 동기로 유발되고, 현실적 자아보다 상상적 자아가 지배하며, 내적으로 스스로 통제하는 활동	놀이가 아닌 행동은 외적 동기로 유발되며, 현실적 자아에 충실하고, 외부로부터 통제당하는 활동

첫째, 놀이와 탐색을 구분지어 놀이를 정의한 학자들(Hutt, 1971; Weisler & Mecall, 1976; Johnson, Christie, & Yawkey, 1999)은 놀이와 탐색 모두 내적으로 동기화된 활동이지만, 탐색은 어떤 물체에 대한 정보를 얻는 데 관심을 두므로 물체에 의해 주어지는 자극에 의해 통제되는 자극중심 활동이라고 하였다. 반면, 놀이는 어떤 물체에 대한 정보보다는 물체를 가지고 활동하는 사람의 욕구에 의해 활동이 이루어지는 인간중심 활동이다. 탐색은 '이 물체는 무엇일까?'에 관심을 두며, 놀이는 '이 물체로 무엇을 할까?'에 관심을 둔다.

둘째, 놀이와 일을 구분지어 놀이를 정의하는 학자들(Frost & Klein, 1979)은 놀이가 활동적·자발적이고 흥미를 가지며, 목적이 없고, 자기주도적이라 하였다. 한편, 일은 수동적·강제적이고 단조로워 힘들고, 외적 목표에 의해 구속되며, 타인 주도적이고 무사 안일적인 특성이 있다.

셋째, 레비(Levy, 1978)는 놀이와 놀이가 아닌 행동을 구분지어 놀이를 정의하였다. 그는 놀이를 내적 동기로 유발되고, 현실적 자아보다 상상적 자아가 지배하며, 스스로 내적으로 통제하는 활동으로 보았다. 한편, 놀이가 아닌 행동은 외적 동기로 유발되며, 현실적 자아에 충실하고, 외부로부터 통제당하는 활동으로 보았다. 그러나 놀이와 놀이가 아닌 행동의 분명한 구분이 어려우므로 놀이와 놀이가 아닌 행동의 연속선상

보육학개론
제5장

어느 위치에 속한다고 하였다.

여러 학자의 견해를 통해 놀이의 특성을 정리하면 다음과 같다(이숙재, 1997; Caplan & Caplan, 1989; Garvey, 1990; Johnson, Christie, & Yawkey, 1999).

첫째, 놀이는 재미있고 즐겁다. 놀이의 본질은 기쁨과 즐거움이며, 긍정적 정서를 동반한다. 놀이는 유희, 그 자체이다.

둘째, 놀이는 내적 동기화로 이루어지는 자발적인 행동이다.

셋째, 놀이는 활동에 자유를 부여한다. 놀이는 외부에서 부과된 규칙으로부터 자유롭다. 놀이의 시작과 진행, 끝맺음, 내용과 방법 등은 이에 참여하는 영유아들이 결정한다.

넷째, 놀이는 능동적이다. 영유아는 놀이를 스스로 시작하고 적극적으로 참여한다. 능동성을 통해 영유아는 놀이에 몰입하고 진지할 수 있다. 놀이는 가장 역동적인 학습 방법이다.

다섯째, 놀이는 융통성 있고 가변적이다. 영유아는 자연스럽게 놀잇감을 선택하고, 놀이 내용이나 행동을 변화시킬 수 있다.

여섯째, 놀이는 비실제성을 갖는다. 놀이는 현실에 구애되지 않고, 비현실적인 상상세계를 통하여 가작화 활동을 할 수 있다. 놀이는 영유아가 다스릴 수 있는 상상의 세계를 제공한다.

일곱째, 놀이는 결과보다 과정 중심의 활동이다. 놀이가 목적이 없고 활동 자체로서 의미가 있기 때문에 영유아는 놀이의 과정에서 만족을 얻는다.

여덟째, 놀이는 생활 자체이다. 놀이는 평범한 일상이면서 대단한 힘을 가지며 진지한 것이다.

아홉째, 놀이는 성장과 발달을 돕는다. 다양한 놀이는 영유아의 발달적 욕구를 충족시키며 언어, 인지, 사회 · 정서, 신체, 창의적 측면에서 발달을 촉진한다.

열째, 놀이는 흥미와 주의집중력을 신장시킨다. 영유아는 재미있는 놀이에 집중하면서 탐색과 발견의 기쁨을 즐기게 된다.

2. 놀이의 교육적 기능

영유아는 놀이를 통해 주변 세계에 대해 경험하고 정보를 받아들이며 학습한다. 또한 영유아는 놀이에서 자신의 생각과 느낌을 자연스럽게 표현하는 기회를 가지며 또래와 사회적 관계를 형성할 수 있는 기술을 발달시킨다. 놀이의 교육적 가치는 놀이 자체가 교육적이라는 점에 앞서, 영유아가 주변 세계의 경험에서 정보를 어떻게 받아들이고 학습하는지에 관한 메커니즘에서 찾아볼 수 있다. 영유아는 본질적으로 자발성과 능동성을 발휘하여 즐겁게 놀이하며, 놀이는 그 특성상 지속적으로 다양한 경험을 동반하게 된다. 영유아는 자발적이고 다양한 놀이를 통해서 주변 세계의 물체와 현상을 복합적으로 경험하고 정보들을 습득하게 된다. 놀이는 학습하는 방법으로서 가장 적절한 조건의 능동적 활동이고, 영유아가 매우 즐기는 활동이며, 놀이 안에서 성취감을 느끼게 하고 다음 학습을 자극하고 동기를 유발한다.

영유아는 놀이의 다양한 상황에서 문제해결을 하거나 욕구에 따라 풍부한 자료를 활용하면서 새로운 환경에 적응해 간다. 놀이는 학습에 대한 내적 동기를 강화시켜 주고, 다양한 개념과 기술을 활용함으로써 문제해결 능력과 창의력을 촉진할 수 있다.

커리와 아나우드는 놀이의 교육적 기능을 다음과 같이 정리하고 있다(Curry & Arnaud, 1974).

첫째, 놀이는 유아의 인지학습을 조직화하고 활발하도록 한다.
둘째, 놀이는 유아의 불안과 인지적 갈등을 극복할 수 있는 힘을 길러 준다.
셋째, 놀이는 타인에 대한 감정이입을 깊게 하고, 유아의 자기중심성을 감소시켜 사회화 기술을 습득하게 한다.
넷째, 놀이는 추상적 상징화의 세계로 이끌어 줌으로써 유아가 직접 경험하지 않은 상황을 정신적으로 조작할 수 있는 능력을 길러 준다.

다섯째, 놀이는 유아의 신체적 활동, 체력 및 신체의 협동기능을 길러 주어 신체적
발달에 기여한다.

여섯째, 놀이는 유아의 탐색적 활동과 호기심을 자극하고, 어떤 새로운 것을 성취
한 후에는 다른 것에 도전하게 하여 창의적이고 혁신적인 태도를 길러 준다.

일곱째, 놀이는 유아의 문제해결 능력을 길러 줄 뿐 아니라 문제해결 행동을 강화
한다.

여덟째, 놀이의 세계는 가상적인 것이기 때문에 유아는 놀이를 통해서 자신을 자유
롭게 표현한다.

아홉째, 놀이는 유아의 현실적인 경험을 재구성시키고 통합시킨다.

놀이는 초기의 교육적 환경에서 중요한 역할을 하며, 놀이의 가장 중요한 요소 중
의 하나는 자발성에 따른 본래적 동기화이다. 유아는 형식적 교육에서 달성하고자 하
는 많은 교육 목표들을 자신의 놀이를 통해서 학습하고 있어 그 교육적 가치를 살펴
볼 수 있다.

3. 놀이와 영유아의 발달

영유아는 놀이를 통해 발달하며, 영유아의 발달은 놀이에서 그 양상이 나타난다.
영유아는 놀이를 통해 자아에 대해 탐색하고 주변 환경과 세상에 대해 이해하는 기회
를 얻으며, 다양한 정보를 받아들게 된다. 놀이를 통해 영유아는 사회정서 발달뿐 아
니라 인지 · 언어 · 신체 · 창의성 발달을 이룰 수 있다.

1) 놀이와 인지발달

놀이와 인지발달과의 관계에 대해 아데이는 놀이가 여러 가지 정보에 쉽게 접근할

수 있는 통로 기능을 하고, 놀이를 통하여 개념과 기술이 발달된다고 하였다(Athey, 1984). 놀이의 인지적 조작 경험은 즐거움과 능동성으로 지적 활동이 효율적으로 유지·촉진되어 인지발달을 가속한다. 영유아는 놀이를 하면서 경험하는 여러 가지 정보를 인식하고 조직할 수 있으며, 습득한 개념과 기술을 다양한 방식으로 활용한다. 또한 영유아는 놀이과정에서 발생하는 문제를 다양한 인지적 과정을 통해 해결하고, 새로운 것을 제안하고 실험하는 기회를 얻는다.

분류 활동

2) 놀이와 언어발달

영유아의 놀이에는 언제나 언어가 개입되므로 놀이와 언어발달은 밀접한 연관성을 가지고 있다. 놀이는 언어발달의 수단이며, 동시에 언어는 놀이과정에 필수적인 매체의 역할을 한다. 레비(Levy, 1984)는 놀이와 언어발달과의 관계에 대해 다음과 같이 언급하였다.

첫째, 놀이는 새로운 언어 구성을 자극한다. 영유아는 놀이과정에서 다양한 상황이나 역할에 적절한 언어를 사용하는 경험을 한다.

둘째, 영유아는 놀이에서 새로운 단어와 개념을 경험하고 그 개념이 명료화된다. 영유아는 놀이하면서 다양한 어휘를 습득하고 문장구성 능력을 증진하게 된다.

셋째, 놀이는 언어 사용과 연습을 유도한다. 또래 유아들과 놀이하는 과정에서 자신의 생각을 적절하게 표현하고 다른 유아의 생각에 귀를 기울이고 서로 합의점을 찾는 전 과정은 언어학습의 중요한 기회가 된다.

넷째, 놀이는 상위 언어에 대한 인식을 발달시킨다.

다섯째, 놀이는 언어적 사고를 촉진한다. 놀이는 영유아의 언어 사용, 문해 출현, 서술적 능력에 중요한 역할을 하여 이후 학교생활에서의 읽기 및 쓰기 발달에 영향을 미친다.

3) 놀이와 사회성 발달

영유아는 태어나면서부터 놀이를 통해 부모와 애착을 형성하며, 또래 유아와 놀이하면서 다른 사람과 더불어 살아가는 데 필요한 사회적 능력을 배우고, 주변 사회에 대해 관심을 가지고 이해하며 지식을 높일 수 있다.

영유아는 다른 사람과 상호작용함으로써 자기중심성에서 탈피하여 사회적 능력을 기를 수 있다. 자기중심성이 강한 영유아는 또래 유아와 함께 놀이하는 과정에서 자연스럽게 다른 사람의 관점을 인식하고 이해할 수 있는 능력을 습득한다. 영유아는 놀이를 통해 또래 유아와 놀잇감을 공유하고 놀이집단에 참여하고 서로의 차이점에 대해 협상하며 규칙을 정하고 따르는 등 다양한 측면에서 사회적 능력이 발달하게 된다.

2세 영아의 놀이

● 인형놀이

– 자료: 인형, 젖병, 기저귀, 인형띠, 유모차, 장난감 자동차 등

– 놀이방법:

① 인형의 신체 명칭을 말하며 신체 부분을 움직이면서 놀이한다. "코코코코……
눈!" "코코코코…… 팔!"

② 인형에게 젖병을 물리거나 기저귀를 갈아 주며 논다. 아기띠를 이용하여 인형
을 업어 주며 논다.

③ 인형을 유모차나 장난감자동차에 태우고 다니며 논다.

4) 놀이와 정서발달

영유아는 놀이를 통하여 다양한 정서적 경험을 하게 되고, 그에 따른 정서를 표현
하게 된다. 또한 영유아는 정서 조절에 대한 필요성을 인식하고 조절하는 경험을 하
게 된다. 영유아는 놀이과정에서 자신의 긍정적 정서와 부정적 정서를 경험하게 된다.
놀이 경험을 통해 유아는 긍정적인 자아개념, 성취감, 자율성, 인내심 등 건전한 정서
를 형성하고, 다양한 정서를 이해하며, 타인의 입장에서 생각할 수 있는 감정이입 능
력도 발달하게 된다. 영유아는 놀이를 하면서 자신의 감정을 조절하고 통제하는 방법
을 배워 갈등 상황을 잘 극복해 낼 수 있게 된다.

비눗방울 놀이

만 4~5세 유아의 놀이

● 색, 색, 물총놀이(실외놀이)

 – 자료: 여러 가지 색 물감물이 담긴 물감총

 – 놀이방법: 유아는 벽이나 바닥에 여러 가지 색의 물감물이 담긴 물감총을 쏘면서, 그림을 그리며 논다. 유아는 놀이하는 동안 물감의 여러 가지 색을 혼합하고 다양한 모양의 흔적을 창의적으로 만들 수 있다.

5) 놀이와 신체발달

영유아의 놀이는 신체의 움직임을 수반한다. 영유아는 놀이과정에서 대소근육을 움직여 신체 각 부분의 운동기술을 훈련하며 신체운동 발달을 증진시킨다. 영유아는 다양한 놀이를 하면서 뛰기, 점프하기, 던지기 등의 운동기술을 발달시키고, 신체 인식, 공간 인식, 신체와 공간의 관계 인식 등과 같은 동작 관련 개념 및 기술을 발달시킨다. 놀이는 대소근육의 발달을 촉진하고 생리적 기능을 왕성하게 하여 성장과 성숙을 돕는다.

여러 가지 동작활동

0세 영아의 놀이

● 어디까지 왔나(스펀지 공놀이)

- 대상: 8개월 영아

- 자료: 스펀지 공

- 놀이방법:

"여기 무엇이 있을까?"

"공이 있네."

교사는 영아에게 스펀지 공을 굴려주고 영아와 스펀지 공을 주고 받으며 놀이한다.

교사는 스펀지 공이 굴러간 방향을 말해 주면서 영아가 스펀지 공을 잡고 굴려보도

록 한다.

만 2세 영아의 놀이

● 뿅뿅이 옮기기

- 자료: 뿅뿅이, 뿅뿅이판(달걀판), 다양한 옮기기 도구(숟가락, 스쿱, 훈련용 젓가락

등), 바구니

- 놀이방법: 여러 가지 옮기기 도구를 이용하여 바구니의 뿅뿅이를 뿅뿅이판에 옮긴다.

만 3세 유아의 놀이

● 발자국 놀이(실외놀이)

 − 자료: 장화

 − 놀이방법: 유아는 장화를 신고 모래나 진흙 위를 밟고 다니며 발자국 찍기 놀이를
  한다. 비가 내린 후에 실외에서 진흙 발자국 찍기 놀이를 해도 좋다.

6) 놀이와 창의성 발달

영유아는 놀이를 하면서 다양한 탐색활동을 통해 개념과 정보들을 습득하게 되고
이를 바탕으로 융통적인 사고력과 상상력이 발달한다. 놀이는 새로운 것에 대한 호기
심을 자극하고 도전하는 기회를 제공하여 창의적 · 혁신적인 태도를 길러 준다. 또한
영유아는 다양한 놀이 상황에서 탐색하고 그 과정에서 새롭고 독특한 아이디어를 생
각할 기회가 많아 창의성이 증진된다.

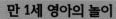

만 1세 영아의 놀이

● 수수깡 부러뜨리기

　– 대상: 13~15개월 영아

　– 자료: 수수깡

　– 놀이방법: 영아와 교사는 함께 긴 수수깡을 다양한 길이로 부러뜨려 여러 개의 부분으로 나누어 본다. 영아와 교사는 함께 각각의 수수깡 조각의 길이를 비교해 본다. 수수깡 조각의 길이를 비교하면서 '길다' '짧다' '더 길다' '더 짧다' 등의 용어로 표현해 본다.

● 동물가면놀이

　– 대상: 18~24개월 영아

　– 자료: 여러 가지 동물가면

　– 놀이방법: 영아는 여러 가지 동물 가면을 쓰고 동물 흉내를 내어 본다. 영아는 동물의 소리, 표정, 손이나 몸의 동작으로 동물 흉내를 내어 볼 수 있다.

4. 놀이의 발달

영유아의 놀이 유형에 따른 발달을 살펴보면 다음과 같다.

1) 인지적 놀이 발달

　영유아의 인지적 놀이 발달은 피아제의 인지발달 단계에 근거하고 있다. 인지적 놀이는 피아제의 인지발달 단계인 감각운동기, 전조작기, 구체적 조작기, 형식적 조작기의 각 단계에 상응하는 놀이 유형을 제시함으로써 발달을 살펴볼 수 있다(Smilansky, 1968).

스밀란스키(Smilansky, 1968)는 영유아의 인지발달에 따라 놀이발달이 기능놀이, 구성놀이, 극화놀이, 규칙있는 게임으로 발달한다고 제시하였다. 그는 인지발달 수준이 높은 영유아일수록 높은 수준의 인지놀이를 나타낸다고 하였다. 인지놀이 수준은 연령이 높아짐에 따라 기능놀이에서 규칙이 있는 게임으로 점차 변화한다. 연령별로 만 2~3세 영유아는 기능놀이에, 만 4~5세 유아는 구성놀이와 극화놀이에, 만 6~7세 유아는 규칙이 있는 게임에 많이 참여한다. 프로스트와 클레인(Frost & Klein, 1979)은 스밀란스키가 제시한 극화놀이를 상징놀이와 사회극화 놀이로 구분하고 영유아의 가작화 활동을 중요하게 다루고 있다. 스밀란스키의 인지적 놀이 발달과정을 살펴보면 다음과 같다.

(1) 기능놀이

기능놀이는 영아가 최초로 하는 놀이로서 단순 반복적인 신체의 움직임을 나타내며, 실생활에 필요한 기능을 습득하게 하는 놀이이다. 이는 영아가 자신의 신체능력을 연습하도록 하고, 영아 자신이 직면한 환경을 탐색하고 경험하게 한다. 신생아기부터 영유아는 외부의 자극을 받아들이고 외부의 자극에 반응하면서 몸을 탐색하고 움직인다. 성장하면서 주변의 환경을 탐색하기 위하여 자신의 신체를 이용하여 탐색하고 놀이하면서 자신의 신체를 인식하고 조절하는 능력을 발달시킨다.

(2) 구성놀이

구성놀이는 영유아 스스로 창조에 대한 기쁨을 느끼도록 해 준다. 레고와 같은 끼우기 블록이나 쌓기블록을 이용하여 구성물 만들기, 그림 그리기, 작품 만들기 등 무엇인가를 창조할 때 나타나는 놀이이다. 구성놀이는 영유아가 단순한 기능놀이 단계에서 벗어나 다양한 상징을 사용하는 상징놀이 단계로 가기 위한 중간 과정의 역할을 한다.

도장찍기

(3) 극화놀이

극화놀이는 만 2세 말 무렵에 나타나기 시작하는 상징놀이이다. 영유아는 일상생활의 여러 가지 상황 중 하나를 가상하여 그 속에서 무언가를 모방하는 놀이를 즐긴다. 극화놀이는 부모나 성인의 역할을 모방하는 데서 시작하여 영유아가 성장함에 따라 물 마시는 척하기, 막대로 머리 빗는 시늉하기 등 '~인 척하는' 형태를 보이며 다양해지고 복잡해진다. 영유아는 극화놀이를 통해 자신이 현실세계에서 직접 경험한 가족과 사회 구성원의 역할과 주변 세계에 대한 이해를 증진시키고, 새로운 아이디어를 실험하고, 정서를 표현하는 방법을 배운다. 이러한 극화놀이는 영유아가 원하는 행

동극

동을 가능하게 하여 만족감을 갖게 되며, 놀이에서 선택한 가작화 상황에 존재하는 규칙과 질서를 자발적으로 만들거나 따르게 된다. 영유아는 극화놀이에 참여함으로써 사회적 능력을 발달시키며, 타인의 감정을 이해하는 능력을 발달시킬 수 있다.

(4) 규칙 있는 게임

규칙 있는 게임은 미리 정해진 특정한 규칙에 따라 게임에 참여하는 것으로 수준이 높은 인지놀이이다. 영유아는 자기중심성에서 벗어나 다른 사람의 관점을 이해하고 수용할 수 있게 된다. 영유아는 규칙 있는 게임에 참여하기 위해서 규칙을 이해하고 수용할 수 있어야 하며 자신의 정서와 행동을 조절할 수 있어야 한다. 또한 규칙은 상황에 따라 변할 수 있기 때문에 변경 과정에서 영유아는 다른 영유아의 입장을 이해하고 받아들여 서로 협의할 수 있어야 한다.

표 5-2 인지적 놀이 유형

피아제의 인지발달단계	피아제	스밀란스키	프로스트 & 클레인
감각운동기(0~만 2세)	연습놀이	기능놀이	기능놀이
전조작기(만 2~7세)	상징놀이	구성놀이/극화놀이	구성놀이/상징놀이/사회극화놀이
구체적 조작기(만 7~11세)	규칙 있는 게임	규칙 있는 게임	규칙 있는 게임
형식적 조작기(만 11세 이후)			

2) 사회적 놀이 발달

파튼(Parten, 1932)은 영유아의 사회적 놀이 발달에 대해 연구하였다(Hughes, 2010). 파튼은 유치원 자유놀이시간에 나타난 영유아의 사회적 놀이 행동을 관찰·분석하여 영유아의 사회적 참여도에 따라 〈표 5-3〉과 같은 여섯 가지 놀이 유형을 제시하였다.

표 5-3 영유아의 사회적 참여도에 따른 놀이 유형

놀이 유형	내용
비참여 행동	영유아가 놀이에 참여하지 않으면서 다른 영유아가 하는 행동이나 놀이를 특별한 관심 없이 바라보는 행동이다. 영유아는 교실을 배회하면서 어떤 활동에도 참여하지 않고 멍하니 있거나 교사를 따라다닌다.
방관자적 행동	영유아가 놀이에 직접 참여하지 않으나 다른 영유아가 하는 놀이를 가까이 지켜보면서 가끔 친구들에게 말을 걸거나 질문을 하기도 한다.
단독놀이	혼자놀이라고도 한다. 영유아가 놀이에 참여하기는 하지만 다른 영유아와 관계 없이 혼자 놀잇감을 가지고 독립적으로 놀이하는 것이다. 다른 영유아와 가까이 있어도 접근이나 상호작용을 시도하지 않고 자신만의 놀이에 몰두한다.
병행놀이	영유아가 주변에 있는 다른 영유아와 비슷한 종류의 놀잇감을 가지고 놀이하지만 주변의 영유아와 함께 놀이하려고 시도하지 않고 놀이한다.
연합놀이	놀이에 참여하고 있는 영유아끼리 서로 놀잇감을 교환하거나 놀이에 대해 이야기를 주고받는다. 놀이의 모든 구성원들이 같은 활동에 참여하지만 목표를 가지고 놀이에 대한 분담이 이루어지지 않는다.
협동놀이	어떤 결과를 얻기 위한 공동 목표를 향해 놀이에 참여하는 영유아들이 서로 역할을 분담하고 협력하여 놀이한다.

파튼에 의하면 유아의 연령이 증가하면서 몰입되지 않은 비참여 행동(unoccupied behavior), 방관자적 행동(onlooker behavior), 단독놀이(혼자놀이, solitary play), 병행놀이(parallel play) 등은 차츰 줄어들고 연합놀이(associative play)와 협동놀이(cooperative play)가 증가해 나간다(Hughes, 2010). 파튼은 영유아의 연령이 증가하면서 점차 사회성이 발달한다고 보았다.

그러나 이에 대해 스미스(Smith, 1978)는 파튼이 제시한 여섯 가지 놀이 유형이 발달단계를 나타내는 것은 아니라고 주장하였다. 즉, 단독놀이는 사회적으로 미숙한 놀이가 아니라 연령과 관계없이 영유아 스스로 선택하는 놀이로서 또래와의 상호작용 능력이나 사회적 능력과 무관한 것이라 하였다. 김정희, 김현주와 정인숙(1998)도 유아들 중에서 발달수준이 높은 또래 유아가 있을 수 있고 그들과의 병행놀이를 하면서 영향을 받을 수 있다고 보았다. 유아는 그로부터 점차 자신의 결정에 따른 단독놀이

나 집단놀이로 전개해 나가기 때문에 병행놀이가 혼자놀이보다 성숙된 사회적 놀이라고 볼 수 없다고 하였다.

5. 놀이 지도

놀이에서 성인의 역할은 놀이 환경을 준비해 주고 관찰하는 것으로 여기던 것에서 놀이에 함께 참여하고 촉진·평가하는 적극적 관심과 개입을 강조하는 방향으로 변하고 있다. 이에 따라 놀이에서 교사의 역할은 매우 다양하게 이루어진다. 유아의 놀이를 증진시키기 위한 교사의 놀이지도 주요 영역에 대하여, 매닝과 샤프는 자료, 시간, 공간, 경험을 제공하기 위한 계획과 구성하기, 영유아의 놀이 관찰하기, 교사의 놀이 참여하기, 평가하기를 중심으로 제시하였다(Manning & Sharp, 1977).

1) 놀이의 계획과 구성

놀이의 계획과 구성은 놀이의 첫 번째 단계이면서 가장 중요한 단계이다. 놀이의 질을 결정하는 가장 중요한 요소가 교사의 놀이 계획의 질이라고 할 수 있다. 교사는 영유아가 유익한 놀이를 즐겁게 할 수 있도록 사전에 철저하게 계획을 세워야 한다. 놀이 계획과 구성에는 시간, 공간, 놀잇감, 사전 경험의 준비를 포함한다. 계획과 구성은 교사의 놀이에 대한 지속적인 평가로부터 영향을 받는다.

(1) 시간

시간은 중요한 요소이다. 교사는 하루 일과 중 놀이시간을 언제, 얼마 동안, 무엇으로, 어떻게, 놀이할 것인가를 사전에 계획해야 한다. 영유아가 놀이에 참여하는 데에는 충분한 시간이 필요하다. 일부 교사는 영유아가 15분 혹은 일정시간마다 움직여야 한다고 생각한다. 그러나 그렇게 했을 때 영유아의 놀이는 방해받게 되어 놀이가 성숙해지지 못하고 사회적 상호작용에 집중하거나 지속하지 못하게 된다. 보통 영유아가 놀이에 몰입하는 데에는 적어도 30분이 필요하다(Griffing, 1983). 그러므로 교사는 최소 30~50분 정도의 시간 동안 놀이가 이루어지도록 계획해야 한다. 그리고 영유아가 놀이를 시작하여 같이 놀 친구를 정하고 역할을 분담하고 놀이를 다양한 방식으로 진행하며 끝맺도록 충분한 시간을 계획해야 한다.

(2) 공간

영유아는 다양한 활동을 할 수 있는 적절한 크기의 공간을 필요로 한다. 놀이가 이루어지는 공간이 어떤 방식으로 배치되고 얼마만큼의 면적을 사용할 수 있는가 하는 점은 놀이가 얼마나 확장·심화되는지, 불필요한 분쟁이나 갈등 없이 원활히 진행될 수 있는지에 많은 영향을 미친다. 그러므로 교사는 놀이가 이루어지는 공간을 적당한 방법으로 분할·통합하여야 한다(이기숙, 이은화, 이영자, 이숙재, 1995). 이기숙 등(1995)은 유아 1인 당 적절한 놀이공간으로 2.8~4.6m²를 제안하면서 놀이공간이 유아 1인 당 2.3m²보다 더 좁으면 유아의 공격성을 증가시킨다고 하였다.

또한 공간은 명확한 통로와 영역으로 만들어져야 한다. 유아가 블록놀이를 할 경우 통로와 출구로부터 떨어져서 위치하는 것이 방해받지 않을 수 있으며, 다른 놀이 공간과 구분하는 데 낮은 선반을 사용할 수 있다. 공간 구분에 명확한 경계가 필요하지만 복잡한 놀이를 할 때 재료들을 통합할 수 있도록 공간이 구성되어야 한다. 교실은 물이 있는 공간과 건조한 공간, 조용한 공간과 활동적인 공간이 있어야 하고, 한 명 또는 여러 명을 위한 공간을 가져야 한다. 또한 사적인 공간과 공적인 공간이어야 하고, 딱딱하거나 부드러운 다양한 표면의 공간이어야 한다.

(3) 놀잇감

놀잇감은 놀이에 중요한 영향을 준다. 교사는 놀잇감이 놀이를 위하여 발달적으로 적절한지 아닌지, 유아의 연령과 발달수준에 맞는지 고려해야 한다. 만 3세 유아는 위로, 옆으로 벽돌블록 쌓기를 좋아하지만, 만 4세 유아는 부속물을 포함한 유니트블록으로 다양한 구성물 만들기를 좋아한다. 놀잇감의 종류는 유아의 놀이 유형을 결정한다. 그러므로 교사는 의도성을 가지고 교육 목표에 따라 놀잇감을 준비해 줄 수 있다.

교사는 특별한 주제에 관련되는 놀이를 위한 놀잇감을 준비하여 제공하여 주어야 하며, 영유아가 필요로 하는 놀잇감이 있는지, 흥미를 더해 줄 새로운 자료들이 더 필요한지를 관찰하여 적절하게 제공해 주어야 한다. 예를 들어, 음식점놀이를 하는 유아를 위해 음식모형, 음식을 만들 수 있는 점토나 기타 자료, 그릇류, 간판이나 메뉴판을 만들 수 있는 종이와 필기구, 앞치마, 계산기 등을 첨가해줄 수 있다. 또한 놀잇감에는 퍼즐이나 쌓는 놀잇감, 줄 꿰기 놀잇감, 끼우기 놀잇감과 같은 상품화된 자료들과 실물 놀잇감이 포함될 수 있다. 실물 놀잇감은 성인들이 놀이를 목적으로 사용하지 않는 자료들이다. 예를 들어, 제작된 물품(주방도구, 모자, 의복)과 자연자료(모래, 물, 진흙, 나무) 등이다. 그 밖에 흥미를 일으킬 수 있는 놀잇감은 다음과 같다.

영아를 위한 놀이 자료는 다음과 같다.

- 다양한 촉감의 헝겊으로 만든 인형과 손인형, 공, 블록
- 가작화 놀이나 역할놀이를 유발할 수 있는 다양한 재질의 인형과 소품
- 어린 영유아의 발달에 적합한 헝겊책과 비닐책(영유아의 신체인식, 생활경험, 동물과 주변 사물에 관한 책 등)
- 영유아가 자신의 신체와 신체 움직임을 관찰할 수 있는 크기가 크며 벽에 단단하게 부착된 안전거울(교실의 한 벽면 정도를 차지할 만한 크기도 좋음)
- 놀이 장면을 구성하기 위한 자료(블록, 사람 인형과 동물 인형)
- 탐색과 발견, 상상놀이를 위한 모래놀이 자료와 물놀이 자료(모래놀이 · 물놀이용 인형과 모형, 여러 가지 크기의 모래삽과 숟가락, 국자, 플라스틱 갈고리삽, 여러 가지 크기의 플라스틱 용기, 양동이, 튜브, 깔때기, 체 등)
- 구성놀잇감: 벽돌 블록, 우레탄 블록, 유닛 블록, 패턴 블록과 같은 작은 크기의 구성놀이 자료
- 영유아 수준에 적절한 다양한 퍼즐(1~5조각 퍼즐, 순서 짓기 퍼즐, 모양 퍼즐)
- 구슬 꿰기(구슬 크기는 영유아 수준에 맞게), 페그 보드 자료(꿰기를 하는 줄은 두꺼운 굵기로 하고, 줄의 끝에 바늘 역할을 하는 둥근 나무막대를 달아서 영유아가 줄 꿰기

를 쉽게 하도록 하는 자료)

- 모양, 색, 크기, 높이 등으로 순서를 지을 수 있는 자료
- 모양, 색, 크기, 높이 등으로 짝지을 수 있는 자료
- 다양한 쓰기 자료와 종이(영유아의 발달에 적절한 굵기와 길이의 쓰기 도구)
- 다양한 미술 자료
- 안전한 리듬악기, 멜로디악기(질 좋은 악기)
- 영유아의 자발적 음악활동과 신체활동을 촉진하는 질 좋은 음악
- 역할놀이 자료: 인형, 유모차, 가방, 음식모형, 주방도구, 다양한 역할을 유도하는 의상들, 전화기, 청소기, 모형 가전제품, 가구 등
- 신체활동 자료: 영유아의 걷기를 돕는 밀차, 밀고 끌면서 걸을 수 있는 놀잇감. 낮고 폭이 넓은 평균대, 뛰어넘거나 점프할 수 있는 자료, 안전한 트램펄린, 기타 신체활동 자료(공, 콩주머니, 볼링놀이 세트 등)
- 영유아의 신체크기에 적절한 탈 것: 자전거, 붕붕카
- 영유아 발달에 적절한 놀이기구 및 설비: 오르기, 흔들기, 그네, 미끄럼틀, 사다리, 시소 등

유아를 위한 놀이 자료는 다음과 같다.

- 유아의 말하기를 촉진하는 다양한 손인형, 인형, 인형극틀
- 나이, 흥미, 주제나 경험에 맞는 다양한 책들
- 다양한 쓰기 활동을 촉진하는 자료
- 도미노 게임, 카드게임, 빙고, 다양한 목적의 게임판 활동
- 유아의 수준에 적절한 다양한 퍼즐
- 간단한 자조 기술과 바느질 활동 자료
- 모양, 색, 글자, 숫자 등을 짝짓고 분류하고 배열하는데 관련된 활동을 포함하는 특별한 기술 발달 자료
- 벽에 단단하게 걸려있거나 세워져 있는 전신 안전거울

- 다양한 문화적 배경의 인형, 옷, 부속품
- 놀이 장면을 구성하기 위한 자료(사람 인형과 동물 인형, 모형, 소품)
- 역할놀이 자료: 인형, 유모차, 가방, 음식모형, 주방 도구, 다양한 역할을 유도하는 의상들, 전화기, 청소기, 모형 가전제품, 가구 등
- 벽돌블록, 유닛 블록, 공간 블록, 끼우기 블록, 다양한 종류의 구성자료
- 다양한 종류의 미술자료
- 안전한 리듬악기, 멜로디악기(질 좋은 악기)
- 감상, 탐색을 위한 질 좋은 음악
- 탐색과 실험, 상상놀이를 위한 모래놀이 자료와 물놀이 자료(여러 가지 크기의 용기 세트, 여러 가지 크기의 삽과 숟가락, 양동이, 측정도구, 관, 깔때기, 체 등)
- 신체표현 자료(스카프, 리듬 막대 등)
- 신체놀이 도구: 공, 콩주머니, 줄넘기, 후프, 투호 등의 과녁 게임, 평균대, 매트, 뛰어넘을 수 있는 장애물
- 탈 것: 자전거, 발이나 페달로 움직이는 자동차, 스쿠터 등
- 유아의 신체 크기와 발달에 적절한 신체놀이기구 및 설비: 오르기, 흔들기, 그네, 미끄럼틀, 사다리, 시소 등

(4) 사전 경험

교사는 새로운 주제와 관련된 영유아의 놀이 활동을 진행할 때 이와 관련된 준비단계가 필요한 경우가 있다. 놀이는 탐색과 달리 친숙한 상황에서 일어나기 때문에 영유아에게 친숙한 주제가 아닌 경우에는 책, 동영상, 사진, 인형극, 견학 등을 이용해 충분한 사전 경험을 제공해야 한다. 충분한 사전 경험으로 새로운 주제가 영유아에게 친숙한 상황이 되었을 때 영유아는 놀이에 적극적으로 참여할 수 있다.

2) 놀이 관찰하기

영유아의 놀이 관찰은 놀이를 계획하고 참여하고 놀이과정을 평가하는 모든 활동

의 기초가 된다. 교사는 영유아의 놀이를 세밀히 관찰하여 놀이를 확장, 발전시키는데 필요한 정보를 얻어서 이를 토대로 효율적인 놀이 지도를 해야 한다. 놀이 관찰의 의의와 유의 사항은 다음과 같다(이숙재, 2001; 이정환, 박은혜, 1995).

(1) 놀이 관찰의 의의

① 영유아의 발달 수준 및 놀이 특징을 파악할 수 있다.

영유아가 자연스럽게 놀이하는 모습을 관찰함으로써 영유아의 신체, 인지, 언어, 사회, 정서 등 각 영역별 발달수준을 알 수 있다. 또한 놀이 관찰을 통해 영유아가 선호하는 놀이 종류 및 놀잇감, 놀이 친구 등 각 영유아의 개별적인 놀이 특징을 파악할 수 있다.

② 놀이 활동 및 놀이실 환경을 계획하고 준비하는 데 필요한 기초 자료를 수집할 수 있다.

교사는 관찰에서 얻어진 자료에 기초해서 놀이실의 각 흥미 영역에 제공할 놀이 활동과 놀잇감, 놀이기구 등을 계획하고 준비할 수 있다.

③ 효율적인 놀이 개입이나 지도를 할 수 있다.

관찰을 통해 교사는 각 영유아의 개별적 특성과 놀이 상황에 적합한 개입 시기와 방법을 파악할 수 있다.

(2) 놀이 관찰 시 유의 사항

① 영유아의 놀이 행동을 객관적으로 정확하게 관찰한다.

교사는 정확하고 객관적인 관찰하기 위해 개인적인 편견이나 감정이 개입되지 않도록 노력해야 한다. 그러기 위해 영유아가 놀이를 하면서 실제로 말하고 행동한 것만을 정확하게 관찰하고 기록해야 한다.

② 놀이 관찰의 목적 주제를 분명하게 정하고 관찰한다.

관찰을 시작하기 전에 무엇을 관찰할 것인지를 분명하게 정해야 한다. 아무런 목적 없이 관찰하기보다는 주제를 정하고 관찰함으로써 제한된 시간에 효율적으로 관찰할 수 있다.

③ 놀이 지도에 지장이 없는 한, 관찰 즉시 기록한다.

교사는 관찰 용지와 필기도구를 늘 주머니에 넣고 다니거나 선반, 피아노 위에 준비해 두었다가 관찰 결과를 즉시 기록하도록 한다. 관찰 결과를 기록하는 양식은 일정한 양식 없이 놀이 행동을 그대로 기록하는 서술 형식, 관찰하려는 놀이 행동의 목록을 만들어서 체크하는 행동목록 형식, 놀이 행동을 관찰한 후에 그 결과를 여러 등급으로 나누어서 평가하는 평정척도 형식 등이 있다. 교사는 평상시에는 언제 어디서나 제한 없이 기록할 수 있는 서술 형식으로 기록하고 서술 형식의 기록을 종합하여 행동목록이나 평정척도 형식으로 기록할 수 있다.

④ 지속적으로 관찰한다.

놀이 관찰은 지속적으로 이루어져야 된다. 교육 기간 내내 지속적으로 관찰함으로써 종합적·포괄적인 자료를 수집할 수 있을 뿐 아니라 놀이 행동이나 발달의 변화를 파악할 수 있다.

3) 놀이 참여

교사는 영유아의 놀이에 적절히 참여함으로써 영유아의 놀이를 촉진·확장시키는 역할을 해야 한다. 교사는 놀이 지도자, 모델로서의 역할을 하고 영유아를 보다 높은 수준의 놀이로 인도한다. 교사의 놀이 참여 여부는 적절한 시간, 장소, 방법, 놀이의 상황과 종류에 근거하여 결정되어야 하며, 교사는 참여를 통해 영유아의 놀이가 발전되도록 도와주어야 한다. 또한 놀이에 참여하지 못하는 영유아나 특정 놀이만을 계속하는 영유아와 개별적인 상호작용을 함으로써 점진적으로 놀이발달이 이루어지도록 지도해야 한다(이숙재, 2001).

우드 등(Wood, McMahon, & Cranstown, 1980)은 교사가 놀이에 참여하는 방법으로 병행적 참여(parallel playing), 보조적 참여(co-playing), 통제적 참여(play tutoring), 교수적 참여(spokesman for reality)의 네 가지를 제시하였다.

(1) 병행적 참여

병행적 참여는 가장 소극적인 참여 방법으로 교사가 놀이하는 영유아의 옆에서 같은 종류의 놀잇감을 가지고 놀지만 영유아와 상호작용하지 않는 방법이다. 교사가 영유아와 가까이 있음으로써 영유아가 편안함을 느끼게 할 수 있고, 영유아 자신의 놀이가 가치 있는 활동이라 생각하도록 하여 놀이에 오랜 시간 집중할 수 있도록 한다. 이 참여는 보통 기능놀이와 구성놀이 지도에 효과적이다.

(2) 보조적 참여

보조적 참여는 교사가 영유아의 놀이에 파트너로 참여하는 방법이다. 이 경우 놀이는 영유아가 주도하며, 교사는 영유아의 의견을 따른다. 물론 교사도 의견을 제시할수 있으나 의견을 받아들이거나 거부하는 것은 영유아가 결정하게 된다. 보조적 참여는 놀이를 활성화하고 발전시킬 수 있을 뿐 아니라 교사와 영유아 간에 친밀감을 형성할 수 있다. 보조적 참여는 영유아가 교사를 놀이에 참여하도록 초대하는 경우(예: "선생님이 환자하세요."), 놀이를 진행시키기 위해 교사가 파트너가 되어야 하는 경우(예: 병원놀이 시 환자 역할을 자원하는 영유아가 없을 때 교사는 자연스럽게 "머리가 많이 아파서 왔어요."라고 하면서 환자 역할을 한다.) 등 필요에 따라 이루어지는 것이 좋다.

(3) 통제적 참여

통제적 참여는 보조적 참여보다 영유아의 놀이에 교사의 통제가 심한 형태이다. 즉, 교사가 놀이에 참여하여 주도권을 가지고 놀이를 이끌어 나가며 영유아에게 놀이 방법을 가르치는 매우 적극적인 개입방법이다. 참여 형태는 영유아 스스로 역할놀이에 참여하지 못할 때, 다른 영유아와 함께 놀이를 하는 데 어려움이 있을 때, 놀이가 반복되거나 중단될 위험이 있을 때 적절한 방법이다. 그러나 통제적 참여는 놀이의 본래적 특성인 내적 통제와 내적 동기화를 침해할 가능성이 높아 영유아의 활동이 더 이상 놀이가 아니도록 만들 수 있다. 그러므로 교사는 영유아의 놀이에 진전이 보이면 통제적 역할에서 벗어나는 것이 좋다.

(4) 교수적 참여

교수적 참여는 놀이가 직접적인 교수의 수단으로 활용되는 것이다. 교사는 교수 목적에 따라 지도하거나 제안하는 방식으로 유아의 놀이를 이끌고 촉진한다. 교사는 역할놀이 등에서 영유아가 놀이와 현실 세계 사이의 관련성을 발견하도록 적절한 질문이나 제안을 한다. 예를 들어, 영유아가 음식점 놀이를 하는 경우, 교사는 '이 음식은 얼마이니?' '음식값은 어떻게 정할거니?' '손님들이 어떤 음식점인지 알려면 어떻게 해야 할까?' 등과 같은 질문으로 학습을 유도한다. 교수적 참여는 나이가 많은 유아의 인지학습에도 효과적이라고 할 수 있다. 그러나 이 참여 형태는 유아의 놀이 흐름을 방해할 가능성이 크다. 유아가 수동적 태도를 보이게 되거나 유아의 생각을 충분히 들어볼 수 없는 등 교사와 유아의 풍부한 대화를 어렵게 만들 수 있다. 따라서 이러한 참여는 적절한 상황에 사용하는 것이 좋으며 지속 시간도 되도록 짧은 것이 좋다. 수학, 과학 등과 관련된 인지적 놀이의 문제해결상황에서 교사는 측정하기 위해 어떤 도구를 선택할 것인지 또는 다른 문제해결방법(측정 등)에 대해 묻거나 함께 생각해 보거나 관련 정보를 제안할 수 있다.

교수적 참여가 필요한 측정하기

4) 놀이 평가

교사는 놀이가 끝나면 유아의 계획대로 잘 이루어졌는지, 만일 계획대로 이루어지지 않았다면 그 이유가 무엇인지, 다른 또래 유아와 어떻게 놀이를 했는지, 놀이를 하면서 기분 좋았던 일과 기분 나빴던 일은 무엇인지 등에 관하여 이야기를 나누어 본다. 평가는 교사를 중심으로 전체 유아가 함께 하거나 소집단으로 이루어지기도 한다. 어린 영아의 경우, 교사는 개별적 상호작용을 통해 평가하도록 한다. 놀이 평가 과정을 통해 유아는 자신의 활동에 대해 폭넓게 생각해 볼 기회를 가질 수 있으며, 놀이에 대한 다른 유아의 생각을 들을 수 있는 기회를 가짐으로써 의사소통능력이 증진될 수 있다.

5) 교사의 역할

놀이의 계획, 관찰, 참여, 평가의 과정에서 구체적인 교사의 역할을 살펴보면 다음과 같다(신은수, 1991).

첫째, 교사는 모든 영유아의 놀이를 주의 깊게 관찰하여 교실에서 놀이에 효율적으로 참여하지 못하는 영유아의 떠도는 행동, 방관하는 행동, 거친 행동 등에는 직접적인 지시를 동반한 대화를 한다. 또한 교사는 놀이의 방향을 제시하거나 놀이의 동반자로 직접 참여한다.

둘째, 영유아가 혼자 구성놀이나 극화놀이를 할 때, 교사는 옆에서 같은 놀잇감으로 놀이하거나 역할을 맡아 같이 놀이하는 직접적 개입을 통해 또래 유아와 연합적인 놀이를 할 수 있도록 지도한다.

셋째, 교사는 놀이 주제나 유형에 따라 가구를 재배치하고 놀이 영역(흥미 영역)의 통합 또는 확대함으로서, 놀이 공간의 변화를 줄 수 있다. 또한 교사는 놀잇감 및 놀이자료를 적절히 제시하여 놀이 환경을 재구성하고 유지한다.

넷째, 진행되는 구성놀이, 극화놀이, 상호적인 놀이에는 교사의 계속적인 관찰이 필요하며, 놀이의 과정과 결과에 대하여 칭찬과 격려를 하여 유아가 놀이를 깊이 탐색하게 한다.

다섯째, 영유아의 구성놀이, 극화놀이, 상호적인 놀이가 반복적이고 단순하게 계속되거나 놀이의 전환이 필요할 때, 교사는 대화를 통한 방향 재지시 등의 개입을 하여 놀이에 대한 정보나 아이디어를 제공하여 영유아의 놀이를 촉진한다.

여섯째, 교사는 놀이의 자발적인 주도성을 격려하기 위하여 조작 및 미술영역의 구성놀이 혹은 결과 중심의 활동에 대한 교사의 개입을 최소화한다.

 활동해 봅시다

• 다음의 놀잇감 가운데 한 가지를 선택하여 무슨 놀이를 할 수 있는지 토론해 봅시다.

점토

부드러운 철사

제6장

보육환경

학습목표

1. 영유아의 발달에 적절한 보육환경의 구성 원리를 안다.
2. 영유아의 발달 특성에 적절한 보육실 환경을 구성할 수 있다.

1. 영유아를 위한 환경 구성의 이해

1) 영유아를 위한 보육환경 기준

보육기관의 영유아는 기관에서 많은 시간을 보내는 만큼 물리적 · 사회적 환경에 의해 많은 영향을 받는다. 이에 교사는 가정과 같이 아늑한 분위기를 조성하는 동시에 돌봄과 가르침을 위한 공간 구성을 고려해야 한다. 영유아가 안전하게 구성된 놀이 환경 속에서 감각적이고 탐색적 놀이를 하며 세상을 배워 나갈 수 있도록 성인은 영유아에게 지지적이고 온정적인 상호작용을 해주어야 한다.

보육환경의 질은 어린이집 평가지표를 기준으로 살펴볼 수 있다. 영유아를 위한 환경 구성은 「영유아보육법」 제30조에 근거한 평가인증제의 지표에서 평가인증을 신청한 어린이집이 보육환경의 질적 수준을 자체적으로 점검 · 개선하도록 제안하고 있다.

한국보육진흥원(2017)이 제시한 어린이집 평가지표(40인 이상)에 따른 보육환경 평가기준은 다음 〈표 6-1〉과 같다.

표 6-1 어린이집 평가지표(40인 이상)의 보육환경 평가기준

하위영역 1: 어린이집 환경

보육실의 공간 배치	보육기관실은 영유아의 자율적 선택과 능동적 참여를 촉진하는 흥미 영역으로 구성되어 있다.	보육실은 영유아의 연령 및 발달 특성을 고려한 흥미 영역으로 구성되어 있다.
		흥미 영역은 영유아가 함께 활동할 수 있는 공간을 충분히 확보하고 있다.
		보육실 내 영유아의 휴식공간이 있다.
		휴식공간은 휴식을 돕는 소품(쿠션 등)으로 구성되어 있다.
		보육실 공간은 보육기관교사가 전체 영유아를 관찰할 수 있도록 구성되어 있다.

		영유아를 위한 자료나 활동 결과물이 영유아가 감상하고 공유하기에 적절하게 제시되어 있다.
보육실 내 영유아의 휴식공간	실내 공간(보육기관실 외)은 영유아와 보호자가 편리하게 사용할 수 있도록 조성되어 있다.	현관은 영유아와 부모가 이용하기에 편리하게 구성되어 있다.
		부모가 보육기관교사와 의견을 교환하거나 소통할 수 있는 공간이 있다.
		성인용 화장실이 영유아용과 별도로 설치되어 있다.
		영유아가 활동할 수 있는 유희실이 마련되어 있다.
		영유아의 특별한 요구를 충족하는 별도의 공간(예: 식당, 양호공간, 도서실 등)이 마련되어 있다.
옥외놀이터와 놀이 시설	옥외놀이터는 자연을 느끼며 다양한 놀이를 할 수 있도록 조성되어 있다.	옥외놀이터 또는 대체놀이터가 구비되어 있다.
		옥외놀이터 또는 대체놀이터에 놀이기구가 3종 이상 있다.
		놀이터에 마련된 놀이기구는 영유아의 발달에 적합하다.
		옥외놀이터 또는 대체놀이터 놀이시설 설치검사가 이루어졌다.
		놀이터 내에 나무, 꽃 등 자연물이 포함되어 있다.
		옥외놀이터에 모래놀이터 또는 물놀이 공간이 있다.

〈표 6-1〉을 살펴보면 영유아를 위한 공간은 크게 보육실, 휴식 및 별도 공간, 옥외놀이터로 구성하도록 제시한다. 영유아가 주로 생활하고 놀이하는 실내 보육실은 흥미 영역으로 구성될 수 있고, 영유아의 발달 특성상 편안하게 지내는 공간이 될 수 있도록 낮은 가구, 쿠션 등으로 아늑하게 조성한다. 영유아의 특별한 요구를 충족하는 공간으로 휴식 공간 외에 간식과 급식, 수유를 위한 공간, 양호실, 도서실 등을 마련할 수 있다. 영유아를 돌보는 교사와 학부모를 위한 공간으로 성인 화장실, 휴게 공간 혹은 학부모 대기실 등을 조성하여 가정과의 연계를 보다 원활히 하도록 한다.

옥외놀이터에서 자연물을 포함하여 조성하는 것이 바람직하나 기관의 상황이 여의치 않을 경우, 대근육 발달을 돕는 놀이기구와 작은 텃밭 등을 마련한 대체놀이터로 구비하고 유희실을 조성할 수 있다.

2) 영유아를 위한 환경 구성 원리

보육기관 환경은 보호와 일상생활 습관 형성을 위한 영아기 환경 구성, 그리고 탐색과 놀이를 중심으로 하는 유아기 환경 구성을 위해 다음과 같은 환경 구성의 원리를 갖는다.

(1) 안전하고 위생적인 실내외 공간을 구성한다.

만 1, 2세 영아는 발달 특성 상 구강기에 해당하므로 이것 저것을 잡아당기고 입에 넣기도 하고, 흥밋거리를 찾아내면 바로 여기저기를 돌아다니며 탐색하기를 즐긴다. 따라서 영유아를 위한 실내외 환경은 무엇보다 다음과 같이 안전과 위생이 최우선적으로 고려해야만 한다.

- 영유아를 위한 실내 공간은 교사가 영유아를 한눈에 모두 관찰할 수 있게 낮은 높이의 가구를 배치한 공간으로 마련한다.
- 영유아가 부딪쳐 다칠 염려가 있는 경우, 가구 모서리마다 우레탄 등의 안전테두리를 붙여주고 영유아가 딛고 계속 올라갈 수 있는 발판이나 가구 등은 배치하지 않는다.
- 보육실 내 설비는 안전 수칙을 준수하여 모든 전기 콘센트에 덮개를 덮어두고, 출입구에 안전울타리를 설치해둔다. 교사용 자료장은 영유아의 손이 닿지 않는 곳에 설치하고 잠금장치를 해둔다.
- 영유아용 놀잇감은 입에 넣어도 독소가 없는 무독성 인증을 받은 제품으로 구비하고, 날카로운 부분이 없는지 정기적으로 안전점검을 통해 훼손여부를 파악해야 한다.
- 교사는 보육실의 청결상태를 체크리스트를 통해 매일 체크하고 청결이 유지되도록 노력한다. 특히 공용으로 사용하는 기저귀 갈이대는 매 사용 시마다 소독하고 침구는 항상 청결하게 관리하고 보관한다.
- 카펫은 되도록 세탁이 용이한 면매트를 사용하고 기모카펫을 사용하는 경우 먼

지가 끼지 않도록 매일 청소한다. 영유아가 넘어져도 다치지 않도록 어느 정도 두께가 있는 카펫을 사용하고 이음새를 매끈하게 유지한다.

- 옥외 놀이터에도 안전울타리를 설치하고 실외 오르기 기구 아래에는 부드러운 모래를 깔거나 3cm 두께의 고무 우레탄을 깔아 안전사고를 예방한다.

(2) 가정과 같은 안락하고 편안한 분위기를 조성한다.

보육기관에서 많은 시간을 보내는 영유아들을 위해 보육환경은 가정과 같이 안락하고 편안하게 제공한다. 가정과 같은 안락한 분위기를 조성해 주기 위해 전체적으로 햇빛이 잘 드는 창가에 조용한 영역 등을 조성하고 푹신한 면 쿠션을 여러 개 준비하고, 창에는 커튼을 달아 편안하게 느끼도록 한다.

- 벽은 따뜻한 색조를 이용하여 꾸미고, 보육실 곳곳에 초록 식물을 배치하면 편한안 느낌을 줄 수 있다.
- 영유아의 눈높이에 영유아나 그 가족의 사진 또는 친숙한 동물의 사진을 붙여 준다. 영유아의 개인적인 물건에는 이름이나 사진을 붙여 주어 정서적으로 안정감을 가질 수 있게 한다.

안락하고 편안하게 구성한 활동실의 언어 영역

(3) 다양한 탐색과 놀이 활동을 즐길 수 있는 흥미 영역을 조성한다.

보육실 내에는 구체물을 활용한 다양한 놀이 활동이 일어날 수 있도록 여러 흥미 영역을 조성한다. 영유아를 위한 흥미 영역은 너무 세분화하지 않되, 적어도 한 부분의 영역들에게서는 조용한 놀이가 이루어지고, 다른 부분의 영역들에서는 활동적인 놀이가 일어날 수 있게 한다.

- 흥미 영역의 가구는 교사의 지시 없이 영유아가 놀잇감을 스스로 꺼내어 탐색과 놀이를 즐길 수 있도록 낮은 선반에 놀잇감을 제공하며, 영유아가 위압감을 느끼지 않도록 가구의 높이를 낮게 배치한다.
- 가구의 재질은 밝고 매끄러운 원목으로 된 것을 고르고, 모서리가 매끄럽게 처리된 것으로 배치한다.
- 영유아용 놀잇감은 영유아의 감각을 자극할 수 있도록 흔들면 소리가 나거나, 손으로 직접 조작할 수 있거나, 다양한 촉감을 지니고 있는 안전한 놀잇감으로 마련해 둔다. 그러나 너무 많은 종류의 놀잇감을 한꺼번에 내주면 혼란스러울 수 있고, 같은 놀잇감에 대한 탐색과 놀이에 대한 흥미를 잃을 수도 있으므로 계절 혹은 흥미를 보이는 주제별로 적당한 개수의 놀잇감을 시기마다 바꾸어 주는 것이 바람직하다.

대근육 발달을 돕는 활동을 위한 공간 확보

(4) 영유아의 대근육발달을 위한 넓은 공간을 마련한다.

만 1, 2세 영아는 기기, 오르기, 걷기 등의 활동을 통해 대근육이 발달되어야 하는 시기이므로 충분히 돌아다니면서 대근육 활동을 할 수 있도록 넓은 공간을 마련해 주는 것이 무엇보다도 중요하다.

- 보육실 내에 작은 오르기틀을 구비하거나 자유롭게 돌아다닐 수 있는 이동 공간을 조성해주어야 한다.
- 놀이를 위한 충분한 공간을 확보하기 위해서 되도록 바퀴 달린 교구장 등 유동적인 가구를 이용하여 때에 따라 공간을 넓게 사용할 수 있도록 한다.
- 혹은 별도의 유희실을 마련하여 대근육 활동을 즐길 수 있도록 한다.

(5) 일상적 보호를 충분히 배려할 수 있도록 환경을 구성한다.

만 1, 2세 영아를 위한 보육환경은 기저귀를 갈아 주거나, 낮잠을 재우거나, 수유 및 간식을 주는 일과 같은 일상적 보호를 위한 공간이 더 필요하다. 따라서 이를 공간을 별도로 마련하고 교사가 다른 영유아를 관찰하면서도 수유나 기저귀 갈기, 휴식 등의 도움이 필요한 영유아를 돌볼 수 있도록 공간이나 설비를 편리하게 설계하고 배려를 해야 한다.

기저귀 갈이 영역과 음식준비 영역이 편리하게 구비되고 정리되어 있으면 영아가 교사를 필요로 할 때 바로 영아에게 다가갈 수 있고 모든 교사가 필요한 자료를 쉽게 찾을 수 있다.

(6) 가정과의 연계를 위한 환경을 구성한다.

보육기관에서의 영유아 생활에 관한 정보와 가정 내에서의 영유아 생활에 관한 정보를 교사와 부모가 서로 의사소통하는 일은 필요하다. 이에 교사와 부모 간의 소통을 위한 공간 구성은 매우 필요하다. 따라서 교사는 온라인 게시판 외에도 기관 내에 부모용 게시판을 마련하여 정보를 제공한다.

혹은 영유아의 사물함 위에 메모장을 준비하여 영유아 개인의 일상적 돌봄에 관한

학부모와의 연계를 위한 공간 구성

정보를 적어두거나 부모들이 등하원시 투약 의뢰, 상담 메모 등 매일매일 간단한 일지를 적어서 두고 갈 수 있는 공간을 마련하는 것이 유용하다.

3) 보육환경 구성을 위한 구체적 방안

영유아를 위한 기관의 환경을 크게 영유아를 위한 공간, 부모를 위한 공간, 교사를 위한 공간으로 나누어 보면, 영유아를 위한 공간은 활동실, 실외 놀이터, 양호실이 있고, 부모를 위한 공간은 현관, 부모대기실이 있으며, 교사를 위한 공간은 교사실이 있다. 이 중 영유아를 위한 보육실은 일상적인 돌봄을 위한 공간과 흥미 영역을 위한 공간으로 나누어 구성한다. 보육실에는 쾌적한 분위기의 실내 공기를 유지하기 위해 공기 청정기를 비치하고 적정 실내온도 유지를 위해 에어컨과 온풍기를 설치해야 한다. 활동실의 바닥은 마루가 안전하며, 벽은 파스텔 풍의 따뜻한 색을 사용하여 꾸민다.

(1) 일상적인 돌봄을 위한 공간 구성

일상적인 돌봄을 위한 공간은 낮잠자기, 간식 및 우유 먹기, 기저귀 갈이 등을 위한 공간과 화장실이다. 일상적인 돌봄을 위한 공간은 보육실 내 공간을 효율적으로 활용하여 조성할 수 있는데 공간이 협소한 경우, 고정된 침대나 높은 의자 대신 이동이 가능하고 쌓아올릴 수 있는 영유아용 간이침구나 테이블을 사용한다.

① 낮잠을 위한 공간

영유아가 편안하게 휴식 및 낮잠을 자기 위해서는 보육실과 분리된 공간이 좋다. 낮잠을 위한 공간은 창문이 있어 낮잠 전후 창문을 열어 환기를 시킬 수 있거나 별도의 환기 장치를 구비한다. 또한 바닥난방 등 별도의 난방 설비와 에어컨 등의 냉방설비를 구비하는 것이 좋으며, 커튼 등을 이용하여 조명을 조절하는 일도 필요하다. 그러나 공간이 여의치 않은 경우, 간이침대나 침구를 따로 보관하였다가 낮잠 시간에 꺼내어 사용할 수 있다. 이러한 경우에는 침구를 보관하는 장이 있어야 하며, 영유아가 잡아당겨 끌어내릴 수 없도록 문이 달린 장이어야 한다.

휴식 혹은 낮잠을 위한 공간

② 간식 · 식사, 수유 공간

영유아를 위한 간식이나 식사 공간은 보육실 옆에 이동이 편리한 별도의 공간을 두거나 보육실 내 조용한 놀이 영역의 낮은 테이블을 이용하여 조성할 수 있다. 1세 영아의 수유를 위해서도 역시 같은 공간을 이용할 수 있다. 때에 따라 영아가 누워서 먹기를 원하거나 아픈 경우 보육실 내의 조용한 영역에 낮잠 매트를 펴고 누워서 우유를 먹게 할 수 있다.

③ 화장실

화장실은 보육실에서 영유아가 쉽게 드나들 수 있도록 위치를 잡고 출입구와 바닥을 조성한다. 만 1세 영아를 위한 화장실에는 영아용 플라스틱 변기를 따로 놓아두는 것이 좋다. 또한 아주 작은 크기의 변기를 마련하더라도 영아에게는 변기가 높을 수 있으므로 발판을 마련해 준다. 세면대는 영유아의 키 높이에 맞도록 낮게 설치하고 거울을 달아 준다. 세면대 옆에는 양치용품들을 낮게 두어 영유아가 쉽게 양치질을 할 수 있도록 한다. 칫솔이나 컵은 자외선 소독기에 넣어 보관하는 일이 필요하다. 칫솔모가 닿지 않도록 간격을 두어 보관하여 개인위생을 고려한다. 1세 영아를 위해서는 교사가 치아를 닦아 줄 수 있는 거즈와 영아용 구강 세정제도 필요하다. 만 1, 2세를 위한 화장실에는 일회용 기저귀를 보관하는 선반이 필요하다. 기저귀는 개인별로 사용하는 종류가 다르므로 이름을 적어 보관한다. 영유아는 배변욕구를 조절하기 힘들고 때에 따라 옷을 적시는 일이 생기므로 화장실에는 욕조 혹은 샤워시설을 두어 필요시에 씻을 수 있도록 한다. 욕조는 영유아들이 혼자 들어갈 수 없도록 낮은 욕조로 준비하거나 뚜껑 등으로 닫아 놓는다.

영유아를 위한 화장실 공간(왼쪽)과 샤워 공간(오른쪽)의 예시

④ 기저귀 갈이 공간

기저귀 갈이 공간은 화장실 내부나 화장실과 가까운 곳에 두어 교사가 신속히 기저귀를 꺼내 오기에 용이해야 한다. 기저귀 갈이대를 두는 경우 바퀴를 달아 필요에 따라 벽쪽으로 붙이거나 끌어내릴 수 있게 하여 공간을 활용하고 아랫부분은 수납장이 되게 만들어 기저귀 갈이에 필요한 물건들, 즉 대변 횟수 체크용지, 물티슈, 파우더 등을 수납하는 것이 필요하다. 또한 기저귀 갈이대의 높이는 성인의 허리 정도면 되나 만 2세 영유아가 스스로 올라가도록 하는 경우 별도의 발판을 두어 10~12.5cm 정도의 높이로 만든다.

영유아를 위한 기저귀 갈이 공간의 예시

2. 영아를 위한 보육환경

1) 영아를 위한 흥미 영역의 구성 원리

영아의 놀이를 위한 흥미 영역은 연령에 따라 조금씩 달라질 수 있으나 일반적으로 영아를 위한 역할놀이 · 언어 활동 · 대소근육 활동 · 탐색 영역 등을 두며, 연령이 높아짐에 따라 조작 및 미술 영역 등을 추가하여 구성할 수 있다.

보육실의 내부 공간을 구성할 시 유의 사항은 다음과 같다.

- 조용한 활동과 시끄러운 활동을 분리하여 배치한다.
- 필요한 설비 근처에 각 흥미 영역의 특징에 알맞게 배치한다. 즉, 듣기 영역은 전기 콘센트가 있는 근처에, 책보기 영역은 밝은 곳에, 미술 영역은 수도 근처에 배치하는 것이 필요하다.
- 흥미 영역들을 선반이나 교구장 등으로 분리하여 배치하여 영아가 자료가 어디 있는지를 쉽게 알게 한다.
- 활동실의 중앙부분은 다양한 활동을 위해 개방해 놓고 교사가 한눈에 보육실을 살펴볼 수 있도록 한다.
- 각 흥미 영역은 몇 가지 놀잇감이 명확히 눈에 띄도록 단순하게 구성한다.

영아를 위한 보육실의 공간 배치의 예시를 제시하면 다음과 같다.

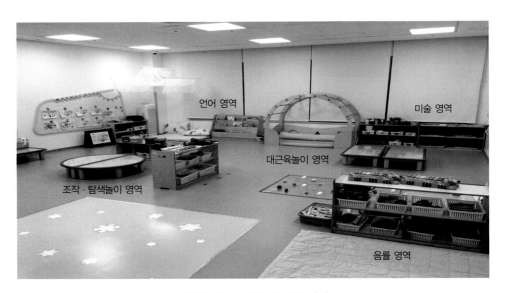

영아반 흥미 영역 배치의 예시

2) 만 1세와 2세 영아를 위한 실내 흥미 영역 구성

만 1세 영아를 위해서는 크게 조용한 놀이와 활동적인 놀이 영역으로 구분하여 운영할 수 있으며, 만 2세 영아는 조작 영역, 미술 영역 등을 추가하는 등 보다 세분화된 흥미 영역을 운영할 수 있다.

조용한 놀이공간은 책 보기와 구슬경로 따라가기, 눈과 손의 소근육을 이용하는 놀이, 언어 놀이를 위한 공간으로 준비될 수 있다. 이 영역에는 퍼즐, 책, 미술자료, 페그보드 및 인형과 같은 것들을 비치할 수 있다. 조용한 놀이를 위한 놀잇감은 개방된 선반과 상자에 보관하여 영아들이 스스로 놀잇감을 꺼내어 사용할 수 있게 한다. 또한 영아가 앉아서 활동할 수 있게 되면 조용한 놀이 영역에 아주 낮은 테이블을 두어 그림 그리기, 퍼즐 또는 다른 놀이감을 테이블 위로 가져와 놀이할 수 있도록 할 수 있도록 한다. 만일 의자를 사용할 수 있다면 영아가 기대거나 기어 올라가도 넘어지지 않는 모양의 가구를 배치하도록 한다.

활동적인 놀이공간은 주로 대근육 활동을 위한 영역으로 가능한 넓게 마련하여 영아가 마음대로 돌아다닐 수 있도록 해 주며 필요할 때는 집단 활동을 위한 공간으로 활용될 수 있다. 흥미 영역의 배치와 각 영역에서의 탐색과 놀이를 위한 자료를 세분화해 보면 다음과 같다.

(1) 역할놀이 영역

역할놀이 영역에는 영아가 일상 경험을 모방하고 상징하여 표현하도록 다양한 가정용 활동자료, 지역사회의 활동자료, 모형물, 인형을 풍부하게 제시한다. 기본적으로 모형 싱크대, 냉장고, 옷장, 화장대, 작은 테이블과 의자, 인형, 인형 침대, 거울, 그리고 접시, 주전자, 냄비 등 주방용품을 두며, 다양한 역할을 위한 옷과 소품들을 바구니에 담아두고 계절이나 주제에 알맞게 적절히 바꾸어 주어 흥미를 유지한다. 무엇보다 역할놀이 소품이 남아, 여아 모두가 성역할에 고정관념을 갖지 않도록 중간 계열의 색을 활용하거나 다양한 문화가 반영될 수 있도록 준비한다.

이 영역에서 탐색과 놀이를 위한 자료는 다음과 같다.

- 소꿉상자에는 플라스틱이나 실리콘 재질의 접시, 그릇, 냄비, 조리기구 등과 같은 다양한 주방기구를 담아 둔다.
- 옷 입기 상자에는 여러 종류의 모자, 고무줄 스커트나 셔츠, 조끼 등 같은 쉽게 입을 수 있는 옷을 담는다. 남아, 여아 모두가 입을 수 있는 것으로 준비하고 영아들이 좋아하는 가방, 지갑 등의 소품도 준비하여 일상생활을 모방하는 놀이가 이루어지도록 한다.
- 역할놀이 상자에는 가벼운 전화기, 카메라, 라디오 그리고 성인이 사용하는 것들을 실물이나 또는 놀잇감으로 준비한다.
- 고무 인형, 헝겊 인형 등 다양한 인형을 마련하는데 물에 빨 수 있는 것들로 마련한다. 혹은 눈을 움직이는 아기 인형이나, 끈을 잡아당기면 말을 하는 인형 등을 준비하고, 인형을 돌보기 위한 소품들도 함께 제공하여 다양한 놀이상황이 이루어지도록 준비한다.

(2) 대소근육 활동 영역

대소근육 활동 영역은 대근육 활동, 쌓기놀이 등으로 조성할 수 있는데 영아가 자유롭게 돌아다닐 수 있도록 안전하고 넓게 구성하며, 영아의 안전과 소음방지를 위해 카펫을 깔아준다. 대근육 활동은 영아의 대근육 발달과 성장을 위하여 작은 미끄럼틀, 흔들말, 바퀴달린 놀잇감, 탈 수 있는 큰 트럭과 자동차 그리고 밀고 당길 수 있는 놀잇감이 사용될 수 있으며 때로는 소집단으로 음률 활동을 하는 공간으로 다양하게 활용할 수 있다.

이 영역에서 탐색과 놀이를 위한 자료는 다음과 같다.

- 다양한 질감(헝겊, 인조가죽, 플라스틱, 고무 등)의 공, 콩주머니 등을 상자에 담아 준비
- 바깥놀이나 실내의 넓은 공간에서 타고 놀 수 있는 탈것(예: 세발자전거 등)
- 비닐 터널, 스펀지 터널, 미끄럼틀 등의 기고 오르기 기구
- 인형 유모차, 작고 가벼운 손수레 등의 끌차 등

(3) 쌓기놀이 영역

영아가 블록을 늘어놓거나 쌓고 부수는 활동을 방해받지 않고 할 수 있도록 공간을 구분하여 주고 다양하게 쌓기놀이를 할 수 있도록 가볍고 부드러운 종류의 블록과 장난감 동물, 트럭과 차, 비행기 집 등의 소품을 준비한다. 쌓기놀이를 위한 탐색과 놀이자료는 다음과 같다.

- 우레탄 블록, 와플 블록, 종이벽돌 블록 등
- 블록 구성을 위한 각종 소품류(사람 모형, 자동차, 표지판 등)

우레탄 블록과 종이벽돌 블록으로 구성놀이의 예시

(4) 언어 영역

언어 영역에는 편안하고 부드러운 분위기에서 책을 보며 놀이할 수 있도록 푹신한 방석과 쿠션을 준비한다. 언어 영역 자료는 영아의 듣기, 말하기, 그림 읽기, 끼적이기 등의 언어 능력을 발달시키기에 적합한 그림책, 녹음기, 손인형 등의 다양한 의사소통 자료와 함께 튼튼하고, 두꺼운 종이로 된 것이나 입에 넣어도 빨 수 있는 헝겊책 등 영아용 책을 다양하게 비치한다.

언어 영역에서 탐색과 놀이를 위한 자료는 다음과 같다.

- 높이가 낮은 영아용 책꽂이에 물에 빨 수 있는 헝겊책, 딱딱한 종이로 된 책과

보육학개론
제6장

같이 영아발달에 적절한 책을 표지가 보이도록 비치한다.

• 융판동화 자료를 부직포 또는 자석으로 마련하고 배경판을 함께 제공하여 영아가 직접 배경판 위에 동화 자료를 붙여보면서 이야기도 상상할 수 있는 기회를 준다.

영아를 위한 언어 영역과 헝겊책의 예시

(5) 수 · 조작놀이 영역

수 · 조작놀이 영역은 영아가 소근육을 사용하여 눈과 손의 협응 능력 및 조작 능력을 발달시킬 수 있고 자유롭게 조작하고 탐색할 수 있는 다양한 사물과 놀잇감을 제공하는 영역이다. 따라서 영아들이 오감각을 사용하여 자유롭게 탐색할 수 있도록 낮은 교구장이나 테이블에 놓아 두어 직접 만지고, 조작할 수 있도록 한다.

조작놀이 영역의 놀잇감은 소근육 활동을 위한 여러 종류의 퍼즐, 줄에 끼울 수 있는 큰 구슬, 분리했다 합쳤다 조립하는 조작을 하는 놀잇감과 악기 종류, 그리고 관찰 및 탐색 활동이 일어날 수 있는 다양한 사물을 준비해 줄 수 있다. 수 · 조작놀이 영역에서 탐색과 놀이를 위한 자료는 다음과 같다.

• 영아를 위한 퍼즐은 기본 도형이 하나 맞추는 형태부터 2~6조각 정도로 간단한 형태를 고르며, 쉽게 빼고 끼울 수 있도록 꼭지가 달리거나 퍼즐조각 사이의 간격이 있는 것으로 준비한다. 만 1세는 2~3조각, 만 2세는 4~6조각 정도의 퍼즐이면 좋다.

- 줄에 큰 구슬이나 모양조각을 끼우는 자료들은 투명한 플라스틱 용기에 담아두어 유아가 잘 찾아볼 수 있게 준비한다. 줄은 부드럽고 두꺼운 것으로 끝에 단단한 심처리를 해준다.
- 감각 상자에는 다양한 종류의 질감, 모양, 크기, 색, 소리, 무게를 가진 물체를 두어 영아가 만지고 보고 듣고 혹은 냄새를 맡을 수 있게 한다.
- 소근육 놀잇감 상자에는 간단한 퍼즐, 분리하거나 함께 조립할 수 있는 놀잇감 (예: 볼트와 너트, 똑딱단추, 뚜껑 닫기 등), 사물 옮기기 자료 등을 담아 둔다.

영아를 위한 조작놀이 자료의 예시

(6) 음률 활동 영역

음률 활동 영역은 보육실의 상황에 따라 활동성이 큰 영역 옆에 작은 공간으로 마련할 수 있다. 주변의 소리와 악기 소리를 탐색할 수 있도록 녹음기, 리듬악기 등을 준비해주고 신체표현을 위한 자료로 리본, 스카프 등을 제공하여 영아들이 음악에 맞추어 신체표현을 자유롭게 하도록 한다.

- 음악 활동 상자에는 리듬막대, 종, 탬버린, 북, 소고 등을 영아의 연령에 알맞은 악기를 제공한다. 혹은 영아들이 부엌용 용기를 두드리며 노는 것을 좋아하므로 못 쓰게 된 가벼운 종류의 냄비 뚜껑이나 주방 용기들을 낮은 교구장이나 테이블 위에 놓아두고 소리 탐색을 할 수 있도록 한다.

영아를 위한 음률 영역 구성의 예시

(7) 미술 활동 영역

미술 활동 영역에는 영아에게 감각적 탐색과 창의적 표현과 기회를 제공하는 자료들을 영아의 발달 특성에 알맞게 구비할 수 있다. 이젤과 화이트보드 등은 낮은 테이블에 두어 대소근육을 활용하여 자유롭게 팔과 손을 움직이며 그리기할 때 나타나는 선과 모양을 탐색하는 활동부터 그림 그리기, 종이 자르기, 풀칠하기, 구성하기 등을 위한 다양한 자료를 제공하여 색이나 질감들을 탐색하고, 다양한 표현을 하도록 도와준다. 미술 활동을 위한 탐색과 놀이자료를 살펴보면 다음과 같다.

- 그림 그리기를 위해 수용성 굵은 사인펜, 굵은 크레용, 연필, 볼펜, 물감, 붓 등을 준비하고 종이의 경우도 창호지, 시험지, 복사지, 색지, 헝겊, 골판지, 아크릴판, 비닐 등의 다양한 질감의 바탕 자료를 준비해 준다. 또는 달력 뒷장처럼 매끌매끌한 종이들을 마련한다.
- 헌 신문지나 헌 잡지, 조각 도화지 등을 구비하여 종이를 찢어 보고, 붙여 보고, 오려 보고, 구겨 보고, 던져 보는 등 다양하게 탐색해 본다. 예를 들면, 헌 신문을 구겨서 공처럼 만들어 던지기 놀이로 사용하거나 손으로 길게 찢어 모양을 탐색하고 꽃다발 등으로 모아 붙여 보는 등 종이의 다양한 질감과 두께 등을 느

영아를 위한 미술영역 구성의 예시

껴보게 한다.

- 테이프나 고체풀을 준비하여 영아가 소근육을 조절하며 다양한 종이류를 붙여 보게 한다.
- 영아에게는 끝이 무딘 안전가위를 준비한다. 가위질이 서툰 영아들을 위해 밀가루 반죽을 길게 늘여 주거나 약간 뻣뻣한 색지 등의 종이를 길게 잘라서 가위질하는 모습을 보여 주고 해보도록 한다.
- 무독성 반죽, 밀가루 반죽이나 풀물감을 준비하여 질감과 형태를 탐색하고 손이나 발을 이용하여 형태를 그려보는 기회를 제공한다. 녹말가루를 물에 개어 손으로 가지고 노는 활동도 선과 질감 탐색에 좋다.
- 도장 찍기를 좋아하므로 수용성 물감 혹은 스탬프와 함께 준비한다. 도장은 단순한 그림이 새겨진 것이 좋으며 손으로 잡기 쉬운 형태를 내어 준다. 예를 들면, 야채를 도장처럼 손에 잡기 좋게 준비해 줄 수 있다.

3. 유아를 위한 보육환경

유아를 위한 보육환경 구성 원리는 안전과 청결을 우선시하고, 다양한 경험을 줄 수 있는 흥미 영역으로 구성하는 영유아를 위한 보육환경 구성 원리와 기본 원리는 동일하게 제시된다. 그러나 유아의 연령과 발달수준에 따라 흥미 영역의 수가 추가되고 놀잇감의 종류 등을 차별화하여 배치할 수 있다.

1) 유아를 위한 환경 구성의 원리

(1) 안전과 청결을 고려한 환경 구성

유아 및 교사, 학부모가 사용하는 공간은 무엇보다 안전이 최우선으로 고려되어야 한다. 따라서 모든 실내외 공간의 설비와 자재는 안전을 고려하여 돌출되거나 파손된 부분이 없이 마감되어야 하며 바닥과 벽은 탄성이 있는 나무, 무독성 우레탄 등의 자재로 마감되는 것이 바람직하다.

실내외에 비치되는 놀잇감 또한 위험요인이 없어 유아가 안전하게 사용할 수 있어야 하며, 위험한 물건은 유아의 손에 닿지 않는 곳에 보관하여야 한다. 유아 손이 닿는 위치에 보관하는 경우에는 잠금장치를 사용하여야 한다.

(2) 유아의 발달과 요구를 충족하는 환경 구성

유아교육기관 환경 구성의 목적은 각 유아의 다양한 발달 요구를 충족시켜 전인적인 발달을 이루도록 지원하는 것이다. 따라서 유아교육기관의 각 활동실은 연령별 유아의 발달적 특징과 요구를 파악하여 구성하여야 한다.

먼저 실내 시설 및 설비가 유아의 연령 및 신체에 적합한 크기 및 높이로 유아 스스로 사용할 수 있도록 마련되어 있다. 예를 들어, 유아의 연령이 높아질수록 의자의 높이나 책상 높이, 교구장 높이 등을 더 높은 것으로 구비한다. 유아가 몸이 불편하거나 휴식을 원하는 경우를 위하여 언어 영역 등에 편안한 소파와 쿠션 등으로 휴식공간을 마련해 준다.

화장실의 경우, 남아와 여아의 배변욕구를 충족하는 변기를 각각 설치하고, 유아가 편안하게 사용할 수 있도록 유아의 키 정도 높이로 개방적인 문을 설치하여 교사를 바라볼 수 있도록 한다.

실외놀이 영역은 자연으로부터 유아가 보호되도록 그늘막, 바람막이, 배수시설 등을 설치하며, 유아가 사용하기에 편리하도록 화장실과 물 마시는 곳이 가까워야 하고 정리 창고 접근이 쉬워야 한다.

(3) 심미감 있는 환경 구성

유아가 매일 접하는 물리적 환경은 아늑하고 자연스러우며 심미감 있는 환경으로 구성한다. 바닥, 벽, 조명 등의 기본 설비는 자연의 색과 소재로 편안하게 마감하는 것이 안정감을 주므로, 적당한 밝기의 파스텔 컬러를 사용하거나 나무 소재 등을 사용하고 녹색 식물을 중간 중간 두어 유아들이 자연의 아름다움을 느낄 수 있도록 한다. 실내 채광은 낮에 최대한 햇빛이 들어오도록 활동실 벽에 최대한 면적을 확보하여 창문을 내고 천창 등을 활용한다.

전체적으로 놀잇감 등을 매일 깔끔하게 정리함으로써 유아들이 차분한 분위기 속에서 스스로 교구를 찾고 정리하기에도 쉽도록 배치한다.

(4) 전인적 발달을 지원하는 통합적 환경 구성

유아를 위한 보육실은 전인적 발달을 지원하기 위하여 다양한 흥미 영역으로 구성되어 있어야 한다. 흥미 영역은 유아의 연령 및 발달 특성을 고려하여 배치되는데 일반적으로 3~5세 유아를 위한 흥미 영역은 언어 영역, 미술 영역, 음률 영역, 수 · 조작 영역, 과학 영역, 역할놀이 영역, 쌓기놀이 영역 등으로 제시하고 있다. 각 흥미 영역별 최소 공간 크기는 3~5세 유아의 경우, 세네 명 이상이 놀이할 수 있는 공간을 확보하는 것이 바람직하다(교육부, 2017).

각 흥미 영역은 신체발달, 언어발달, 인지발달, 사회정서발달을 위해 각 흥미 영역별 활동자료와 교재 · 교구는 유아의 연령별 발달 수준과 흥미 등에 적절하게 다양한 내용을 다루는 자료로 구비하고 있어야 한다. 각 흥미 영역에는 감각 자료와 자연물 등 직접 관찰하고 느낄 수 있는 기본 교재 · 교구를 포함하여 계절, 주제, 유아의 흥미에 기초한 다양한 활동자료/교재 · 교구를 구비하고 있어야 한다.

- 기본 교재 · 교구의 예시: 쌓기놀이를 위한 나무 블록, 종이벽돌 블록, 우레탄 블록이나, 예술 활동을 위한 필기구류, 물감류, 점토류 등 주제와 상관없이 교실에 지속적으로 비치되어 있는 교재 · 교구 등
- 주제별 교재 · 교구의 예시: 교통기관이 생활 주제인 경우, 횡단보도 판, 운전대, 교통기관 퍼즐, 교통기관 관련 정보그림책 등 교실에서 다루고 있는 주제와 밀접하게 관련된 교재 · 교구 등

실외놀이 공간도 다양한 놀이가 가능하도록 대근육 발달을 돕는 고정 놀이기구 외에도 물놀이 영역, 모래놀이 영역, 자연탐구 영역, 휴식 영역 등으로 구성한다.

(5) 유아, 교사, 학부모가 소통하는 공간구성

유아는 유아교육기관에서 하루 일과를 지내는 동안 또래 유아와 교사, 환경과 활발하게 상호작용할 때 발달이 더 잘 이루어진다. 따라서 교실 내 유아가 자신의 작품을 스스로 게시하고 또래와 의사소통할 수 있는 공간을 선반, 벽면 게시판, 자석시트 등으로 별도로 마련하여 주면 유아와 유아 간, 유아와 교사 간의 의사소통이 더욱 활발해질 수 있다.

교사는 유아의 활동상황과 발달 상황 등에 대해 학부모와 의사소통할 때 기관의 교육철학과 교사의 전문성을 더 잘 이해시킬 수 있으므로 원내에 학부모와 자녀의 교육과 양육에 대해 의사소통할 수 있는 공간을 마련하는 것이 효과적이다. 예를 들어, 등하원시 현관의 공간을 활용하여 게시판, 메모장 등을 두고 의사소통하거나 학부모 대기실이나 관찰실 등을 별도로 마련하여 수시 상담 등이 이루어지도록 할 수 있다.

2) 흥미 영역별 교실 환경 구성

(1) 흥미 영역의 배치 원리

유아들에게 진정한 자유선택 활동이 되기 위해서는 유아들이 안전하고 편안한 시설 내에서 자유롭게 탐색할 수 있어야 하고 교육적 가치가 있는 놀잇감, 게임자료 등

의 교재, 교구들이 유아의 흥미와 발달수준에 맞추어 각 활동 영역에 적절하게 배치되어야 한다. 이에 활동 영역이 효과적으로 운영되려면 다음과 같은 배치 원리를 기초로 활동 영역을 구성해야 한다.

① 유아는 다른 활동에 쉽게 이끌리기 때문에 활동하는 곳에서 지나치게 모든 영역이 유아에게 보이게 되면 주의집중이 되지 않고 진행되던 활동을 완성하기 어려우므로 흥미 영역들이 시각적으로 분리되도록 구성한다. 낮고 개방적인 선반, 개인장, 이동식 나무가림대, 투명 아크릴 게시대 등을 활용하여 활동 영역을 구분하여 주어진 공간 내에서 유아가 흥미 있게 주의집중하여 놀이할 수 있도록 하되, 교사는 유아의 모든 활동을 볼 수 있어야 한다.

② 정적인 활동 영역과 동적인 활동 영역들이 서로 떨어져 있도록 배치한다. 이는 유아가 서로 방해하는 것을 피하는데 도움이 된다. 또한, 소음이 심한 블록 영역에서는 미끄럼 방지가 된 방염 카펫을 깔아주면 소음을 줄일 수 있다.

③ 조형 영역, 과학 영역, 물·모래놀이 영역 등과 같이 물이 필요한 영역은 활동준비나 정리정돈이 용이하고, 유아들의 활동이 원활이 일어나도록 싱크대 근처에 위치하게 한다. 물이 바닥에 고이지 않도록 활동방법 등을 미리 안내하고 물이 떨어진 경우 유아가 미끄러지지 않도록 바로 제거한다.

④ 출입구, 놀이 영역, 간식 영역 등은 서로 분리되도록 구성하되 화장실이 활동실에 접해있어 교사의 관리 아래 쉽게 드나들 수 있어야 한다.

⑤ 블록 영역과 역할놀이 영역처럼 활동이 연계하여 일어날 수 있는 영역은 인접하여 배치한다. 꼭 필요한 영역은 아니지만 유아교육기관에 따라 바느질 영역, 색종이 접기 영역 등이 있는 경우, 조작 영역과 조형 영역에 통합하여 한 부분으로 구성해 줄 수 있다.

⑥ 주제의 진행 상황에 따라 영역을 융통성 있게 재구성할 수 있다. 예를 들어, '소리'라는 주제 하에 음률 영역 옆에 신체표현을 할 수 있는 대근육 영역을 따로 조성한다든지, 악기를 만드는 재질에 관심을 보이는 경우, 음률 영역과 재질에 따른 소리의 탐색이 이루어지는 과학 영역이 서로 소통 가능하도록 할 수도 있

다. 다른 예는, '미술관'에 대한 프로젝트 활동이 활발히 전개될 경우, 조형 영역을 조금 더 확장하고 미술작품 감상이 언어 영역과 연계하여 일어나도록 재구성할 수 있다.

⑦ 흥미 영역의 수와 공간 등은 유아교육기관의 형편에 따라 조정될 수 있으나 제한된 경우, 영역의 유형을 바꾸어 주는 등의 노력이 필요하며 가능하다면 유아들이 혼자 놀이에 몰두할 수 있는 개별공간도 제공하도록 한다.

⑧ 가정과 같이 안정되고 아늑하며 부드러운 공간도 필요하다. 부드러운 공간은 언어 영역의 안락의자 배치, 캐노피 커튼 설치, 푹신한 쿠션과 봉제 인형 제공 등으로 이루어질 수 있다.

다음은 이와 같은 흥미 영역의 배치 원리에 따라 구성된 덕성여자대학교 부속유치원의 예시이다.

실내 활동실의 흥미 영역 배치의 예시

(2) 활동 영역별 환경 구성과 교재·교구 배치

유아를 위한 바람직한 활동 영역과 영역별 특성을 제시하면 다음과 같다.

① 놀이계획 영역

만 4세부터 유아가 언어적으로 스스로의 놀이를 개별계획하고 실제 놀이한 것을 계획한 것과 비교하여 검토할 수 있도록 모든 흥미 영역에 고루 시선이 미칠 수 있는 영역에 따로 놀이계획 영역을 배치하는 것이 좋다.

계획 영역에는 교실 내의 흥미 영역과 새로운 활동이나 자료가 제시되어 있는 영역에 관한 정보를 그림, 사진, 글 등으로 제공하는 놀이안내판, 놀이용 이름표와 놀이용 이름판, 달력, 하루일과표, 개별 계획 용지를 위한 보관함과 각종 필기도구 등의 자료로 구성한다. 또한 전날의 협의를 통해 다음날 자유선택 활동시간에 하기로 한 소집단 활동(예: 프로젝트 수행을 위한 조사 및 구성 활동, 요리 활동 등)을 안내하는 게시판을 두어 유아가 놀이계획을 회상하고 유아 간 또래 협력학습을 촉진하도록 한다.

놀이계획 영역 구성의 예시

② 언어 영역

유아의 언어 능력 발달을 위하여 언어 영역은 듣기, 말하기, 읽기와 쓰기의 네 가지 요소를 포함하는 공간으로 구성해야 하며 휴식과 안정을 위한 영역의 성격을 더할 수 있다.

듣기와 말하기와 같은 구어 지도를 위하여 교사는 하루 일과를 통해 자연스럽게 말

만 3세반의 언어 영역 구성의 예시

로 표현하고, 유아의 경험과 관련된 노래와 문학작품을 들려주어 유아가 듣고 이해하도록 해야 한다. 언어 영역 내에 말하기 코너와 듣기 코너를 마련하고 유아의 경험과 관련된 사진자료, 손인형, 융판 자료와 같은 이야기 꾸미기 자료, 유아들에게 들려주었던 동화의 녹음자료와 녹음기 등의 기본 자료를 제공하면서 또래 친구나 교사와의 대화를 격려한다.

읽기와 쓰기의 문해 발달을 위해서는 풍부한 문자 환경을 제공하는데 읽기 코너에는 아늑한 느낌이 들도록 카펫을 깔고 진행 중인 주제나 유아들이 좋아하는 다양한 유형의 책들을 준비한다. 교사가 들려준 동화나 동시 자료를 다음 날 언어 영역에 게시하고, 유아들이 조사한 어휘나 지은 이야기들도 보기 쉽도록 제시한다. 연령에 따라 글자의 모양 변별을 위한 짝 맞추기 자료, 주제와 관련된 새로운 어휘 카드를 활용한 수수께끼, 첫글자 찾기, 끝말잇기 등의 언어 게임자료, 낱글자의 짜임을 이해할 수 있는 자석글자 자료 등을 수준별로 제공한다.

쓰기 코너에는 여러 가지 필기도구와 다양한 크기와 모양의 종이 외에 글자 도장, 어휘 스티커 등 유아들이 초기에 쓰기에 관심을 가지고 쉽게 글로 표현할 수 있는 자료를 제공한다.

③ 수학 영역

유아를 위한 수학 영역은 생활 속에서 일어나는 수학적 문제해결을 통해 수학 능력을 발달할 수 있도록 다음의 예와 같이 다양한 수학 자료를 제공해야 한다.

- **수와 연산의 기초 개념 알아보기**: 구체물의 수 세기, 서수 알기, 수량에 대해 어림하기, 수의 모으기와 가르기, 숫자 읽기 및 쓰기, 큰 수에 대한 이해를 할 수 있도록 단추나 유니픽스 큐브와 같은 여러 가지 색과 크기의 구체물, 대응하기 판이나 10칸으로 나뉘어진 상자, 구체물이 1~5까지의 수량으로 그려진 카드 등 준비
- **공간과 도형의 기초개념 알아보기**: 방향과 위치 이해하기, 길 따라가기, 입체 도형의 특성 인식하기, 평면도형의 모양 특성 이해하는 자료로서 경로를 따라가거나 만들 수 있는 판 게임, 여러 가지 형태의 주사위, 여러 가지 입체 도형과 모양 그림카드 등
- **규칙성과 함수**: 패턴 인식 및 묘사, 패턴 따라하기, 패턴 이어가기, 패턴 전이하기, 패턴 만들기를 위한 자료로서 직접 패턴을 만들어 끼울 수 있는 구슬 자료, 그림카드 등
- **자료의 이해하기**: 분류하기, 순서짓기, 그래프와 기초적 통계 등을 위해 달력과 날씨판, 여러 가지 크기의 그릇과 구슬 등
- **측정의 기초개념 알아보기**: 비교하기, 임의단위로 측정해 보기, 어림 측정하기 등의 활동자료로 양팔 저울과 기록지, 필기 도구 등 제공

만 3세: 모형자동차 10칸 채우기

만 5세: 10칸 채워 주차타워 쌓기

발달수준을 고려한 수학활동 자료의 예시

④ 과학 영역

실내에서 과학 영역은 유아들이 살고 있는 물리적 세계 속의 여러 가지 현상을 직접 탐색하고 탐구할 수 있도록 햇빛이 드는 창가나 물을 사용할 수 있는 영역에 배치한다.

유아를 위한 과학교육의 내용은 생명과학, 화학, 물리과학, 지구 및 우주 과학 등의 기초적인 과학적 개념을 다루면서 관찰, 비교, 분류, 가설 형성, 실험, 의사소통과 같은 탐구기술을 다루게 되므로 유아의 흥미에 따라 이와 같은 내용요소를 다룰 수 있는 환경을 구성한다.

- **생명과학**: 동물이나 식물 실물자료, 동식물을 기르며 관찰하고 그 변화를 기록할 수 있는 자료, 관련 책 등
- **화학**: 물, 모래, 물감, 설탕, 투명 용기, 흰색 수건 등
- **물리과학**: 여러 가지 자석과 다양한 물체와 기록지, 여러 가지 바퀴와 바퀴를 끼울 수 있는 나무판, 여러 가지 색의 투명판, 도르레 등
- **지구 및 우주 과학**: 흙, 돌 등의 관찰자료, 온도계, 해시계 등의 날씨 관찰자료 등

이를 위해 유아가 흥미 있어하는 주제와 관련된 과학책을 비치하여 유아들이 언제라도 호기심을 가지고 궁금한 것을 탐색 및 조사할 수 있도록 하고, 유아들이 알아낸

만 5세반 과학 영역 구성의 예시

것들을 글과 그림으로 표상하고 토론해 볼 수 있도록 한쪽 벽에 게시하여 준다.

⑤ 쌓기놀이 영역

쌓기놀이는 유아가 여러 가지 색과 모양, 크기를 지니는 블록을 쌓으며 색, 크기, 형태, 분류, 서열화, 유사성과 차이점의 인식, 측정, 균형, 공간적 관계, 부피, 면적 등에 관련된 수학적 개념을 학습하도록 돕고 다양한 구성물 만들기를 통해 상상력고 창의성을 기르는 공간이다. 또한 또래 협력을 통해 사회성과 언어 능력의 발달을 돕기도 한다.

따라서 쌓기놀이 영역에는 종이벽돌 블록, 우레탄 블록, 스폰지 블록 외에도 보다 다양한 형태를 지닌 유닛 블록, 나무공간 블록 등의 다양한 블록이 충분한 양으로 구비되어야 하며 주제에 따라 나무, 플라스틱, 고무로 된 사람, 동물, 식물, 건물, 미니카 등의 소품을 함께 내주어 다양한 주제를 다루는 구성놀이와 극화놀이가 이루어지도록 해야 한다.

만 5세반 쌓기놀이 영역 구성의 예시

⑥ 조형 영역

창의적 표현 활동이 풍부하게 이루어지는 조형 영역은 물감, 물풀, 찰흙 등의 다야한 자료를 다루고 정리해야 하므로 물을 사용하기 용이한 장소에 배치한다.

탐색 · 표현 · 감상 능력의 발달을 통합하므로 선, 색, 형 등의 미적요소를 탐색할 수

만 4세반 조형 영역 구성의 예시

있는 여러 가지 탐색 및 감상 자료를 벽면이나 선반 등에 게시하는 것이 효과적이다.

그리기, 찢기, 자르기, 붙이기 등 평면활동을 위한 자료와 점토, 재활용품 등 입체 구성을 위한 재료를 다양하게 준비하고 유아가 쉽게 접근할 수 있도록 배열한다. 각 미술 재료는 유아가 다루기 쉬운 것으로 유아의 연령과 발달 수준을 고려하며 준비하여야 한다. 예를 들어, 물감의 양을 조절하기 힘든 어린 연령의 유아에게는 크레파스와 물감의 효과를 동시에 경험할 수 있는 파스넷을 준비하고, 좀 더 연령이 높은 유아들을 위하여 이젤페인팅 활동을 위한 환경을 구성한다. 즉, 연령이 높아질수록 포스터 물감, 수채화 물감, 오일 파스텔, 파스텔 등 다양한 채색 재료를 탐색할 수 있도록 재료를 구비하고 탐색하도록 하여 유아 스스로 자신의 생각과 느낌을 더욱 풍부하고 정교하게 표현하도록 도울 수 있다.

이외에도 대근육 사용의 발달을 돕는 대근육 활동 영역, 소근육 협응과 발달을 돕는 조작놀이 영역, 다양한 직업과 상황에 대한 가작화 놀이를 통해 상위인지발달을 돕는 역할 놀이 영역 등이 각 교실의 상황에 따라 구성될 수 있다.

4. 영유아를 위한 실외놀이 환경 구성

만 3~5세 연령별 누리과정에서는 바깥놀이란 실외에서 이루어지는 모든 놀이를 말하며 실외놀이터에서 유아의 흥미에 따라 활동적 또는 조용한 놀이를 함으로써 대근육 활동의 기회와 풍부한 에너지를 발산할 기회를 가지며 인지적 경험을 하게 되는 놀이라고 정의하고 있다(교육과학기술부, 보건복지부, 2013). 따라서 실외놀이는 동적인 활동뿐만 아니라 중간에 휴식을 위한 책 읽기와 끼우기 활동 등의 정적인 활동까지 고려하여 환경구성을 하고 물이 필요한 조형 활동과 과학 활동 등은 실내에서의 놀이와 연계하여 실시할 수 있다.

이영자, 신동주(2012)는 실외 유원장을 활동의 성격에 따라 조합 놀이기구 영역, 탈 것 영역, 그네 영역, 물·모래놀이 영역, 동식물 기르기 영역, 그늘 영역 등으로 영역별 구성하고 주제에 따라 실내 놀이 활동과 연계한 실외놀이 활동과 소품의 변화를 주어야 한다고 제시하고 있다.

1) 조합 놀이기구 영역

실외놀이의 조합 놀이기구는 만 2, 3세아를 위한 놀이기구와 만 3, 4, 5세아를 위한 놀이기구가 영유아의 발달에 따라 기구의 높이와 조합 등이 달라야 한다.

영유아용 조합놀이기구는 낮은 미끄럼틀, 기어오르기 기구, 짧은 터널, 역할놀이용 놀이집 등으로 구성될 수 있다. 영유아용 오르기 기구의 계단 높이는 15cm 정도이며 미끄럼틀의 높이는 90~120cm 범위의 높이가 적당하다.

만 3~5세아를 위한 조합놀이기구도 미끄럼틀, 오르기 기구, 터널, 놀이집, 매달리기 기구 등으로 구성될 수 있으며 높이는 유아의 신장에 맞추어 제작·설치할 수 있다.

그네는 조합놀이기구와 연결하여 설치하거나 분리하여 설치할 수 있다. 그네를 설치할 때는 유아의 체중과 신장을 고려하여 크기와 높이를 결정하는 것이 바람직하고 타이어 그네나 안장 그네 등으로 안전하게 설치한다. 이에 그네 설치 시에는 충분한 공간을 확보하고 안전울타리를 설치하여 지나가는 유아가 발판에 부딪히는 사고를 방지한다. 또한 그네를 설치한 곳의 바닥은 안전사고 방지를 위하여 30cm 이상 깊이의 모래나 3cm 이상의 고무바닥 등으로 처리하는 것이 바람직하다. 다음은 덕성여자대학교 부속유치원의 실외놀이 환경의 예시이다.

유아용 종합놀이대(왼쪽)과 그네(오른쪽)의 예시

2) 물·모래놀이 영역

물·모래 놀이 영역은 바닥을 더럽혀도 좋은 실외놀이터에 설치하는 것이 좋으나 환경구성이 여의치 않을 경우, 실내에서도 물놀이 테이블과 다양한 용기들을 준비하여 조성할 수 있다. 기본적으로 물놀이 테이블은 영유아의 신장에 맞추어 다양한 높이로 제적 설치해주는 것이 좋으며 물의 특성을 탐색할 수 있도록 수로와 수문 등을 추가 설치할 수 있다.

물·모래놀이용 소품은 별도의 바구니에 담아 찾기 쉽고 정리하기 쉽도록 갖추는데 만 1, 2세 영아는 물건을 함께 사용하기 힘들어하므로 테이블 위에 개인별 물통과 놀잇감을 주는 것이 오히려 바람직하다. 또한 비닐로 된 물놀이 가운을 준비하여 가능한 영가가 옷을 적시지 않도록 도와준다.

- 물따르개, 깔때기, 구멍 뚫린 컵, 구멍 없는 컵 또는 호스 등을 투명한 것으로 마련하고 식용색소를 탄 물을 두어 유아가 물의 움직임을 잘 관찰할 수 있게 한다.
- 물에 가라앉는 물건과 뜨는 물건들을 주어 관찰하게 한다.
- 실내 물놀이 테이블에서는 다양한 곡식들을 물 대신 주어서 탐색하도록 할 수도 있다.

물 · 모래놀이터의 예시

3) 동식물 기르기 영역

영유아에게 생명의 소중함을 알게 하도록 실외놀이터에 동식물 기르기 영역을 마련할 수 있다. 보육기관의 공간이 충분한 경우, 실외놀이터에 텃밭을 일구고 토끼, 강아지, 다람쥐 등의 반려동물을 기를 수 있는 공간을 마련할 수 있으나 공간이 여의치 않을 경우, 테라스나 실내 창가에서 화분과 동물 케이지 등을 활용하여 작은 반려 동식물을 기를 수 있도록 준비한다.

보육학개론
제6장

활동해 봅시다

● 다음의 2세반 영아를 위한 교구장 모양을 오려 봅시다.

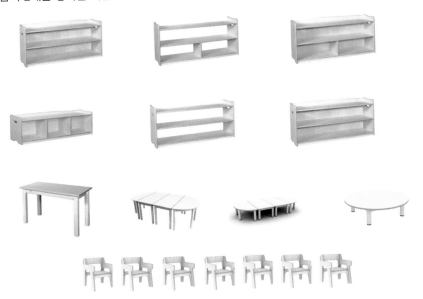

● 보육실 그림판 위에 오린 교구장 모양을 올려놓고 보육실 환경 구성 원리에 따라 배치해 봅시다.

● 옆의 친구와 함께 서로 바꾸어 보고 적절히 배치되어 있는지 평가해 봅시다.

제7장

건강, 영양, 안전

학습목표

1. 영유아를 대상으로 하는 건강 및 안전교육의 내용을 안다.
2. 영유아의 건강 · 영양 · 안전관리를 위한 체크리스트를 활용할 수 있다.
3. 영유아의 안전교육 계획안을 수립할 수 있다.

이 장에서는 영유아의 건강과 영양, 안전의 관리를 위해 교사가 알아야 하는 관리 내용을 살펴보고, 영유아를 대상으로 하는 건강 · 영양 · 안전교육을 위한 계획, 실행 및 평가의 과정을 알아보도록 한다.

1. 영유아 건강관리

1) 영유아 건강관리의 내용

제3차 어린이집 표준보육과정은 기본생활 영역에서 안전한 생활, 건강한 생활, 바른 생활 내용을 다루고 있다. 3~5세 연령별 누리과정에서도 다음 [그림 7-1]과 같이 신체운동 · 건강 영역에서 건강하게 생활하기, 안전하게 생활하기의 영역으로 나누어 다루고 있다(부록-표준보육과정 각 영역별 내용의 연령 간 연계성 참고).

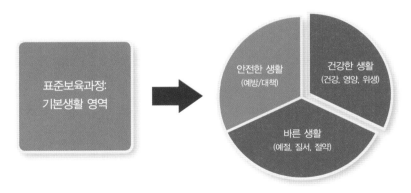

그림 7-1 제3차 표준보육과정 기본생활 영역 내용

이에 영유아의 건강관리는 영유아의 신체발달 과정을 알고 현재의 발달 상태를 파악하여 건강한 생활을 유지하도록 지원하는 측면, 건강유지를 위해 청결한 생활습관을 지니도록 지원하는 측면, 그리고 영유아에게 건강하고 위생적인 환경을 마련해 주는 측면을 모두 고려한다.

(1) 영유아 건강 상태 파악

영유아가 기관에 입원하기 전, 학부모 설문지를 통해 영유아의 수면 · 배변 · 식사 습관 등을 파악하는 동시에 건강기록부 자료 등을 마련하여 입학 시 학부모에게 작성하도록 하여 보관한다. 또한 영유아의 건강과 병력에 대한 내용을 구체적이며 세부적으로 기재하도록 한다. 혹은 학기 초 학부모 오리엔테이션 시간에 현장에서 작성하게 하거나, 기타 필요한 서류와 함께 가정에 배부한 후 제출받도록 한다. 건강기록부를 회수하여 하나의 파일로 만들어 보관하면 영유아의 전체적인 발달 상황을 파악하고 적절한 도움을 주는 데 유용하다.

표 7-1 건강기록부 예시

건강기록부						
영유아명		성별		생년월일		
현주소				긴급연락처	부	
					모	

1. 과거에 앓았던 질병

구분	발생 여부 (○, ×)	발병 연령	구분	발생 여부 (○, ×)	발병 연령
홍역			볼거리		
수두			백일해		
기관지염/ 폐렴			간염		

중이염			결핵		
간질			심장질환		
알레르기	(원인)				
기타 (구체적으로)					

2. 과거에 자주 앓았던 질병

병명	발병 횟수	발병 기간
감기/ 편도선염	년 회	일
위장병/설사	년 회	일
기타 (병명)	년 회	일

3. 수술 경험 | 언제: 병명: 입원기간:

4. 우발사고

화상		차사고		추락	
물에 빠진 일		기타			

5. 장기 복용하고 있는 약:
(복용이유:)

6. 건강상 유의점

섭취 금지 식품					
투여 금지 약물					
체질상 특이사항					

7. 영유아가 다니는 병원

병원명		진료의	
전화번호		병원 위치	(구) (동)

8. 기타 사항

_____

(2) 영유아 건강검진 실시 및 결과서 보관

어린이집의 원장은 「영유아보육법」 제31조에 따라 영유아와 보육교직원에 대하여 정기적으로 건강진단을 실시하고, 영유아의 건강진단 실시여부를 제29조의2에 따른 어린이집 생활기록부에 기록하여 관리하는 등 건강관리를 하여야 한다.

이에 어린이집의 원장은 다음과 같은 절차에 따라 영유아 건강검진 실시 및 결과서를 보관한다.

보육학개론 제7장

① 어린이집은 학기 초에 영유아건강검진에 대한 안내문과 건강관리에 대한 협조사항을 학부모에게 배부하여 알린다.
② 다만, 보호자가 별도로 건강검진을 실시하고 그 검진결과 통보서를 제출한 영유아에 대해서는 건강진단을 생략하고 학부모가 검사 결과 통보서를 제출한 경우, 원장은 어린이집 원아들의 건강검진 결과서를 수집하여 보관한다.
③ 어린이집의 원장은 영유아에게 질병·사고 또는 재해 등으로 인하여 위급 상태가 발생한 경우 즉시 응급의료기관에 이송하여야 한다.

(3) 영유아 질병 관리

학기 초와 학기 중 발생 가능한 영유아의 질병관리를 위하여 어린이집 원장과 교직원들은 관련 법령을 알고 대처해야 하며, 감염 여부에 따른 후속 조치 등 다음과 같은 사항을 학부모에게 미리 알려 협조를 구해야 한다.

① 「영유아보육법」 제31조의3에 따라 어린이집의 원장은 영유아의 보호자로부터 예방접종증명서 또는 그 밖에 이에 준하는 증명자료를 제출받아 영유아의 예방접종에 관한 사실을 확인할 수 있다.
② 어린이집의 원장은 제1항에 따른 확인 결과 예방접종을 받지 아니한 영유아에게는 필요한 예방접종을 받도록 보호자를 지도할 수 있으며, 필요한 경우 관할 보건소장에게 예방접종 지원 등의 협조를 요청할 수 있다.
③ 어린이집의 원장은 영유아의 예방접종 여부 확인 및 관리를 위하여 제29조의2

에 따른 어린이집 생활기록에 예방접종 여부 및 내역에 관한 사항을 기록하여 관리하여야 한다.

④ 동법 제32조에 따라 어린이집의 원장은 제31조에 따른 건강진단 결과 질병에 감염되었거나 감염될 우려가 있는 영유아에 대하여 그 보호자와 협의하여 질병의 치료와 예방에 필요한 조치를 한다.

⑤ 어린이집의 원장은 제31조에 따른 건강진단의 결과나 그 밖에 의사의 진단 결과 감염병에 감염 또는 감염된 것으로 의심되거나 감염될 우려가 있는 영유아, 어린이집 거주자 및 보육교직원을 보건복지부령으로 정하는 바에 따라 어린이집으로부터 격리시키는 등 필요한 조치를 할 수 있다.

무엇보다 어린이집의 모든 교직원들은 다음의 '시설안전관리 매뉴얼'(교육과학기술부, 2012)의 내용 등을 숙지하여 영유아에게 질병 발생 시 필요한 조치를 취할 수 있도록 한다.

표 7-2　질병의 유형 및 어린이집 조치사항

유형	정의			어린이집 조치사항
	병명	주요 증상	전염 기간	• 감염병 증상을 보이는 영유아는 즉시 귀가시키고, 보호자와 연락하여 정확한 진단 및 치료를 받도록 알린다.
감염병	수두	발열, 피로감, 피부 발진	수포가 생기기 1~2일 전부터 모든 수포에 가피가 형성이 될 때까지	• 감염병 확진 영유아는 완치되어 감염력이 사라질 때까지 등원을 중지시킨다.
	인플루엔자	발열, 두통, 근육통, 기침, 인후통	증상 발현 후 9일	• 감염병 확진 영유아와 접촉이 있었던 영유아들을 관찰하여 부모에게 정보를 제공하고 조기에 발병 여부를 확인한다. • 감염병 유행 시 대중시설 이용이나 단체 활동(예: 원내 행사 등)은 자제한다.
	유행성 이하선염	발열, 두통, 근육통	침샘이 커지기 1~2일 전부터 9일	• 규칙적으로 환기하고 감염자 접촉 장소, 시설물, 취약 지역 등의 소독을 강화하고 위생물품(비누, 손 세정제, 손 건조기 등)을 비치한다.

	수족구병	발열, 손·발바닥·구강 내 수포	발병 후 7일		
	유행성 각결막염	충혈, 통증, 눈물, 눈곱, 두통	발병 후 2주일		
	세균성 이질	발열, 복통, 구토	발병 후 4주 이내		
식중독	정의	인체에 유해한 미생물이나 유독물질로 발생 감염성 또는 독소형 질환을 말함	예방 단계	• 식중독 예방교육 실시 • 교실 배식 시 위생관리
			의심 단계	• 식중독 의심 증상을 담임 또는 보건교사에게 즉시 보고 • 동일 원인으로 추정되는 식중독 의심 환자 2명 이상 동시 발생 시 신속한 보고
	주요 증상	발열, 두통, 복통, 설사, 구토 등 원인식품을 섭취한 후 30분~24시간 이내에 나타남	역학조사 단계 (신고당일)	• 역학조사 전 사전 조치 사항 확인 • 어린이집 식중독 대책반 가동 • 역학조사 협조
	예방 방법	손 씻기, 익혀 먹기, 끓여 먹기	환자발생 익일부터 환자완치 단계	• 식중독 환자 완치 시 까지 환자 발생 현황을 일일 보고 • 개인 위생지도 강화 • 역학조사 결과에 따른 후속 조치 실시

출처: 교육과학기술부(2012).

또한 영유아 대상의 건강교육 계획을 수립하여 정기적으로 실시함으로써 영유아가 스스로 건강한 몸과 마음을 가지는 생활 태도를 알고 실천할 수 있는 역량을 기르도록 지원할 수 있다.

(4) 투약 의뢰서 및 보고서 작성

영유아가 점심 급식 이후 2시간 이상 보육기관에서 지내는 경우, 꼭 복용해야 할 약이 있다면 학부모의 투약 의뢰 절차가 필요하다. 이와 같은 경우 학부모는 어린이집에 비치된 투약 의뢰서를 작성하여 교사에게 주고, 교사는 투약 의뢰서에 의거하여 정해진 시간에 정량을 영유아에게 투약하여 영유아 건강관리를 한다. 투약 보고서는 투약

후 학부모에게 보내어 혹시 잘못된 투약에 따른 불미스러운 사고를 방지하도록 한다.

(5) 교육환경의 위생 점검 및 청결 관리

　영유아의 건강관리와 관련하여 교사가 챙겨야 하는 업무 중의 하나는 교육환경의 위생 및 청결에 관한 사항이다. 어린이집 청소와 정리를 담당하는 별도의 도우미 인력이 지원되는 것이 바람직하나, 학급의 담임교사는 교사 자신과 영유아들이 생활하는 교실의 위생 환경에 대해 다음 〈표 7-3〉의 예시와 같은 점검표 등을 활용하여 매일 수업 전에 위생 및 청결상태를 점검하고 미비점을 보완하는 방안을 제시할 수 있어야 한다.

표 7-3　청결 상태 점검표 예시

장소		○○○반	담당자						(인)
구분		확인할 사항	월 ( )	화 ( )	수 ( )	목 ( )	금 ( )	조치 사항
교실	전체	1. 바닥에 쓰레기 및 먼지가 치워져 있는가?						
		2. 교구장에 쓰레기 및 먼지가 치워져 있는가?						
		3. 창틀에 먼지가 치워져 있는가?						
		4. 쓰레기통이 깨끗하게 비워져 있는가?						
		5. 냄새가 불쾌하지 않은가?						
	교구	6. 교구에 먼지가 있지 않은가?						
		7. 반죽 놀잇감이 깨끗하게 세척되어 있는가?						
	비품 및 용품	8. 컵 소독기 내부와 외부가 청결한가?						
		9. 칫솔 소독기 내부와 외부가 청결한가?						
		10. 영유아의 개별 칫솔은 청결하게 세척되어 있는가?						
		11. 영유아의 개별 칫솔이 분리되어 있는가?						
		12. 손 소독기는 청결한가?						
		13. 손 소독기가 정상적으로 작동되는가?						
		14. 가습기 내부와 외부가 청결한가?						

		15. 공기정화기에 먼지가 있지 않은가?					
		16. 공기정화기 필터는 깨끗하게 세척되어 있는가?					
		17. 에어컨 필터는 깨끗하게 세척되어 있는가?					
		18. 정수기 물받이에 물이 비워져 있는가?					
화장실	전체	19. 바닥에 물이 고여 있지 않은가?					
		20. 바닥 배수구가 오염물질로 막혀 있지는 않은가?					
		21. 냄새가 불쾌하지 않은가?					
		22. 쓰레기통은 청결하게 비워져 있는가?					
		23. 화장실 발판은 청결한 상태인가?					
		24. 화장실 슬리퍼는 깨끗하게 세척되어 있는가?					
	변기	25. 화장실 문을 열고 닫기가 용이한가?					
		26. 변기가 정상적으로 작동하는가?					
		27. 변기의 급수량은 적당한가?					
		28. 변기에 오염물질이 묻어 있지는 않은가?					
	세면대	29. 세면대의 물이 잘 배수되는가?					
		30. 세면대의 배수구가 오염물질로 막혀 있지는 않은가?					
		31. 세면대의 급수량은 적당한가?					
		32. 세면대의 냉수 · 온수가 적절하게 조절되는가?					
		33. 세면대에 오염물질이 묻어 있지는 않은가?					
		34. 거울에 얼룩이 묻어 있지는 않은가?					
	용품	35. 물비누는 충분하게 준비되어 있는가?					
		36. 치약은 충분하게 준비되어 있는가?					
		37. 종이 타월은 충분하게 준비되어 있는가?					
		38. 휴지는 충분하게 준비되어 있는가?					

출처: 이영애, 이정욱, 이금구(2015).

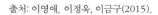

예를 들어, 〈표 7-3〉의 청결상태 점검표의 내용을 살펴보면 교사는 교실의 바닥, 창틀, 교구장, 공기 정화기 필터 등에 먼지가 쌓여 있지 않은지를 점검하면서 미비한 경우 교사 자신과 영유아의 건강을 위해 바로 닦아내는 태도가 필요하다. 또한 개인 위생관리에 대한 철저한 점검 자세를 갖추어 영유아의 개인용 칫솔모가 소독기 안에서 서로 닿아 있지 않은지에 대한 사항까지 세밀하게 점검하고 보완할 수 있어야 한다.

2. 영유아 건강교육

1) 영유아 건강교육의 계획

영유아가 건강한 몸과 마음에 대해 관심을 가지고 지속적으로 신체활동을 하는 등의 노력하도록 하기 위해서 어린이집에서는 건강교육에 대한 연간교육 계획안을 수립하는 것이 바람직하다.

교육의 내용 중 건강한 몸과 마음 측면은 영유아가 몸과 마음을 건강하고 균형 잡힌 발달을 위해 할 수 있는 것을 중심으로 선정하여 이를 위해 적절하게 운동하고 규칙적으로 생활하고 충분히 휴식하며 즐거운 마음을 가지도록 하는 내용을 포함한다. 청결과 위생적인 측면에서는 청결의 생활화를 선정의 근거로 삼아 자신과 주변을 깨끗이 하여 질병을 예방하는 것으로 습관화시키고자 한다. 영양 교육 측면에서는 영양과 건강과의 관계를 알고 바른 식습관을 형성하는 것을 중심으로 하여 골고루, 바르게, 즐겁게 먹기를 통해 지도하는 것으로 한다. 이에 교사는 〈표 7-4〉와 같이 생활주제와 연계하여 연간 건강교육 계획안을 수립하고 세부적인 안전교육 활동을 계획하고 실시하는 것이 바람직하다.

표 7-4 1세용 건강교육 활동목록의 예시

주제	활동 목표	활동명	활동 유형	영역
골고루 먹어요!	• 골고루 먹기에 관심을 가진다. • 골고루 먹으려는 태도를 가진다.	- 골고루 먹기 동요 들으며 율동하기 - 식품모자 색칠하기	음악 미술	의사소통 기본생활 예술경험
식사예절을 지켜요!	• 식사예절을 표현할 수 있다. • 식사예절을 지키려는 태도를 갖는다.	- 뿌요 식사예절 동요 시청하기 - 식사예절 상황별 그림 찾기	음악 게임	의사소통 기본생활 자연탐구
채소와 과일을 먹어요!	• 채소와 과일의 이름을 말할 수 있다. • 채소와 과일에 관심을 가진다.	- 채소와 과일 이름 알기 - 채소와 과일 단면으로 도장 찍기	이야기 나누기 미술	자연탐구 의사소통 예술경험
손을 깨끗이 씻어요!	• 깨끗이 손 씻기에 관심을 가진다. • 손을 깨끗이 씻으려는 태도를 가진다.	- 뽀득뽀득! 손을 깨끗이 씻을 거예요! 동화 들려주기 - 손 씻기 동요에 맞춰 손 씻기 흉내 내기	동화 음악	의사소통 기본생활 예술경험

2) 영유아 건강교육의 실시

영유아 건강교육을 위한 연간교육계획안을 실행할 때에는 각 학급에서 이루어지는 주제 전개 상황에 맞추어 조정이 가능하며, '계획-실행-평가 후 보완'의 순환적 적용 절차를 거치는 것이 바람직하다.

표 7-5 생활주제와 연계한 건강교육 활동지도안의 예시

 교 수 학 습 과 정 안

학습목표		1. 손을 언제 씻어야 하는지 말할 수 있다. 2. 올바른 손 씻기를 실천할 수 있다.
학습자료		교재, 지침서, 파워포인트, '씻을까말까' 게임, 동영상, '뽀드득뽀드득'송, 스티커
단계(시간)	학습내용	교수 · 학습 활동
도입 3분	동기유발	● '씻을까말까' 게임하기(1분) - 주어진 상황에서 손을 씻어야 된다고 생각하면 '손씻기', 안 씻어도 된다고 생각하면 '아니오'라고 대답하고 몇 개를 맞추었는지 확인한다.

	우리는 할 수 있어요!	● 학습목표를 말하면서 오늘 배울 내용을 파악하도록 유도하기
		- "우리는 할 수 있어요!"를 큰소리로 함께 읽는다.
		  1. 손을 언제 씻어야 하는지 말할 수 있어요.
		  2. 손을 바르게 씻을 수 있어요.

전개
8분
	알아보아요!	○ 손을 씻어야 하는 이유
		  ● 손을 씻지 않으면 어떻게 되는 지 질문한 후 내용 설명하기
		    - 감기에 걸린다, 배가 아프다 등을 말하고 선생님의 설명을 듣는다.
		○ 언제 손을 씻어야 할까요?
		  ● 언제 손을 씻어야 하는지 질문하기
		    - 언제 손을 씻어야 하는지 생각해 보고 발표한다.
		○ 손 씻는 방법
		  ● 손 씻는 방법을 동작과 함께 설명한 후 동영상(PPT) 보고 확인하기
		    - 깍지 끼고 비비기, 손바닥, 손등 문지르기, 손가락 돌려 닦기, 손톱으로
		    문지르기 등의 손동작을 따라한 후 동영상을 보고 확인한다.

	5분 노래를 불러 보아요!	● '뽀드득뽀드득'송을 들려주고 같이 부르기 - '뽀드득뽀드득'송을 동영상 속의 율동과 함께 하며 따라 부르고 손을 깨끗이 씻을 것을 다짐한다.

	10분 활동해 보아요!	○ 우리 손이 얼마나 더러운 지 알아보기
		  ● 게임방법을 알려주고, 마지막에 손을 깨끗이 씻도록 하기
		    - 밀가루를 가득 묻힌 풍선을 양손으로 잡아 뒷사람에게 건네주고, 우리 손에
		    얼마나 많은 밀가루(세균)가 묻었는지 확인한 후 손을 깨끗이 씻는다.

정리 4분	확인해 보아요!	● 언제 손을 씻어야 할 지 확인하기 - 부록 【붙임놀이 1】의 스티커에서 손을 씻어야 할 때를 찾아 붙인다. - 정리된 내용을 큰소리로 말한다.
	함께 외치며 약속해 보아요!	● 손을 자주 깨끗하게 씻을 것을 다짐하기 - '보글보글 거품 만들어 뽀드득뽀드득 씻자!'를 외치며 손을 깨끗이 씻을 것을 다짐한다.
지도상의 유의점		1. 손을 깨끗이 씻어야 하는 이유를 자세하고 알기 쉽게 설명한다. 2. 손을 자주 깨끗하게 씻을 수 있도록 강조한다. 3. '활동하기'를 통하여 손 씻기의 중요성을 인식하고 바른 습관이 형성될 수 있도록 지도한다.
확인해 보아요 (답안)		● 손을 씻어야 할 때 부록 스티커 6개를 모두 붙이도록 한다.

출처: 식품의약품안전청(2016).

3. 영유아 영양관리

1) 식생활 지도

어린이집은 영유아 건강관리 및 건강교육의 주요 내용으로 식생활 지도를 포함하여야 한다. 영유아기부터 형성된 식습관과 식사예절 등은 이후의 식습관에도 영향을 미칠 뿐 아니라, 늘어난 교육시간으로 인하여 매일 제공되는 간식과 급식 시간은 어린이집 교육과정 운영에서 중요한 일과 활동이 되고 있기 때문이다.

이에 교사는 학급 영유아의 특성을 파악하고 이에 알맞은 영유아 식생활 지도 계획을 수립하여 실시하여야 한다(〈표 7-6〉 참조).

표 7-6 영유아 식생활 지도안의 예시

1. 기본적인 식생활 지도

구분	내용
음식을 먹기 전	① 식사 전에 손 씻기 ② 식탁과 의자를 바르게 놓고 주변 정리하기 ③ 식탁에 앉을 때에는 바른 자세로 앉기 ④ 식사를 준비해 준 사람에게 감사하는 마음 갖기
음식을 먹을 때	① 웃어른이 먼저 식사를 시작한 후 식사하기 ② 바른 자세로 먹기 ③ 수저를 바르게 사용하기 ④ 흘리지 않고, 꼭꼭 씹어 먹기 ⑤ 밥과 반찬을 골고루 먹고 편식하지 않기 ⑥ 돌아다니지 않고, 제자리 앉아서 식사하기 ⑦ 음식물을 입 안에 넣고 소리를 내거나 말하지 않기 ⑧ 적당한 시간 안에 즐겁게 대화를 하면서 먹기
음식을 먹은 후	① 입가에 묻은 음식물은 휴지나 수건 등으로 닦기 ② 식사 후에도 감사하는 마음 갖기 ③ 식탁과 주변의 자리를 깨끗이 치우기 ④ 자신이 사용한 식기는 정해진 장소에 갖다 놓기 ⑤ 식사 후에는 반드시 이 닦기

2. 특별한 식생활 지도가 필요한 증상이 있을 때, 별도 배려

　　가. 편식하는 영유아 지도
　　나. 비만 영유아 지도
　　다. 질환이 있는 영유아 지도
　　　　• 식품 알레르기
　　　　• 당뇨
　　　　• 설사
　　라. 과잉 섭취 영유아 지도
　　　　• 당 과잉
　　　　• 나트륨 과잉
　　　　• 지방 과잉

3. 지속 가능 발전을 위한 음식물 쓰레기 줄이기 지도

　　가. 음식물 쓰레기가 지구환경에 미치는 영향에 대해 교육하기
　　나. 음식물 쓰레기를 줄일 수 있는 방법에 대한 학급회의 실시
　　다. 음식물 쓰레기 줄이기에 대한 지속적 노력 격려

2) 급식 관리

어린이집의 급식 과정에 대한 점검은 어린이집의 영양사가 주로 담당하지만, 학급에서 식중독 사고 등 영양관리와 관련된 사고가 일어날 수도 있으므로 교사가 관심을 가지고 관련 업무를 알아둘 필요가 있다.

① 급식에 관한 시행규칙에 따른 집단급식소 운영

어린이집 급식은 「영유아보육법」 제33조에 따라 상시 50인 이상 급식을 하는 경우, 해당 보건소에 집단급식소 신고를 해야 한다.

② 급식 계획안에 따른 운영

어린이집 업무분장 시 영유아의 건강 관련 업무를 주로 담당하는 교사가 지정되면 해당 교사는 「학교급식법」과 「어린이 식생활안전관리 특별법」에서 제시하는 위생관리 기준에 따라 급식과 관식 종사자들이 위생적이고 영양 있는 급·간식을 제공할 수 있도록 관심을 가지고 함께 점검한다. 또한 어린이집은 〈표 7-7〉과 같이 급식 계획안

을 수립하고 자율적으로 지킬 수 있도록 지원하는 역할을 할 수 있다.

표 7-7 1일 급식 계획안의 영양 관리의 예시

구분	계획
오전 간식	• 점심식사에 영향을 주지 않는 양으로 일일 총 열량의 약 5-10% 수준으로 제공한다. • 아침을 먹지 않은 영유아들을 고려하여 오전 간식 제공량을 늘려 주면, 점심식사의 섭취량이 줄어들 수 있으므로 유의한다.
점심 식사	• 점심식사로 하루 필요 열량에서 간식을 제외한 1/3 수준으로 제공한다. • 열량을 계산할 때에는 주재료뿐 아니라 부재료 및 양념도 함께 계산한다.
오후 간식	• 오후 간식은 저녁식사와 시간 차이가 비교적 긴 편이므로 오전 간식보다 비중을 더 두어야 한다. • 오후 간식이 저녁식사에 지장을 주지 않도록 항상 적정량을 제공한다. • 일일 총 열량의 약 10% 수준으로 제공한다.

출처: 김은설, 이영미, 김문정(2012). 유치원 급식 운영 관리 실태 및 개선 방안.

영양 관리와 관련하여 담당 교사가 지정되면 담당 교사는 조리사로 하여금 식품위생과 안전에 대한 중요성을 깨닫게 하고, 그에 대한 기술을 습득하게 하여 위생 및 안전에 대한 각오와 태도를 갖추도록 함으로써 급식소에서 발생할 수 있는 모든 위생·안전 측면의 문제점을 예방하도록 해야 한다. 또한 연간 위생관리 계획을 세우는 동시에 〈표 7-8〉과 같이 급식시설 자율 위생 점검표 등을 활용하여 조리 종사자 스스로가 위생관리를 인지하고 실천하도록 매일 점검해 주는 노력이 필요하다.

표 7-8 급식시설 자율 위생 점검표 예시

구분	꼭 지켜야 할 사항	( )월 점검일자			
개인 위생 관리	• 반드시 손을 깨끗이 씻고 조리하겠습니다.				
	• 손에 상처가 있을 때 식품조리를 하지 않습니다.				
	• 건강에 이상이 있을 때 조리를 하지 않습니다.				
	• 건강진단은 정기적(매년 1회 이상)으로 받고 있습니다.				
	• 조리 시에는 위생모자 및 위생마스크를 항상 착용합니다.				
식재료 관리 및 보관	• 식재료 구입 시 표시 사항, 유통기한, 포장 상태, 이물 혼입 등을 확인합니다.				
	• 식재료는 보관 기준에 맞게 냉장·냉동으로 보관합니다.				
	• 교차오염을 방지하기 위해 비식품과 식품을 구분하여 보관합니다.				
	• 식재료는 유통기한이 짧은 순서대로 사용합니다.				
	• 유통기한이 지난 원료를 식품조리에 사용하지 않습니다.				
	• 조리된 식품은 위생덮개를 사용하여 안전하게 보관합니다.				
작업 위생 관리	• 식재료를 다듬을 때 바닥에서 작업하지 않습니다.				
	• 칼, 도마는 육류용, 어패류용, 채소류용으로 구분하여 사용합니다.				
	• 식재료 해동 시 다른 식재료와 구분하여 해동합니다.				
	• 세척 시 채소류, 어패류, 육류를 구분하여 작업합니다.				
환경 위생 관리	• 조리 작업 후 조리시설, 기구 등을 세척 및 살균을 합니다.				
	• 식재료 세척제 및 식기류 세척제를 구분하여 사용합니다.				
	• 냉장고 및 냉동고를 청결하게 관리합니다.				
	• 주방 바닥을 청소한 후 물기는 제거합니다.				
	• 배수구 덮개는 청소 후 살균소독제로 소독합니다.				

＊ 확인한 사항에 대해 '○' 또는 '√'로 표시

출처: 김은설, 이영미, 김문정(2012).

4. 영유아 안전관리

1) 영유아 안전관리 계획

　우리나라는 「아동복지법」 제31조와 「아동복지법 시행령」 제28조에서는 성폭력 및 아동학대 예방, 실종 · 유괴의 예방과 방지, 약물의 오 · 남용 예방, 재난대비 안전 교육, 교통안전 교육을 총 44시간 이상으로 의무화하고 있다.

　「아동복지법 시행령」 제28조 제1항과 관련하여 시행하여야 하는 안전교육 내용과 이수시간을 구체적으로 살펴보면 다음과 같다.

표 7-9　아동 안전교육 내용(「아동복지법」 제28조 제1항 관련)

교육 종류	교육 내용	교육 방법	실시 주기 (총 시간)
성폭력 및 아동학대 예방 교육	1. 내 몸의 소중함 2. 내 몸의 정확한 명칭 3. 좋은 느낌과 싫은 느낌 4. 성폭력 예방법과 대처법	1. 전문가 또는 담당자 강의 2. 장소 · 상황별 역할극 실시 3. 시청각 교육 4. 사례 분석	6개월에 1회 이상(연간 8시간 이상)
실종 · 유괴의 예방 · 방지 교육	1. 길을 잃을 수 있는 상황 이해 2. 미아 및 유괴 발생 시 대처방법 3. 유괴범에 대한 개념 4. 유인 · 유괴 행동에 대한 이해 및 유괴 예방법	1. 전문가 또는 담당자 강의 2. 장소 · 상황별 역할극 실시 3. 시청각교육 4. 사례 분석	3개월에 1회 이상(연간 10시간 이상)
약물의 오용 · 남용 예방 교육	1. 몸에 해로운 약물 위험성 알기 2. 생활 주변의 해로운 약물 · 화학제품 그림으로 구별하기 3. 모르면 먼저 어른에게 물어보기 4. 가정용 화학제품 만지거나 먹지 않기 5. 어린이 약도 함부로 많이 먹지 않기	1. 전문가 또는 담당자 강의 2. 시청각 교육 3. 사례 분석	3개월에 1회 이상(연간 10시간 이상)

재난대비 안전교육	1. 화재의 원인과 예방법 2. 뜨거운 물건 이해하기옷에 불이 붙었을 때 대처법 3. 화재 시 대처법 4. 자연재난의 개념과 안전한 행동	1. 전문가 또는 담당자 강의 2. 시청각 교육 3. 실습교육 또는 현장학습 4. 사례 분석	6개월에 1회 이상(연간 6시간 이상)
교통안전 교육	1. 차도, 보도 및 신호등 의미 2. 안전한 도로 횡단법 3. 안전한 통학버스 이용법 4. 날씨와 보행안전 5. 어른과 손잡고 걷기	1. 전문가 또는 담당자 강의 2. 시청각 교육 3. 실습교육 또는 현장학습 4. 일상생활을 통한 반복 지도 및 부모 교육	2개월에 1회 이상(연간 10시간 이상)

이외에도 교사는 유아 안전교육에 대한 내용을 포함하여 어린이집 평가인증 지표에서 제시하는 건강 및 안전 영역의 평가지표의 내용을 항상 염두에 두고 교육과정 운영 시 관련한 업무 내용을 계획하고 실행하여야 한다.

2) 영유아 시설물 안전관리

유아 안전관리 및 지도를 하려면 교사가 먼저 안전교육에 대한 내용과 업무 요령을 숙지하고 있어야 한다. 일반적으로 영유아 안전관리 및 지도 업무는 '계획 – 실행 – 평가 후 보완'의 절차로 이루어지는 것이 바람직하며, 유아 안전과 관련한 업무는 안전사고의 방지를 위한 안전 시스템 구축과 관리 및 지도 계획이 무엇보다 중요하다.

(1) 사고방지를 위한 관리 시스템 구축

① 보육시설 시설물 관리 및 출입에 대한 안전 시스템 구축

보육기관 내에서 유아의 안전사고를 미연에 방지하게 위해서는 안전 시스템이 먼저 구축되어 있어야 한다. 어린이집 안전관리 시스템은 관계 법령에 따른 시설물 관리와 응급 상황 시 대처 요령 등을 포함한다.

보육기관 내 유아들의 안전을 위해 출입구 통제에 대한 안전 시스템을 구축하고 출입구 통제 시간과 방문자에 대한 출입증 발급 등에 대한 사항을 학부모와 방문객에게

안내하도록 할 수 있다. 어린이집의 등·하원 시간 외 경우, 출입문은 전부 통제하는 것을 원칙으로 하며, 관리 인력에 의해 출입증이 확인된 경우에만 원내 출입을 허가할 수 있으며, 학모와의 협의를 통하여 출입문 개폐 시간을 어린이집 실정에 맞게 탄력적으로 정하여 운영할 수 있다.

② 응급 상황 시 대처 시스템 구축

어린이집의 안전관리 시스템은 인적 관리 차원에서 교직원들을 대상으로 한 매뉴얼 구축 및 교육계획이 선행되어야 한다. 이에 다음을 참고하여 응급 상황 발생 시 매

표 7-10 응급 상황 발생 시 점검사항

점검 내용	설명
응급 상황 발생 시 대응체계 및 각자의 역할에 대한 비상 대응 계획이 문서로 작성되어 있다.	• 응급 상황 발생 시 피해를 최소화하기 위해서는 교사들 간의 역할분담과 응급 처리 절차 과정이 문서로 작성되어 있어야 한다.
비상연락망이 작성되어 눈에 잘 띄는 곳에 부착되어 있다.	• 비상연락망이 교실 내 전화기 옆에 부착되어야 한다.
응급 상황에 대비해 구급상자가 유아의 손이 닿지 않는 곳에 비치되어 있다.	• 구급상자는 약물사고를 예방하기 위해 유아의 손이 닿지 않는 곳에 교사가 편리하게 이용할 수 있는 곳에 비치해야 한다.
유치원 내 응급처치를 할 수 있는 교사가 1명 이상 배치되어 있다.	• 응급처치 여부에 따라 상해 정도를 결정하므로 최소한 한 명 이상의 교사가 응급처치를 할 수 있도록 훈련받아야 한다. • 정확한 방법에 대한 교육과 지속적인 훈련을 받지 않은 상태에서 시행하는 응급처치는 환자의 상태를 더욱 악화시킬 수 있으므로 반드시 교육과 훈련이 필요하다.
구급약은 수시로 점검하여 보충하고 있다.	• 구급약은 사용한 후 보충해 주어야 하며, 수시로 점검하여야 한다.
구급약의 종류, 보관법 및 보관처, 사용법 및 부작용 등에 대해 서면화되어 있고 교사 누구나 잘 알고 사용할 수 있다.	• 구급약의 종류, 보관법 및 보관처, 사용법 및 부작용에 대해 문서로 작성해 두어야 한다. • 교사교육 시 반드시 포함시키며, 특이한 약품에 대한 사용법은 구급상자 안쪽에 적어 필요 시 사용법에 따라 사용해야 한다.

출처: 교육과학기술부(2012).

뉴얼을 마련하고 모든 교직원이 숙지하고 정기적으로 점검하도록 한다.

이 밖에도 원에서 사고가 발생할 경우 유치원이 응급처치를 할 수 있기 위하여 응급처치 동의서가 필요하다. 응급처치 동의서가 없는 경우는 사후 응급처치 내용에 대해 부모가 이의를 제기할 소지가 있으므로 보육기관 안전 시스템 구축의 방안으로 필수서류 목록을 수립하고 구비한다.

(2) 시설물 점검 및 유지보수

보육시설의 안전사고는 예방이 무엇보다 중요하며, 이를 위해서는 시설물에 대한 일일 점검 및 유지보수가 무엇보다 중요하다. 이에 다음 〈표 7-11〉과 같은 자료를 참고하여 안전점검에 포함되어야 할 내용과 검사 시기를 구체적으로 수립할 수 있다.

표 7-11 안전점검 계획에 포함 되어야할 내용과 점검 시기

관리 내용	점검 시기	관련 기관
실내외 시설 및 설비 점검	매월 4일/6개월	자체 점검, 안전보건공단
전기 및 가스 점검	1년	전기안전공사, 가스안전공사
재해대비 시설	분기별	소방서
냉방 · 난방용품	수시 점검	해당 제조업체
통학버스	수시/정기 점검	자체 점검, 정비기관 점검
어린이 놀이터	수시/2년 정기 점검	자체 점검, 안전검사기관, 어린이놀이시설안전, 관리지원기관
정기 방역	매월	구청(보건소) 및 전문 방역업체
응급처치	수시 점검	소방서
안전관리 인적 조직 구성	수시 점검	자체 점검
관련 보험 가입	원아 입학 시 수시 등록	학교안전공제회, 교육시설재난공제회, 해당 보험사
안전교육 실시 (유아/학부모/교직원)	수시 교육	안전교육기관

출처: 교육과학기술부(2012).

3) 영유아 안전교육 실시

(1) 안전교육 계획

① 안전교육 연간계획안 수립

영유아 안전관리 및 지도는 교사가 먼저 안전교육에 대한 내용과 업무 요령을 숙지하고 있어야 하므로 교사 대상 안전교육을 포함한다. 이를 위해 「아동복지법 시행령」 제28조 제1항과 관련한 안전교육 내용 및 시간을 먼저 숙지하고, 보육기관의 실내·실외 위험 요인을 파악하여 실정에 알맞은 교육 내용을 선정하는 일이 필요하다.

아울러 각종 대피 훈련 및 안전교육이 어린이집 일과를 크게 벗어나지 않도록 유의하고, 보다 의미 있는 안전교육이 될 수 있도록 가능한 경우 〈표 7-12〉와 같이 주제 중심 통합교육과정 내에서 운영할 수 있다. 〈표 7-12〉는 누리과정과 「아동복지법 시행령」 제28조의 안전교육 내용을 고려한 연간 안전교육계획안의 예시이다.

표 7-12 연간 안전교육계획안 예시

교육 시기		교통안전 교육	실종·유괴의 예방·방지 교육	약물 오용·남용 예방교육	재난대비 안전교육	성폭력 및 아동학 대 예방교육
3	1	어린이집 가는 길				
	2				소방대피훈련 (제1대피로)	나는 어떻게 태 어났을까?
	3					
	4		낯선 사람을 따 라가지 않아요			
4	1	비 오는 날 우산 을 들 때 앞이 보이게 들어요			지진대피훈련 (제 1대피로)	

2				나는 남자, 너는 여자
3			유치원의 여러 가지 약	
4		혼자 집에 가는 길		
5	어린이 교통안전교육			
1			소방대피훈련 (제2대피로)	
2	안전하게 견학 을 다녀와요			내 몸은 내가 지켜요
3			엄마가 주는 약만 먹어요	
4		문을 열면 안 돼요		
1			지진대피훈련 (제2대피로)	
2	차 안에서 지켜 야 할 약속이 있 어요			
3		안돼요! 싫어요! 하지 마세요!		
4				성폭력 및 아동 학대 예방교육

재난대피 안전교육 계획의 경우, 월 1회 이상 반드시 실시하도록 하는데, 교육 내용은 폭염, 황사, 태풍, 대설, 식중독, 화재, 어린이집 안전을 포함하여 〈표 7-13〉의 예시와 같이 계획하고 실시할 수 있다.

표 7-13 재난대피 교육계획의 예

순	재난 유형	정의		원내 조치사항
1	폭염	폭염 정의	통상 30°C이상의 불볕더 위가 계속 되는 현상	폭염 주 의보 시	• 비상연락망 점검 확인 • 유아행동요령 교육 • 실외 야외활동 자제
		폭염 주의 보	일 최고 기온 33°C 이상 인 상태가 2일 이상 지속 될 것으로 예상될 때	공통	• 식중독 사고 일어나지 않도록 점검 • 건강 상태 수시 확인
		폭염 경보	일 최고 기온 35°C 이상 인 상태가 2일 이상 지속 될 것으로 예상될 때	폭염 경보 시	• 쉬는 시간·점심시간에 실외·야외 활동 금지 • 실외수업을 실내수업으로 대체
2	황사	황사 정의	몽골과 중국 사막의 미세 한 모래가 하늘을 덮었다 가 떨어지는 현상	황사 주의보 시	• 비상연락망을 점검 확인 • 유아행동요령 교육 • 실내 학습활동으로 검토 조정 • 원내 급식 관련 위생관리 점검
		황사 주의 보	1시간 평균 미세먼지 농 도가 400~800$\mu g/m^3$를 2시간 지속될 것 예상		
		황사 경보	1시간 평균 미세먼지 농 도가 800$\mu g/m^3$ 이상 2시 간 지속될 것 예상	황사 경보 시	• 황사 관련 환자 파악 및 특별관리 • 유아 급식 관련 위생관리 강화 • 실내·실외 청소하여 먼지 제거
3	태풍 · 집중 호우	태풍 정의	열대성 저기압 중에서 중 심 최대풍속이 17m/sec 이상의 폭풍우를 동반하 는 것을 말함	태풍· 집중 호우 주의보	• 비상연락망 점검 확인 • 재난방송 청취하여 집중호우 예보 및 경보 확인 • 유아행동요령을 교육 • 원내 취약 요인 점검을 위한 안전점검 반 편성 운용 • 위험요인에 대한 안전조치
		태풍 주의 보	태풍으로 인한 강풍, 풍 랑, 호우, 폭풍해일이 예 상될 때		
		태풍 경보	강우량이 200m 이상 예 상될 때	태풍· 집중 호우 경보 시	• 필요시 등하원 시간 조정, 휴업 결정 • 유아행동요령을 교육 • 유아 야외 학습활동 검토 조정 • 원내 위험지역 접근 금지 • 등하원 시 위험 상황을 확인 대응 조치

4	대설	대설 정의	일정 시간 눈이 많이 내리는 현상	대설 주의보 시	• 재난방송 통해 대설 예보 · 경보를 청취 • 비상연락망 점검 확인 • 유아행동요령 교육 • 제설장비 · 인력 · 자재를 점검 • 안전점검반 편성 운용 • 원내 위험지역 지정 표시
		대설 주의보	눈을 밟으면 신발이 묻히는 상황		
		대설 경보	눈을 밟으면 신발이 빠지는 상황(20cm 이상)	대설 경보 시	• 필요시 등 하원 시간 조정, 휴업 결정 • 유아행동요령 교육 • 출입구, 계단 등 제설 작업 • 등하원 시 위험 상황을 확인 대응조치 • 피해 상황 파악 후 교육청에 보고

출처: 교육과학기술부, 경기도교육청(2012).

특히 유아 대상 안전교육계획안을 수립 시, 어린이집에서는 원의 상황이나 유아의 수준 및 연령을 고려하여야 한다. 예를 들어, 매월 실시하여야 하는 대피훈련의 경우 공통수준으로 계획하여 실행할 수 있으며, 시청각 자료 등을 활용하는 경우 영유아 수준에 따라 교수방법을 조정하는 등의 과정이 필요하다.

② 교육계획에 따른 안전교육 실시

어린이집 안전교육에 대한 연간계획안이 수립된 후, 각 분기별, 월별 안전교육을 실행할 때 담당교사는 활동별로 안전교육계획안을 별도로 수립하여 다른 교직원들과 공유하는 과정이 필요하다. 특히 매월 실시하여야 하는 재난재해 대피훈련의 경우, 전체 교직원을 대상으로 안전교육계획안 및 대처 매뉴얼을 공유하여야 한다.

활동해 봅시다

- 다음 그림에서 오늘 점심으로 먹고 싶은 식품을 골라 식단을 구성해 봅시다.

- 고른 식품의 칼로리를 조사해 보고, 점심식단의 총 칼로리를 계산해 봅시다.
- 성인 여자의 1일 권장열량과 유아의 1일 권장열량을 비교해 보고 차이점을 이야기해 봅시다.

제8장

보육교직원

학습목표

1. 보육교직원의 구성과 각 역할에 대해 이해한다.
2. 보육교직원의 자격기준과 전문성 향상을 위한 보육과정에 대해 이해한다.

보육교직원은 보육의 질을 결정하는 매우 중요한 요인 중 하나이다. 이 장에서는 보육교직원이란 누구이며 어떠한 역할을 하는지에 대해 알아본다. 또한 보육교직원 역할의 중요성에 대해 살펴본다.

1. 보육교직원의 개념

보육교직원이란 어린이집에 근무하는 모든 인력을 의미한다. 어린이집에는 원 운영의 전반적 사항을 관리하는 원장과 교육과 보육을 담당하는 교사와 같은 인적 자원 외에 이를 지원하는 인력이 어린이집 규모에 따라 배치되어야 한다. 「영유아보육법」 (2017. 3. 14. 개정)에는 '보육교직원'이란 "어린이집 영유아의 보육, 건강관리 및 보호자와의 상담, 그 밖에 어린이집의 관리 · 운영 등의 업무를 담당하는 자로서 어린이집의 원장 및 보육교사와 그 밖의 직원"으로 정의한다. 이 장에서는 보육교직원을 원장, 보육교사, 그 밖의 인력으로 나누어 각각의 역할에 대해 살펴보고자 한다.

어린이집 원장의 역할에 관해 현행 「영유아보육법」에서는 "어린이집을 총괄하고 보육교사와 그 밖의 직원을 지도 · 감독하며 영유아를 보육한다."(제18조)라고 정의하고 있다. 어린이집 운영에 있어 가장 중요한 인물인 원장의 운영능력에 따라 어린이집의 성패가 결정된다고 해도 과언이 아니며, 원장의 자질과 자격, 역할에 대해 알아보는 것은 매우 중요하다.

1) 어린이집 원장의 자질과 역할

보육교직원 중 어린이집 운영 관리의 전반적인 부분을 관리 · 감독하고 지도하는 역할을 하는 원장의 리더십은 매우 중요하며, 어린이집 원장의 보육철학은 교육과 보육 전반에 영향을 미치기 때문에 원장의 영유아의 발달과 교육에 대한 관점과 철학은 매우 중요하다. 또한 어린이집 원장은 원 운영관리의 실제적인 측면인 예산 계획 및 지출, 지역사회에서의 어린이집 인지도 향상을 위한 영유아 보육계획, 부모 및 지역 인사와의 연계·교류 등 중요한 역할을 수행한다. 어린이집 원장의 자질에 대해 살펴보면 다음과 같다(강문희 외, 2006; 이미정 외, 2009).

첫째, 어린이집 원장은 올바른 보육철학과 아동관을 정립하여 이에 기초한 보육과정과 계획을 세울 수 있도록 지원해야 한다.

둘째, 민주적이고 합리적인 의사결정 능력으로 보육교사, 부모, 지역사회 관계자와의 원만한 협의를 통하여 어린이집 운영이 이루어질 수 있도록 해야 한다.

셋째, 어린이집 원장은 보육 관련 법규 및 행정 사항이 원활하게 이루어질 수 있도록 국가적 보육정책 및 규제에 관한 이해와 실제적 지식과 행정능력을 갖추어야 한다.

넷째, 어린이집 원장은 효율적 운영관리 및 원 안팎의 갈등이나 문제해결을 위한 리더십을 가지는 것이 매우 중요하다. 4차 산업혁명 시대에는 인간적이고 감성적인 리더십으로 원내외 인적 자원과 공감하며 의사소통하는 리더십이 중요하다.

이와 같은 어린이집 원장의 자질과 함께 〈표 8-1〉과 같은 자격기준을 갖추는 것이 중요하다.

표 8-1 어린이집 원장의 자격기준(「영유아보육법 시행령」 제21조 별표1)

가. 일반기준
　1) 보육교사 1급 자격을 취득한 후 3년 이상의 보육 등 아동복지업무 경력이 있는 사람
　2) 「유아교육법」에 따른 유치원 정교사 1급 자격을 취득한 후 3년 이상의 보육 등 아동복지업무 경력이 있는 사람
　3) 유치원 원장의 자격을 가진 사람
　4) 「초·중등교육법」에 따른 초등학교 정교사 자격을 취득한 후 5년 이상의 보육 등 아동복지업무 경력이 있는 사람
　5) 「사회복지사업법」에 따른 사회복지사 1급 자격을 취득한 후 5년 이상의 보육 등 아동복지업무 경력이 있는 사람
　6) 「의료법」에 따른 간호사 면허를 취득한 후 7년 이상의 보육 등 아동복지업무 경력이 있는 사람
　7) 국가 또는 지방자치단체에서 7급 이상의 공무원으로 보육 등 아동복지업무에 5년 이상 근무한 경력이 있는 사람

나. 가정어린이집
  1) 일반기준에서 정한 자격을 갖춘 사람
  2) 보육교사 1급 이상의 자격을 취득한 후 1년 이상의 보육업무 경력이 있는 사람

다. 영아 전담 어린이집(만 3세 미만의 영아만을 20명 이상 보육하는 어린이집)
  1) 일반기준에서 정한 자격을 갖춘 사람
  2) 간호사 면허를 취득한 후 5년 이상의 아동간호업무 경력이 있는 사람

라. 장애아 전담 어린이집(「장애인복지법」 제32조에 따른 장애영유아 어린이집 중 12명 이상의 장
  애영유아를 보육할 수 있는 어린이집)
  1) 일반기준에서 정한 자격을 갖춘 사람으로서 대학(전문대학을 포함한다)에서 장애인 복지 및
    재활 관련 학과를 전공한 사람
  2) 일반기준에서 정한 자격을 갖춘 사람으로서 장애영유아 어린이집에서 2년 이상의 보육업무
    경력이 있는 사람

마. 「고등교육법」에 따른 대학(전문대학을 포함한다) 또는 법 제21조 제2항 제2호의 규정에 의한
  교육훈련시설이 운영(위탁 또는 부설 운영을 말한다)하는 어린이집
  1) 가목에 따른 일반기준에서 정한 자격을 갖춘 사람
  2) 어린이집을 운영하는 대학의 조교수 또는 교육훈련시설의 전임교수 이상으로서 보육 관련
    교과목에 대하여 3년 이상의 교육 경력이 있는 사람

출처: 보건복지부(2018).

이와 같은 자질과 자격을 갖추어 어린이집 원장에 임용되면 다음과 같은 역할을 수행해야 한다.

(1) 보육교직원 인사관리

어린이집 원장은 영유아 발달과 교육에 대해 잘 이해하고 교육할 수 있는 교사를 채용하고, 교사가 자신의 능력을 잘 발휘할 수 있도록 지원하는 인사관리를 잘 수행할 수 있어야 한다. 이를 위하여 어린이집 원장은 보육교사의 임용 관련 절차 및 필요 서류의 구비에 대해 인지하고 교사의 전문성 향상을 위하여 국가 수준의 보수교육뿐 아니라 원내 교육 등의 계획을 효율적으로 진행하는 것이 중요하다.

(2) 어린이집 재정관리

어린이집은 원아의 보육료와 시 · 군 · 구 또는 직장 등의 지원금 등으로 어린이집

운영에 필요한 예결산을 실행해야 한다. 따라서 원장은 어린이집의 수입과 지출에 대한 이해가 분명해야 하며, 이를 1년 계획, 월별 계획으로 나누어 적절하고 효율적으로 집행하는 것이 중요하다. 또한 재정관리와 관련된 각종 서류의 준비 및 효율적 관리, 감독 능력을 갖추는 것이 중요하다.

(3) 영유아 보육계획 및 실행관리

어린이집 원장은 원의 보육철학 및 목표를 세우고 이를 이룰 수 있는 보육과정의 계획을 세울 수 있도록 보육과정 계획 및 실행을 위한 제반 업무를 수행해야 한다. 이를 위해 어린이집 원장은 보육교사가 원의 보육철학과 보육목표를 이해할 수 있도록 지도하고 실제적인 교육계획을 세울 수 있도록 지원해야 한다.

(4) 영유아 교육 및 건강 · 안전 · 위생 관리

어린이집의 원장은 원의 보육철학 및 목표를 이룰 수 있도록 보육교사의 전문성 향상을 위한 지원이 필요한 것처럼 영유아 발달과 교육, 건강, 안전, 위생과 관련된 이론적 · 실제적 지식을 갖추어 영유아 중심 보육과정이 이루어질 수 있도록 어린이집 원아에 대한 이해가 있어야 한다. 또한 영유아를 이해할 수 있는 신상기록부, 비상연락망, 신체검사 기록지 등 다양한 서류 및 행정 절차에 대한 지식을 가지고 이를 관리할 수 있도록 한다.

(5) 어린이집 물리적 환경관리

어린이집 원장은 보육교직원과 같은 인적 관리뿐만 아니라 어린이집의 각종 시설과 설비 등의 물리적 환경을 잘 관리함으로써 영유아가 안전하고 발달에 적합하게 생활하고 교육받을 수 있도록 지원하는 역할을 해야 한다.

(6) 민주적 의사결정자로서의 역할

어린이집 원장은 보육교직원, 영유아, 부모 및 지역사회 관련 인사와의 원만한 인간관계 형성, 유관기관과의 연계 등 어린이집 발전을 위한 다양한 의사결정 과정에서 민주적으로 공감을 주는 언어적·비언어적 상호작용과 신뢰를 바탕으로 민주적 의사 결정이 이루어질 수 있도록 이끌어 가는 역할을 해야 한다.

2) 보육교사의 자질

보육교사는 어린이집에서 영유아를 대상으로 교육과 보육을 수행하는 역할을 한다. 「영유아보육법」은 보육교사를 "보호자의 위탁을 받아 6세 미만 영유아를 보육하는 자로 어린이집에서 영유아의 보육, 건강관리 및 부모와의 상담, 그 밖에 어린이집 관리, 운영 등의 업무를 담당하는 자"이며 "표준보육과정의 내용이 제시하는 영유아의 전인적 성장을 위한 교육서비스와 함께 영유아의 안전과 건강관리를 위한 서비스를 실행할 의무가 주어진다."라고 정의하고 있다. 보육교사는 영유아 발달을 위한 가장 직접적인 역할을 수행하는 자로서 그 자질과 역할은 매우 중요하다.

보육교사의 자질은 인간적 특성과 관련된 개인적 자질과 전문성과 관련된 전문적 자질로 나뉠 수 있다(양옥승 외, 1999; 이미정 외, 2009).

(1) 개인적인 자질

보육교사의 개인적 자질은 영유아를 대하는 정서적 통로가 될 수 있기 때문에 매우 중요하다. 보육교사의 언어적·비언어적 의사소통 유형은 보육교사의 개인적 성격 및 성향에 따라 다르며, 이는 다양한 요인이 영향을 미치는 부분이다. 영유아는 장시간 보육교사와 밀접한 관계를 맺고 있기 때문에 보육교사의 개인적 성격, 성향, 정서는 영유아에게 미치는 직접적인 영향 요인이 된다.

첫째, 장시간 영유아의 교육과 보육을 위해 하루 일과를 진행해야 하는 보육교사의 건강은 영유아와의 관계를 원활하게 하는 원동력이다. 따라서 보육교사는 무엇보다도 신체적·정신적·사회적으로 건강한 사람이어야 한다.

둘째, 보육교사의 인성과 성품은 영유아의 부정적 행동을 이해하고 따뜻하게 대할 수 있는 기본적 정서이며, 이를 통해 영유아는 교사에게 친근감과 신뢰감을 가질 수 있다. 따라서 보육교사는 영유아에 대한 사랑과 존중, 밝은 표정과 정서, 인내심, 온정적 성품 등을 가지는 것이 중요하다.

(2) 전문적인 자질

보육교사는 영유아를 대상으로 한 보육계획과 실행의 주체이므로 이와 관련한 전문적 지식을 갖추고 이를 적용할 수 있는 실제적 능력을 갖추는 것이 필요하다. 이러한 보육교사의 전문적 자질은 다음과 같다.

첫째, 보육교사는 보육계획 및 실행을 위한 영유아 발달, 보육과정, 보육계획 및 실행 관련 다양한 전문적 지식을 갖추고 이를 적용할 수 있는 실제적 능력을 갖추는 것이 중요하다.

둘째, 영유아 발달에 기초하여 보육환경을 구성하고 보육 내용을 계획하며 영유아와 원활하게 상호작용할 수 있는 전문적 능력을 갖추어야 한다.

셋째, 보육과정에는 영유아뿐 아니라 부모, 가정 및 지역사회와의 연계를 위한 다양한 방법에 대한 전문적 지식과 원만한 관계를 유지할 수 있는 상호작용 능력을 갖추어야 한다.

넷째, 보육교사는 보육의 중요성을 인식하고 이에 대한 긍지를 가지며 보육교사로서 지켜야할 영유아에 대한 사랑과 신뢰, 전문인으로서의 성실함, 인적 네트워크와의 협력, 봉사 등 직업윤리에 대해 이해하고 실천할 수 있어야 한다.

2. 보육교사의 자격

보육교사가 되기 위해서는 앞에서 살펴본 개인적 · 전문적 자질을 갖추고, 〈표 8-2〉와 같은 국가수준의 자격기준을 갖추어 임용될 수 있다.

표 8-2   보육교사 자격기준(2014. 3. 1. 이후부터 적용)

등급	자격기준
보육교사 1급	• 보육교사 2급 자격을 취득한 후 3년 이상의 보육업무 경력이 있는 사람으로서 보건복지부장관이 정하는 승급교육을 받은 사람 • 보육교사 2급 자격을 취득한 후 보육 관련 대학원에서 석사학위 이상을 취득하고 1년 이상의 보육업무 경력이 있는 사람으로서 보건복지부장관이 정하는 승급교육을 받은 사람
보육교사 2급	• 전문대학 또는 이와 같은 수준 이상의 학교에서 보건복지부령으로 정하는 보육 관련 교과목 및 학점을 이수하고 졸업한 사람 • 보육교사 3급 자격을 취득한 후 2년 이상의 보육업무 경력이 있는 사람으로서 보건복지부장관이 정하는 승급교육을 받은 사람
보육교사 3급	• 고등학교 또는 이와 같은 수준 이상의 학교를 졸업한 사람으로서 보건복지부령으로 정하는 교육훈련시설에서 정해진 교육과정을 수료한 사람

출처: 보육인력 국가자격증 홈페이지.

〈표 8-3〉과 〈표 8-4〉는 2016년 8월 이전과 이후의 대학 등에서 이수하여야 할 교과목 학점을 보여 주고 있다.

표 8-3   대학 등에서 이수하여야 할 교과목 및 학점(2014. 3. 1.~2016. 7. 31.)

영역	교과목	이수과목(학점)
보육필수	아동복지(론), 보육학개론, 영유아발달, 유아발달, 보육과정, 보육교사론	6과목(18학점) 필수
발달 및 지도	인간행동과 사회환경, 아동관찰 및 행동연구, 아동생활지도, 아동상담(론), 특수아동이해, 장애아지도	1과목(3학점) 이상 선택
영유아 교육	놀이지도, 언어지도, 아동문학, 아동음악, 아동동작, 아동미술, 아동수학지도, 아동과학지도, 영유아프로그램 개발과 평가, 영유아교수방법(론)	6과목(18학점) 이상 선택
건강 · 영양 및 안전	아동건강교육, 아동간호학, 아동안전관리, 아동영양학, 정신건강(론)	2과목(6학점) 이상 선택
가족 및 지역사회 협력 등	부모교육(론), 가족복지(론), 가족관계(론), 지역사회복지(론), 보육정책(론), 어린이집운영과 관리	1과목(3학점) 이상 선택
보육실습	보육실습	1과목(3학점) 이상 선택

전체	17과목(51학점) 이상

※ 비고
1) 교과목명이 서로 다르더라도 교과목의 내용이 유사하면 동일한 교과목으로 인정하고, 보육실습의 경우 명칭과 관계없이 실습기관과 실습기간의 조건을 만족하는 경우에는 보육실습으로 인정한다.
2) 각 과목은 3학점을 기준으로 하며 최소 2학점 이상이어야 한다.

출처: 보육인력 국가자격증 홈페이지.

표 8-4 대학 등에서 이수하여야 할 교과목 및 학점(2016. 8. 1.~　)

영역		교과목	이수과목(학점)
교사인성		*보육교사(인성)론, *아동권리와 복지	2과목(6학점)
보육지식과 기술	필수	보육학개론, 보육과정, 영유아 발달, 영유아 교수방법론, *놀이지도, *언어지도, *아동음악(또는 아동동작, 아동미술), *아동수학지도(또는 아동과학지도), *아동안전관리(또는 아동 생활지도)	9과목(27학점)
	선택	아동건강교육, 영유아 사회정서지도, 아동문학교육, 아동상담론, 장애아 지도, 특수아동 이해, 어린이집 운영관리, 영유아 프로그램 개발과 평가, 보육정책론, 정신건강론, 인간행동과 사회환경, 아동간호학, 아동영양학, 부모교육론, 가족복지론, 가족관계론, 지역사회복지론	4과목(12학점)
보육실무		*아동관찰 및 행동연구, *보육실습	2과목(6학점)
전체		17과목(51학점) 이상	

주: *＿＿＿: 대면교과목임
 • 대면으로 수업이 필요한 교과목 지정(9개)
 • 대면교과목당 8시간 출석 수업 및 출석 시험 의무화

출처: 보육지원 관리국(2018).

　'2016년 1월 개정된 「영유아보육법 시행규칙」의 주요 내용에는 보육교사 2·3급 자격취득을 위한 보육 관련 교과목 및 학점 기준 변경 사항을 포함하고 있으며, 주요 변경사항은 다음과 같다.

　보육교사 2급 자격을 취득하기 위한 대학 교과목은 2005년 1월 29일 이전(10과목, 30학점 이상), 2005년 1월 30일~2014년 2월 28일(12과목 35학점 이상), 2014년 3월 1일~2016년 7월 31일(17과목 51학점, 대면교과 없음), 2016년 8월 1일(17과목, 51학점, 대면교과 있음) 등으로 총 4차례 개정되었다.

보육교사 자격 취득을 위한 기준이 강화되었으며, 특히 2016년 이후 대면교과목의 신설은 보육교사의 실제적 능력을 갖추기 위한 과정으로 볼 수 있다.

보육실습은 보육교사 자격 취득의 필수과정이며 다음과 같은 조건으로 이루어져야 한다.

- **실습기관**: 정원 15명 이상으로 평가인증을 유지하는 어린이집, 방과 후 과정을 운영하는 유치원에서 보육교사 1급 또는 유치원 정교사 1급 자격을 가진 사람이 실습을 지도하여야 한다. 실습 지도교사 1명당 보육실습생 3명 이내 지도하여야 한다.
- **실습기간**: 실습기간은 6주, 240시간을 원칙으로 하되, 야간대학 등의 경우에는 실습을 2회에 나누어 실시할 수 있다.
- **실습의 평가**: 실습의 평가는 보육실습일지와 실습평가서에 근거하여 하되, 평가 점수가 80점 이상인 경우에만 실습을 이수한 것으로 인정한다.

3. 보육교사 보수교육

1) 보수교육과정

보육교사의 전문성 향상을 위한 교육은 국가수준의 보수교육과 원 안팎에서 자체적으로 또는 외부 기관에 의해 이루어지는 민간 차원의 교육으로 나눌 수 있다.

보수교육은 교사가 된 이후에 현장에서 받게 되는 교육으로 보육교사의 자질과 전문성 향상을 위해 매우 중요하다. 보수교육은 「영유아보육법」 제23조에 의거하여 의무사항이다. 보육교사의 전문성 향상을 위한 보수교육은 〈표 8-5〉와 같이 이루어진다(보건복지부, 2012).

표 8-5 보수교육 대상 및 내용

교육 구분			교육 대상	교육시간	비고
직무 교육	일반 직무 교육	보육 교사	현직에 종사하고 있는 보육교사로서 보육업무 경력이 만 2년을 경과한 자와 보육교사 직무교육(승급교육 포함)받은 해부터 만 2년이 경과한 자	40시간	매 3년마다
		원장 신규	현직에 종사하고 있는 원장으로서 어린이집 원장의 직무를 담당하는 첫해에 해당하는 자	40시간	원장 첫해
		원장	어린이집의 원자의 직무를 담당한 때부터 만 2년이 지난 경우	40시간	매 3년마다
	특별 직무 교육	영유아 보육	영유아 보육을 담당하고 있는 일반직무교육 대상자와 영유아 보육을 담당하고자 하는 보육교사 및 어린이집 원장	40시간	이수하고자 하는 자
		장애아 보육	장애아 보육을 담당하고 있는 일반직무교육 대상자와 장애아 보육을 담당하고자 하는 보육교사 및 어린이집 원장	40시간	이수하고자 하는 자
		방과 후 보육	방과 후 보육을 담당하고 있는 일반직무교육 대상자와 방과 후 보육을 담당하고자 하는 보육교사 및 어린이집 원장	40시간	이수하고자 하는 자
승급 교육	2급 승급교육		보육교사 3급의 자격을 취득한 후 보육업무 경력이 만 6개월이 경과한 자(2014년 3월 1일부터는 보육교사 3급의 자격을 취득한 후 보육업무 경력이 만 1년이 경과한 자)	80시간	이수하고자 하는 자
	1급 승급교육		보육교사 2급의 자격을 취득한 후 보육업무 경력이 만 2년이 경과한 자 및 보육교사 2급의 자격을 취득한 후 보육 관련 대학원에서 석사 학위를 취득한 경우 보육업무 경력이 만 6개월이 경과한 자	80시간	이수하고자 하는 자
원장 사전 직무 교육	—		「영유아보육법 시행령」 [별표1] 제1호의 가목부터 라목(일반, 가정, 영유아 전담, 장애아 전담 어린이집 원장)까지 어느 하나의 자격을 취득하고자 하는 자	80시간	이수하고자 하는 자

2) 보육교사 자격관리 및 임면절차

보육교사 자격증은 2005년 이후 보육인력 국가자격증(구, 한국보육진흥원)에서 국가자격증으로 관리하며, 보육교사 2급 자격증을 받기 위해서 보육교사 자격증 발급신

청서(인터넷 접수 완료 후 출력), 최종학교 졸업증명서, 최종학교 성적증명서, 보육실습 확인서의 서류를 구비하여야한다.

구체적인 자격증 발급 신청 및 교부 절차는 [그림 8-1]과 같다(한국보육진흥원, 2017).

1단계 (신청 및 서류제출)	2단계 (자격 검정)	3단계 (자격증(확인서) 교부)
01. 인터넷 신청 02. 수수료 결제 03. 서류제출	01. 서류검정 결과 자격기준 충족 시 인정 판정 02. 서류검정 결과 자격기준 미충족 시 보류 　　(보완서류 제출) 또는 불인정 판정 03. 서류검정 결과 특수사례 해당 시 자격검정 　　위원회 심의	01. 자격증(확인서) 제작 02. 자격증 발송

그림 8-1 보육교사 자격증 발급 신청 및 교부 절차

출처: 한국보육진흥원(2017).

보육교사의 임면과 경력은 시장·군수·구청장이 관리하며, 어린이집의 원장은 보건복지부령으로 정하는 바에 따라 보육교직원의 임면에 관한 사항을 시장·군수·구청장에게 보고하여야 한다. [그림 8-2]와 같은 방법으로 보육교직원을 임면할 수 있다.

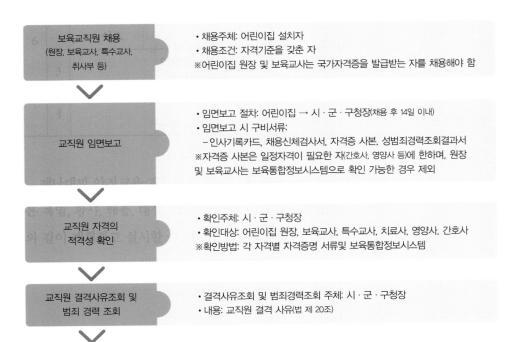

경력관리시스템 입력 관리	• 교직원 임면 사항을 경력관리시스템에 입력 관리

 그림 8-2 보육직원의 임면

출처: 보육시 안내(2018).

4. 보육교직원의 역할과 중요성

1) 보육교사

보육교사는 영유아를 대상으로 보육을 계획하고 실행하는 주체이다. 현행 「영유아보육법」에서는 "보육교사는 영유아를 보육하고 어린이집의 원장이 불가피한 사유로 직무를 수행할 수 없을 때에는 그 직무를 대행한다."(제18조) 라고 정의하고 있다 .

보건복지부(1996)는 보육교사의 역할을 대리양육자, 환경제공자, 상호작용자, 일상생활을 통한 모델, 관찰자 및 평가자, 부모 및 지역사회와의 교류자로 정리하였고, 장시간 영유아와 함께하는 보육교사의 역할은 교육적 측면도 중요하지만 영유아가 건강하고 안전하게 지낼 수 있도록 배려하고 지원하는 양육자로서의 역할이 매우 중요하다. 이러한 양육자의 역할은 그 중요성이 더해지고 있다(강문희 외, 2006; 서영숙, 김경혜, 2006).

① 양육자의 역할

보육교사의 양육자로서의 역할은 영유아가 보육교사에게 친밀감을 느끼고 기본적으로 영유아가 어린이집에서 생활하는 데 필요한 건강 · 영양 · 안전을 지원하여 보육교사와 영유아 간 신뢰적인 관계를 형성하는 것을 의미한다.

② 보육과정의 계획과 운영자로서의 역할

보육교사는 교육 목표를 이해하고 이를 달성할 수 있도록 하는 교육계획을 구성하고 실행하는 역할을 해야 한다. 이것은 보육교사의 전문적 역할로서 영유아의 발달 및 흥미에 기초하여 주제를 선정하여 보육목표를 이룰 수 있도록 상호작용하는 것이 중요하다. 보육교사는 이러한 전문적 역할을 수행하기 위하여 끊임없이 배우고 익히는 과정을 가져야 한다.

③ 보육환경 구성 및 제공자로서의 역할

보육교사는 계획된 보육 내용을 영유아가 잘 활동할 수 있도록 보육 실내 보육환경을 구성하고 필요한 교재 · 교구를 제공하는 역할을 한다. 이러한 역할 역시 보육교사의 전문적 역할로서 교사는 영유아의 발달과 흥미를 고려하여 보육실 환경을 구성해야 하며, 물리적 환경의 공간 배치 등 영유아가 원활하게 활동 할 수 있도록 지원해야 한다.

④ 상호작용자로서의 역할

보육교사는 영유아가 친근감을 가지고 교사를 신뢰할 수 있도록 언어적 · 비언어적 상호작용자로서의 역할을 해야 한다. 이것은 영유아가 안심하고 편안하게 어린이집 생활을 할 수 있도록 하는 원동력이다. 더 나아가 보육교사는 보육계획과 실행 및 영유아 간 갈등을 해결할 수 있도록 지원하는 전문적 상호작용을 할 수 있어야 한다. 영유아뿐 아니라 부모, 지역사회 유관 인사와의 상호작용 시에도 교사에 대한 신뢰와 우호적 관계를 유지할 수 있도록 효율적 의사소통을 진행할 수 있는 의사소통 능력을 지니는 것이 중요하다.

2) 기타 보육교직원

어린이집 원장 및 보육교사 이외에 어린이집 운영을 지원하는 교직원과 기타 인력은 영유아에게 영향을 주는 중요한 인적 자원이다. 어린이집은 영유아를 대상으로 하는 교육기관으로 기타 보육교직원 및 지원 인력 역시 영유아의 발달 특성을 이해하고 원장 및 교사와의 원활한 의사소통을 통하여 어린이집 운영이 원활하게 이루어질 수 있도록 지원하는 역할을 해야 한다.

(1) 기타 보육교직원의 유형 및 역할

「영유아보육법」 제2조에 따르면, 보육교직원은 어린이집 원장과 보육교사뿐만 아니라, 간호사, 영양사, 취사부, 의사(또는 촉탁의사), 사회복지사, 사무원, 관리인, 위생원, 운전기사, 특수교사(치료사) 등이 포함된다. 기타 보육교직원의 유형과 역할에 대해 살펴보면 다음과 같다(김태진, 2003; 정옥분 외, 2008).

① 간호사(간호조무사)

영유아 100인 이상의 어린이집일 경우 「영유아보육법」에 의거하여 간호사 또는 간호조무사를 배치해야 한다. 간호사는 영유아의 신체적 · 정신적 건강을 체크하고 관리하는 역할을 한다. 또한 원장 및 보육교사를 대상으로 영유아 건강 및 안전에 대한 인식을 높일 수 있는 안전사고의 예방과 치료, 투약, 응급조치를 위한 비상약품 및 의료기구의 비치 및 관리, 응급처치 요령 등에 관한 다양한 교육을 실시할 수 있다.

② 특수교사 및 치료사

특수교사 및 치료사는 장애아를 보육하는 어린이집 중 장애아 9명당 특수교사 1명을 배치하도록 되어 있다. 치료사는 추가 배치할 수 있는 인력으로 각각 자격기준을 갖춘 인력을 채용해야 한다.

③ 조리사

조리사는 영유아의 식단을 책임지는 인력으로 영유아의 건강, 위생의 중요성을 인식하고 이를 지원할 수 있는 전문적 능력을 갖춘 자이어야 한다. 취사부의 경우 자격사항에 대한 특별한 제도적 자격기준이 명시되어 있지는 않지만, 영유아에 대한 사랑과 이해의 마음가짐은 물론, 건강과 안전, 영양에 대한 기본적인 소양을 갖추고 있어야 한다. 「영유아보육법」에 따르면, 영유아 40명 이상 80명 이하를 보육하는 어린이집의 경우 조리사 1명을 두어야 하며, 영유아가 80명을 초과할 때마다 1명씩 증원해야 한다.

④ 영양사

영양사는 영유아의 건강과 영양을 책임지는 인력이다. 영양사는 조리사가 조리하는 전 과정을 관리·감독할 수 있으며, 영유아를 대상으로 한 영양교육을 할 때 전문인력으로 교육 활동을 실행할 수 있다.

영양사는 「식품위생법」 제37조에 의해 첫째, 「고등교육법」에 의한 학교에서 식품학 또는 영양학을 전공한 자로서 교과목 및 학점이수 등에 관하여 보건복지부령이 정하는 요건을 가진 경우, 둘째, 외국에서 영양사 면허를 받은 경우, 셋째, 외국의 영양사양성학교 중 보건복지부장관이 인정하는 학교를 졸업한 경우 중 어느 하나에 해당하는 자로서 영양사 자격시험에 합격한 뒤 보건복지부장관의 면허를 받아야 한다.

⑤ 관리인력

어린이집의 행정적·물리적 운영 관리를 위하여 사무원, 관리인, 운전기사 등의 인력이 필요하다. 사무원은 어린이집의 전반적 행정 처리 및 사무 처리를 담당하는 인력으로 공문서 기안 및 보육료 수납 관련 등 주로 행정적인 업무를 수행한다. 관리인은 어린이집 물리적 환경의 개보수 및 경비, 당직 등의 업무를 수행한다. 또한 어린이집의 전반적인 행정 사무를 담당하는 직원으로서 각종 공문서의 처리, 보육교직원과 영유아들에 대한 각종 기록의 관리, 영유아들의 보육료 수납을 포함한 어린이집의 재정 및 기타 행정 업무를 담당한다.

(2) 보육 지원 인력의 유형 및 역할

기타 보육교직원 외에 대체교사와 같은 보육 지원 인력이 각각의 역할을 수행하여 보육교직원을 지원할 수 있다.

① 대체교사

보육교사의 출산휴가, 육아휴직, 장기병가 등의 사유 발생 시 영유아 보육을 담당하기 위해서 채용된 임시교사로 대체교사의 지원을 받을 수 있다. 대체교사는 각 지역 육아종합지원센터에 채용되어 필요한 지역별 어린이집으로 파견된다. 1년 이상 어린이집 근무 교사 및 장기 근속자를 우선으로 지원하며 보육통합정보시스템을 통해 해당 어린이집에 파견된다.

대체교사는 시간제 보육교사로 각각 근로계약서를 작성할 수 있으며, 각 시·군·구에 임면 보고된다.

② 자원봉사자

자원봉사자는 어린이집의 다양한 필요에 의해 배치될 수 있으며, 주로 부모 및 지역사회 구성원으로 구성되며, 보육실 안팎에서 영유아들의 활동과 교사의 업무를 돕는다. 영유아 활동을 지원하거나 보육실의 환경을 청결하게 유지할 수 있도록 보육교사를 지원한다.

3) 보육교직원 배치 기준

보육교직원은 어린이집의 규모 및 영유아의 연령에 따라 배치된다. 보육의 질을 향상시키기 위하여 현행 「영유아보육법」에서는 만 0세는 3명당 교사 1인, 만 1세는 5명당 교사 1인, 만 2세는 7명당 교사 1인, 만 3세는 15명당 교사 1인, 만 4·5세는 20명당 교사 1인으로 종전 법에 비해 영유아 대 교사의 배치기준을 엄격하게 관리하고 있다(〈표 8-6〉 참조). 이러한 기준은 아직 외국의 보육교사 대 영유아의 비율보다 높다. 미국유아교육협회(NAEYC, 1998)는 영유아 대 보육교사의 비율을 1세 영아 3명당 교사 1인, 2세 영아 4명당 교사 1인으로 규정하고 있다.

표 8-6　보육교직원 배치기준

어린이집 규모에 따른 보육교직원 배치	어린이집의 원장	어린이집의 원장 1명. 다만, 영유아 20명 이하를 보육하는 어린이집은 어린이집의 원장이 보육교사를 겸임할 수 있다.
	보육교사	• 만 1세 미만의 영아 3명당 1명을 원칙으로 한다. • 만 1세 이상 만 2세 미만의 영아 5명당 1명을 원칙으로 한다. • 만 2세 이상 만 3세 미만의 영아 7명당 1명을 원칙으로 한다. • 만 3세 이상 만 4세 미만의 유아 15명당 1명을 원칙으로 한다.

		• 만 4세 이상 미취학 유아 20명당 1명을 원칙으로 하며, 이 경우 유아 40명당 1명은 보육교사 1급 자격을 가진 사람이어야 한다. • 취학아동 20명당 1명을 원칙으로 한다. • 장애아 보육은 장애아 3명당 1명을 원칙으로 하되, 장애아 9명당 1명은 특수교사 자격소지자로 한다.
	간호사	영유아 100명 이상을 보육하는 어린이집의 경우 간호사(간호조무사를 포함한다.) 1명을 두어야 한다.
	영양사	영유아 100명 이상을 보육하는 어린이집의 경우 영양사 1명을 두는 것을 원칙으로 하되, 어린이집 단독으로 영양사를 두는 것이 곤란한 경우에는 동일한 시·군·구의 5개 이내 어린이집이 공동으로 영양사를 둘 수 있다.
	취사부	영유아 40명 이상 80명 이하를 보육하는 어린이집의 경우 취사부 1명을 두며, 영유아가 80명을 초과할 때마다 1명씩 증원한다.
	그 밖의 보육교직원	어린이집의 규모와 특성에 따라 의사(또는 촉탁의사), 사회복지사, 사무원, 관리인, 위생원, 운전기사, 특수교사(치료사) 등의 보육교직원을 둘 수 있다.
	어린이집의 장이 간호사 또는 영양사 자격이 있는 경우에는 간호사 또는 영양사를 겸직하게 할 수 있다.	
보육교직원 의 복무	어린이집의 원장은 전임이어야 하며, 다른 어린이집의 업무를 겸임할 수 없다.	
	보육교사의 근무시간은 평일 8시간을 원칙으로 하고, 그 밖에 전후로 연장되는 시간은 어린이집의 원장과 보육교사가 교대 근무하며, 초과근무수당을 지급하여야 한다.	
	보육교직원의 휴가는 보육 공백을 최소화할 수 있도록 순번제로 실시하고, 보수교육, 출산휴가 등으로 어린이집의 원장, 보육교사 또는 그 밖의 보육교직원의 공백이 생기는 경우에는 이를 대체할 수 있는 대체원장, 대체교사 또는 그 밖의 인력을 각각 배치하여야 한다.	

출처: 영유아보육법(20015).

 활동해 봅시다

- 내가 기억하는 가장 좋았던 선생님, 가장 싫었던 선생님을 떠올려보고, 그 이유에 대해 이야기해 봅시다.
- 4차 혁명시대에 요구되는 교사의 역할에 대해 토의해 봅시다.

제9장

운영관리

영유아를 위한 질 높은 보육과 교육의 질을 위해서는 효율적 · 합리적으로 어린이 집을 관리하고 운영하는 것이 필요하다. 이 장에서는 어린이집의 운영관리에 대한 이 해를 돕기 위하여, 운영관리의 개념, 운영정책, 지도성, 운영의 원리, 운영 과정, 운영 관리의 영역 및 내용에 대하여 살펴보고자 한다.

1. 어린이집 운영관리의 개념

어린이집의 목적은 영유아에게 양질의 교육과 보호를 제공하는 것이다. 어린이집 의 운영관리는 기관의 목적을 달성하기 위해 인적 자원, 물적 자원, 시간 등을 최대한 효율적으로 활용하여, 기관 운영과 관련된 모든 것을 계획하고 조직하고 실행하고 평 가와 재검토를 하는 일련의 과정이다(Decker & Decker, 2001; Hildebrand, 1993).

2. 어린이집의 운영정책

어린이집의 운영정책은 사회적 · 공공적 · 조직적 활동으로서의 보육활동을 운영함 에 있어 국가 공권력을 배경으로 시행하는 기본 방침이나 지침을 의미한다(권영례, 이 영자, 2010). 이는 교육 활동의 목적, 방법 등에 관한 최적의 대안을 의도적 · 계획적 · 합리적으로 선택한 것이다.

데커, 데커, 프리만과 크노프(Decker, Decker, Freedman, & Knopf, 2009)는 어린이 집과 유치원에 공통적으로 적용될 수 있는 아홉 가지의 운영정책을 제시하였다.

1	**조직과 관리** 운영위원회 조직과 위원의 선정, 임명에 관한 사항, 원장과 감독관의 임명과 역할, 명령체계 및 각종 행정조직의 구성원과 역할에 관련된 행정적 운영 사항
2	**교직원 인사정책** 신임교사 채용, 선발 및 임용에 관한 사항, 교직원의 자격, 교직원의 업무 분담, 근무 평가, 재직기간 및 퇴직에 관한 사항, 급여 계획과 특별상여, 출결상황과 이직에 대한 대책, 교직원의 개인적 · 전문적 활동에 관한 사항
3	**원아 교육과 보육** 어린이집의 원아 모집과 관리에 관한 정책. 원아모집, 입학, 출석 관리, 졸업, 원아의 교육과 보호 등에 관한 각종 서비스 활동, 유아 발달에 관한 평가와 기록, 유아복지 서비스 활동, 실외학습과 행사 등 특별활동에 관한 사항
4	**시설 · 설비, 교구와 교통정책** 보건복지부의 건강과 안전규정, 소방 안전 수칙, 공간, 실내외 교구의 설치 및 보수에 관한 사항, 원아 등하원 시 이용하는 교통수단의 운전기사 면허에 관한 사항
5	**건강과 안전정책** 환경과의 상호작용을 통한 역동적 개념. 어린이집 종사자의 예방접종 기록, 건강진단서, 위생과 질병에 관한 사항
6	**재정관리정책** 재정과 관련된 정책. 운용자금의 출처, 작용, 출판 등 예산에 관한 사항, 지출 항목, 물품 구입과 서비스를 위한 지침과 세부 절차, 결산과 회계 절차에 관한 사항
7	**평가 · 기록에 관한 정책** 기록 · 보존에 관한 정책. 사무기록과 교직원 인사기록, 서류보관 및 관리, 기록에 관한 업무, 보고서류, 통신, 문서 발송 및 접수, 설비 취급에 관한 사항
8	**부모관리정책** 부모참여와 교육의 요구 등을 결정하는 정책. 부모의 보조교사 역할, 원아의 모집, 입학 · 퇴학, 발달 상황 기록, 프로그램 참여, 부모교육, 건의사항과 불만 등에 관한 사항을 협의하기 위한 원장, 교사와의 접촉에 관련된 절차 등의 사항
9	**대외정책** 어린이집을 운영하는 데 있어서 지역사회 및 보육에 관련되는 단체나 협회 등과 원활한 관계를 유지하는 중요한 운영정책. 지역사회 인사의 참여 유형, 어린이집의 시설 활용과 지역사회기관의 활용, 관련 단체나 협회와의 관계 및 지역사회와의 의사소통 등의 사항

3. 어린이집의 지도성

어린이집은 타기관과 다른 특성을 가지므로, 운영자는 기관의 특성을 고려하여 지도성을 잘 발휘하여야 한다. 교육적 상황에서 지도성은 다음의 측면을 고려하여 발휘되어야 한다(Hodgkinson, 1991).

- 학문이라기보다 기술이다.
- 실행이라기보다 정책이다
- 사실보다 가치에 관심을 둔다.
- 전문주의 보다 일반주의 입장에서 문제를 다룬다.
- 구체적인 전략보다 광범위한 전략을 사용한다.
- 행위보다 철학이다.
- 능동적이기보다 반성적이다.
- 물질적 자원에 대한 관심보다 인간에 대해 관심을 갖는다.
- 현재 지향적이기보다 미래 지향적이다.
- 세부사항보다 신중함에 초점을 둔다.

미국유아교육협회(NAEYC, 1997)는 유치원과 어린이집의 효율적인 지도성을 다섯 가지 측면에서 제시하였다. 즉, 교육적 지도성(pedagogical leadership), 행정적 지도성(administrative leadership), 대변적 지도성(advocacy leadership), 지역사회 지도성(community leadership), 개념적 지도성(conseptual leadership) 등이다.

1) 교육적 지도성

이데올로기적 관점에서 영유아 보육과 교육에서 무엇을 배우는 것이 가치가 있는지에 대해 영유아 교육철학, 발달이론과 보육과정의 전문적 견해를 포함해야 한다. 또한 영유아 보육의 이론적 관점에 대해 교육 실행집단이 신뢰감을 가지고 유지하도록 하여야 한다. 교육적 지도성은 부모, 관련 행정부서, 기타 교육 관련 의사결정에 참여하는 사람들에게 지식 기반과 교사의 견해를 이해시키는 책임감이 포함된다. 교육적 지도자로서 교육적 의제를 적절히 설정하고, 의사소통을 통해 참여자의 관심사를 잘 이해하며 합리적인 선택과 의사결정을 수행하여야 한다.

2) 행정적 지도성

행정적 지도자로서 운영자는 효율적 조직의 개발과 유지, 교육철학, 목적 및 목표를 효율적으로 수행하는 행정체계의 계획과 실행, 교직원 인사관리와 교직원 개발 프로그램의 효율적 관리, 지역사회 인사와의 관계 형성, 행정기관에 대한 홍보, 시설 유지 및 개발, 효율적 관리를 위한 관계 법령이나 규정에 대한 충분한 지식, 재정관리 기술 등에 충분한 지도성을 발휘하여야 한다.

3) 대변적 지도성

대변적 지도성은 영유아의 미래를 개선하는 데 기여한다. 교직원 훈련, 인준, 자격 기준, 적정 임금, 서비스 자원, 적절한 보호 등에 중요하다. 대변자로서 운영자는 미래의 비전과 장기계획을 세우고 매일의 책무에서 오는 압박감에서 벗어나 앞으로 나아간다. 운영자는 조직의 일원으로서 교직원 및 종사자와 일을 공유하고, 주변 상황 파악과 전략을 세우고 미래 지향적인 문제들에 관심을 갖는다. 또한 자료를 잘 이용하고 필요한 지원을 받도록 노력한다. 운영자는 행정가와 만날 수 있는 전문적이고 새로운 접근법을 개발하며 의사결정을 하고 어려운 일에 도전하여야 한다. 운영자는 난제의 요점을 잡아낼 수 있는 접근법을 개발하고, 타협의 방법과 시기를 알며, 새로운 운영자들을 격려하고 지원하며, 동료들과 협조하여야 한다.

4) 지역사회 지도성

운영자는 지역사회 봉사자로서 역할을 수행한다. 운영자는 어린이집 이후의 학교생활이나 삶에서 성공을 결정짓는 중대한 분수령이 된다는 점을 지역사회에 알려야 한다. 지역사회에 영향력 있는 사람들에게 영유아 교육 및 보육의 개선을 지역사회의 가장 우선적인 의제로 다루도록 하며, 관련된 정책 결정에 영향을 미치도록 전문가로서의 역량을 발휘하여야 한다. 또한 운영자는 교사에게 보다 많은 교육기회를 제공하고 다양한 자료를 확보하고 양질의 프로그램을 제공하도록 하며, 실질적인 인적 자원과 재원을 확보하는 데 주요 역할을 하여야 한다.

5) 개념적 지도성

개념적 지도성은 새로운 아이디어의 창조를 의미한다. 영유아 보육 분야에서 개념적 지도성은 개별프로그램을 뛰어 넘어 전체에 대한 감각을 갖는 것이다. 개념적 지도성은 전체적인 안목 가지기, 다양한 시각 지니기, 장기적 안목 지니기, '무엇인가'에서 '무엇일 것이다'라는 가능성 · 창조성 · 미래 비전 생각하기 그리고 사회적 가치 추구하기의 다섯 가지 특성을 가진다.

어린이집에서 효율적인 지도성은 타인의 행동, 프로그램, 개인의 성장 및 직업적 발전, 조직적 · 전문적 측면에서 발휘하여야 한다(Rodd, 2006). 로드는 지도성을 효율적으로 발휘하기 위한 과정을 다음의 4단계로 제시하였다.

- 1단계: 조직의 목표와 개인의 목표에 대해 정의 내린다.
- 2단계: 개인의 기준과 기대수준을 설정한다.
- 3단계: 지원과 피드백에 대한 준비를 한다.
- 4단계: 성과의 지도, 감독과 가치를 평가한다. 정규적인 평가과정은 필수이다.

4. 어린이집의 운영 원리

어린이집의 운영 원리는 〈표 9-1〉과 같이 다섯 가지로 살펴볼 수 있다(권영례, 이영자, 2010).

표 9-1 운영 원리

원리	내용
타당성의 원리	어린이집의 운영을 위해서 행정 활동은 타당하고 올바르게 집행되어야 한다.
민주성의 원리	어린이집은 인간중심 집단으로 인간 형성을 생산성으로 하는 조직이다. 구성원의 주체적인 의사가 민주적으로 집약되고 운영되어야 원활하게 조직이 운영될 수 있다.
효율성의 원리	모든 행정활동은 최소한의 노력과 경비로 최대한의 효과를 얻는 효율성을 가져야 한다.
적응성의 원리	어린이집이 국가와 지역사회 변화의 요구에 민감하게 반응하고 통찰적으로 적응하는 것이 필요하다.
안정성의 원리	어린이집의 운영자는 시대 변화의 흐름에 적응하면서도 장기적인 보육계획과 관점에 따라 안정성 있게 기관을 운영하는 것이 필요하다.

보육학개론
제9장

5. 어린이집의 운영관리 과정

어린이집 운영관리의 과정은 계획하기, 조직하기, 실행하기, 평가 · 재검토하기로 이루어진다(Decker & Decker, 2001; Hildebrand, 1993).

1) 계획하기

계획하기(planning)는 무엇을 하기 전에 어떻게 할 것인지에 대해 체계적으로 미리 살펴보는 것으로, 계획 대상에 따라 목적을 명확히 설정하고 어떠한 과정을 통해 이를 달성할지 구체화하는 것이다. 어린이집의 운영자는 계획 단계에서 교육철학적 관점 및 목적, 기관의 인가 및 인증, 현실적이며 합당한 목적 및 목표, 융통적인 평가ㆍ재조정, 운영위원회 및 구성원과의 교류 등을 고려하여야 한다.

2) 조직하기

조직하기(organizing)는 기관의 목적을 달성하기 위해 '누가 무엇을 어디서 어떻게 할 것인가?'에 관해 조정하는 것이다. 보육교직원을 포함한 인적 자원과 물리적 공간, 물품 등의 물적 자원을 질서있게 정리하고 통합하는 것이다. 조직하기는 각 운영 요소들이 효율적으로 기능하여 잘 운영될 수 있도록 각 자원을 구성하고 배치하여 관련 활동을 통합한다.

운영자는 효율적인 운영을 위해 기관 구성 및 체계를 조직하고 이에 대한 권한과 역할을 나눌 수 있어야 한다. 또한 공간, 시설ㆍ설비, 물품 등을 효율적으로 조직하고 활용해야 한다.

3) 실행하기

실행하기(implementation)는 운영관리를 실제적으로 행하는 것이다. 무엇보다도 운영자는 실행하기 단계에서 이루어지는 결정을 기관의 교육 철학 및 목적에 부합하도록 실행하여야 한다. 실행 단계는 교육적 측면에서 영유아 활동, 영유아 평가 및 기록, 부모교육, 영유아의 영양ㆍ건강ㆍ안전 등과 관련된다. 실행 단계는 행정적 측면에서 인사관리, 시설ㆍ설비, 재정관리와 관련된다.

4) 평가 및 재검토하기

평가 및 재검토하기(evaluation and review)는 기관에서 제공하는 서비스의 질을 최상으로 하기 위해 운영관리의 전반적 과정과 실행 결과에 대해 살펴보고 재검토하는 것이다. 운영자는 기관의 모든 조직과 구성원이 질 높은 서비스를 제공하기 위해 최선을 다하고 있는지 항상 살펴보아야 한다. 운영자는 필요에 따라 운영과 관련된 타인의 견해를 수용해야 하고 운영 관련 현안을 객관적으로 평가해야 한다.

6. 어린이집의 운영관리 영역

1) 보육과정 관리

어린이집은 교육철학과 이론적 관점에 따라 교육과정의 성격을 확립하고 국가수준의 표준보육과정과 누리과정에 따라 보육과정을 운영·관리하여야 한다. 우리나라 어린이집은 국가의 교육정책과 방침에 따라 0~만 2세 이하 영유아에게 표준보육과정을 운영하고, 만 3~5세 유아에게 누리과정에 따른 교육과정을 운영하여야 한다. 보육과정과 대상 영유아의 연령, 발달수준과 요구, 부모의 직업 유무, 지역사회의 특성 등에 따라 운영시간을 달리한다.

표준보육과정과 누리과정은 최근 영유아 교육동향에 따라 주제중심 통합교육과정으로 운영된다. 영유아의 연령과 발달수준에 따라 차이는 있지만, 대체로 영유아의 생활과 관련된 주제를 중심으로 보육과정이 이루어진다. 영유아는 발달 특성상 개인의 발달 차이가 크고 흥미와 요구가 많이 다르게 나타나므로 개별 활동과 소집단 활동 위주의 활동으로 구성되고, 하루 일과가 개별 영유아의 특성에 따라 융통적으로 이루어진다. 만 3세 이상의 유아는 수준에 따라 보다 높은 수준의 다양한 교육 활동이 가능하며, 주의집중 시간이 보다 길어짐에 따라 개별·소집단 활동뿐 아니라 대집단 활동에 참여할 수 있다.

교사는 표준보육과정과 누리과정에 따라 영유아를 위한 보육 계획을 수립하고 운영을 하여야 한다. 「영유아보육법」 제29조(보육과정)에 의하면 보육과정은 영유아의 신체·정서·언어·사회성 및 인지적 발달을 도모할 수 있는 내용을 포함하여야 한다(법제처 국가법령정보센터, 2018a). 교사는 인지·정서·사회·신체·언어 발달을 위한 활동, 개인·단체 활동, 동적·정적 활동, 수유, 배변 등 생리적 욕구에 대한 배려와 휴식시간을 중심으로 보육계획을 수립하여야 한다. 또한 만 3세 이상 유아를 위한 교육과정 계획 수립 시에도 유아의 연령 및 발달수준, 흥미, 신체·정서적 요구를 고려하고, 다양한 성장발달을 이룰 수 있도록 하여야 하며, 일과를 계획하고 운영하여야 한다. 보건복지부(2018)의 2018년 보육 사업안내에 따르면, 만 3~5세 유아가 어린이집과 유치원 어디를 이용하든 생애 첫 출발선에서 수준 높고 균등한 교육기회를 보장하기 위한 공통의 보육·교육과정을 운영하여야 한다.

교사는 표준보육과정과 누리과정, 기관의 실정에 따라 연간·월간·주간·일일 보육계획안을 작성·운영하고 평가 결과를 기록하며, 관련 서류를 보관·관리하여야 한다. 또한 교사와 운영자는 계절과 교육과정 운영 시기, 기관과 지역사회 특성에 따라 특별한 활동과 행사를 계획·운영하며, 이에 대한 관리를 하여야 한다. 기관 외부를 견학하거나 부모가 참여하는 특별한 프로그램의 경우 부모의 특별활동 허가서를 받아 운영하도록 한다.

2) 환경관리

(1) 시설·설비 관리

기관의 시설·설비는 국가, 지방자치단체 등이 정하는 관계 법령, 고등학교 이하 각급 학교 설립·운영규정과 기준에 따라 마련되어야 하며, 영유아 보육의 이론과 실제의 전문적 견해에 따라 마련되어야 한다. 어린이집의 실내외 환경은 필요에 따라 매일, 주, 월, 연간 단위로 점검·관리되어야 한다.

(2) 비품 및 교재·교구 관리

교재·교구는 교육의 목적에 따라 활용되는 자료와 도구를 의미하고, 비품은 교육과 기타의 목적에 따라 비치되어 활용되는 물품이다. 우리나라 고등학교 이하 각급 학교 설립·운영 규정에 따르면, 각급 학교에는 학과 또는 교과별로 필요한 도서, 기계, 기구 등의 교구를 갖추어야 하고, 각급 학교의 교구 종목 및 기준은 시·도교육감이 정하여 고시하도록 되어 있다. 교구는 주로 활동 영역에 의해 구분되는데, 쌓기놀이, 역할놀이, 언어, 조작놀이, 미술, 수학, 과학, 음률, 물놀이, 모래놀이, 컴퓨터, 목공놀이, 요리, 동작 등의 14개 영역으로 구분되고 있다.

비품 및 교재 · 교구 선정 시 유의사항은 다음과 같다(Decker & Decker, 2001).

- 교육과정 및 프로그램 목표에 적절한 비품과 교구를 구입하여야 한다.
- 물품 구입자는 책정된 예산과 구매 절차를 점검해야 한다.
- 필요한 물품의 목록을 작성하여 우선순위를 정한 후 구입한다.
- 비품과 교재 · 교구의 보관과 활용에 필요한 공간과 시설 · 설비를 고려한다.
- 구매자는 내구성과 경제성을 고려하여 구입한다.
- 식료품, 종이, 페인트 등 오래 보관하기 어려운 소모품은 정적한 양만큼 구입한다.
- 구입한 비품, 교재 · 교구를 사전에 점검해 보고 신뢰할 만한 제품을 구입한다.
- 안전한 비품과 교재 · 교구를 구입한다.
- 내구성이 있고 보관이 용이한 비품과 교재 · 교구를 선택한다.
- 예산과 공간을 고려하여 비품과 교재 · 교구를 구입한다.
- 심미적으로 매력적인 비품과 교재 · 교구를 구입한다.

비품 및 교재 · 교구는 교육 목표와 내용의 관련성, 활동 영역의 특성, 사용 빈도, 난이도, 무게와 형태, 보관 공간의 크기, 보관장과 선반의 여건 등을 고려하여 배치하도록 한다(Decker & Decker, 2001).

비품 및 교재 · 교구의 관리를 위해 비품 및 교재 · 교구 목록 카드 양식을 활용하고 교재 · 교구의 수리 및 보완에 관한 사항을 정기적으로 체크하여 수리 보완을 실시한다. 비품 및 교재 · 교구의 유지와 보관은 품목 번호, 배치 영역이나 재료의 속성, 가치, 크기, 무게, 부품 수, 보관 장소 등을 고려하여 실행한다. 비품, 교재 · 교구는 고유 번호와 라벨 등을 활용 · 보관하고 관리하도록 한다.

3) 원아 및 학급 관리

(1) 원아관리

어린이집의 운영에서 기관의 홍보와 원아 모집은 매우 중요한 부분이다. 기관 홍보를 통해 원아 모집과 선발이 이루어져야만 기관을 운영할 수 있다.

원아 모집을 위한 홍보는 신문, 잡지, 소책자, 벽보 및 플래카드, 전단, 기타 지역사회 대중매체, 기관 개방 등을 통해 이루어질 수 있다. 운영자는 지역사회의 특성과 매체의 효율성에 따라 홍보 방법을 선택하고 원아모집 대상을 결정한 후 대상에 적절한 홍보 내용을 구성한다. 홍보 내용은 기관명, 주소, 전화번호, 웹사이트 주소, 찾아오는 방법, 교육과정 및 프로그램 정보, 운영 시간, 운영 주체, 원아 모집, 선발과정 및 등록 절차, 기관의 인증 및 인준 정보 등이다. 기관 개방을 통한 홍보는 기관에 관심을 갖는 사람들(예: 부모)과 소통하면서 기관의 장점을 홍보하며, 기관의 새로운 비전을 수립할 수 있다.

원아 모집과 선발이 이루어지면 운영자는 신입 원아와 부모를 대상으로 오리엔테이션을 실시한다. 그 내용은 기관과 교직원 소개, 교육철학과 교육 목적 및 목표, 교육과정, 행사, 일과운영, 영유아의 복장과 소지품 관리사항, 영유아의 건강 · 영양 · 안전사항, 부모교육 프로그램, 교육비 납부 방법, 기관과의 의사소통 방법 등이다.

또한 운영자 및 교직원은 학급편성과 원아관리를 위한 정보를 수집한다. 학급은 교육철학, 기관의 시설 · 설비 특성, 영유아의 요구, 교직원의 능력과 수, 장애유아 통합 여부 등의 조건에 따라 학급 인원, 연령 구성, 성비를 고려하여 편성한다. 학급 원아관리를 위한 정보는 영유아의 가정환경과 성장 배경, 건강 상태, 기타 보육과 교육에 필요한 정보 등이다.

(2) 학급관리

기관의 운영에서 학급관리를 위한 서류는 입학원서, 생활기록부, 출석부, 원아조사서, 원아건강기록부, 영유아 건강검진표, 영유아 평가자료, 학급 비품 및 교재 · 교구 목록 등이다.

4) 건강 · 영양 · 안전관리

어린이집은 영유아의 발달과 교육에 관한 종합적인 서비스를 제공한다. 기관은 영유아의 교육뿐 아니라 기본적인 신체 요구에 반응하여 건강, 영양, 안전에 관한 서비스를 제공한다.

(1) 건강관리

영유아기는 발달 특성상 건강관리를 양육자를 비롯한 성인에 도움을 받아야 하고 시기적으로 신체 및 건강에 관한 인식과 자조기술을 발달시켜 나가는 시기이므로 건강관리가 매우 중요하다. 영유아 건강 증진을 위해 교사는 영유아의 건강 상태를 지속적으로 관찰 · 관리하여야 한다. 교사는 부모와 가정으로부터 영유아의 건강 정보를 제공받아 이를 관리하고 활용하여 건강관리에 힘써야 한다. 교사가 관리하는 영유아의 건강 관련 정보는 영유아와 부모의 건강 이력, 예방접종기록, 기관 생활과 관련된 정보(장애, 신체손상, 발달 특성, 특이한 문제 등), 영유아의 신체성장기록(신장, 체중, 머리둘레 등), 건강검진결과(소아과, 안과, 치과), 질병 및 입퇴원 이력, 알레르기 정보(약품, 식품, 기타), 응급병원 정보, 위급상황 시 비상연락처 등이다.

(2) 영양관리

영유아는 기관에서 생활하는 동안 급식과 간식을 제공받는다. 운영자와 교직원은 영유아 영양과 관리에 관한 정보를 이해하고, 부모와 가정으로부터 영유아의 식습관, 기호, 알레르기 등의 정보를 제공받아 이를 영양관리에 활용하여야 한다.

운영자와 교직원은 영유아의 표준체격 정보, 체위, 건강한 체질 유지를 위한 정보 등을 활용하여야 한다. 그리하여 영유아의 올바른 식습관 형성과 적절한 영양관리를 통해 영유아의 올바른 성장 발달에 기여하여야 한다. 운영자와 교직원은 영유아 성장 발달에 맞는 영양 공급과 개선을 이루고, 올바른 식습관 형성, 영양교육, 부모의 영양교육 태도 변화, 급식 · 간식 관련 위생관리 등을 이끌어야 한다.

(3) 안전관리

영유아는 위험이나 상해로부터 스스로 자신을 보호하고 안전 조치를 실시하기 어렵다. 그러나 자신의 신체와 공간, 생활에서의 위험요소를 인식하고 안전에 대한 기본적인 인식과 대처가 가능하다. 그러므로 운영자와 교직원은 영유아의 발달 특성을 이해하고 이에 따른 안전교육과 관리를 실시하여야 한다. 운영자와 교직원은 기관 실내 · 실외 안전에 관한 관리와 교육을 실시하고, 기타 놀이안전, 교통안전, 화재안전, 전기안전, 환경오염 및 안전, 자연재해 안전 등에 관한 관리와 교육을 실시하여야 한다.

5) 평가관리

(1) 평가의 목적

평가는 기관의 목적과 목표가 달성되었는지를 알아보기 위한 것이다. 기관의 보육과정, 교직원, 교육 · 보육환경, 재정 및 운영 사항에 대해 전반적인 평가를 하는 것이다. 평가는 적절히 개발된 평가과정을 통해 정기적 · 비정기적으로 실행되어야 한다. 평가 대상인 영유아가 평가내용과 과정에 대해 알고 영유아나 부모가 평가결과를 안내받을 수 있어야 한다. 평가결과는 다음 교육계획에 활용되는 등 합리적인 평가 목적에 맞게 활용되고, 관련 종사자 외에는 접근할 수 없어야 한다.

(2) 평가 유형과 내용

평가에는 정규성에 따라 정기적 평가와 비정기적 평가가 있다. 운영관리에서 평가 대상은 영유아 발달, 교직원, 프로그램 및 교육 · 보육과정, 재정 및 운영 등이다. 평가 영역과 내용은 〈표 9-2〉와 같다.

표 9-2 평가의 영역과 내용

영역	내용
영유아 발달	기관의 교육 목적과 목표에 따라 영유아 발달이 원활하게 이루어지는지 파악하고 교육과 보육의 바람직한 방향을 제시하기 위해 실시한다. 발달 평가는 시기에 따라 진단평가, 형성평가, 총괄평가를 실시한다. 최근에 강조되는 평가는 수행평가와 역동적 평가이며, 형식적 평가방법과 비형식적 평가방법을 평가목적과 장점에 따라 다양하게 활용하도록 한다. 평가방법에는 일화기록, 행동관찰목록 평가, 사진이나 영상물 기록, 작품 수집, 포트폴리오, 면담이나 부모로부터 제공받은 자료 등이 있다.
교직원	교직원의 강점과 보완점을 인식하도록 돕고 교직원의 자질을 향상시키기 위한 목적으로 활용한다. 교직원 평가는 원장, 원감, 동료교사, 정학사 및 전문가에 의해 이루어질 수 있고, 교직원의 업무와 교육 목적에 기초하여 이루어진다. 평가 내용으로는 교육과정 계획 및 운영, 환경구성, 영유아와의 상호작용, 타 교직원과의 관계, 업무 충실도 등이 있다.
프로그램 및 교육·보육과정	프로그램 및 교육·보육과정 평가는 기관의 교육의 질을 평가하는 중요한 영역이다. 교직원, 부모 및 외부 전문가에 의해 평가될 수 있다. 기관 내 평가와 외부 평가로 이루어지기도 한다. 외부 평가는 교육청의 학교 평가, 보육시설평가인증사무국의 인증평가 등이 있다.
재정 및 운영	재정 및 운영 평가는 회계기록, 재정 운영 현황을 평가하여 수입 대비 지출 사항을 파악하고 재정 운영에 관한 방침을 재구성하는 데 도움을 준다. 또한 기타 평가 자료에 기초하여 기관 운영 전반에 대한 보완 사항을 점검한다.

6) 인사관리

(1) 교직원의 역할과 자질

「유아교육법」 제21조 제1항에 따르면 유치원 원장은 원무를 통할하고 소속 교직원을 감독하며 원아를 교육한다(법제처 국가법령정보센터, 2018c). 「영유아보육법」 제18조 제1항에 의하면 보육시설의 장은 보육시설을 총괄하고 보육교사와 그 밖의 종사자를 지도·감독하며 영유아를 보육한다(법제처 국가법령정보센터, 2018b). 원장의 역할은 지도자와 관리자 측면에서 구분할 수 있다. 지도자 측면에서 원장은 교육과정과 프로그램의 방향을 정립하고, 전반적 프로그램 내용을 구성하며, 관련 행정기관 및 단체와 관계를 유지하며, 교육자로서 모델이 되고 전문성을 유지하여야 한다. 관리자 측면에서 원장은 전반적인 운영계획 수립과 운영관리를 하며, 교직원 채용 및 인사관리 원아 모집 및 관리, 교육과정 전개와 일과 관리, 시설·설비 및 교재·교구 관리, 재정관리, 행정업무 처리 및 기록의 보관, 부모교육, 평가관리 등을 하여야 한다.

「유아교육법」 제21조 제2항(일부개정 2010.3.24., 2011.7.25.)에 의하면, 원감은 원장을 보좌하여 원무를 관리하고 해당 유치원의 원아를 교육하며, 원장이 부득이한 사유로 직무를 수행할 수 없을 때에는 그 직무를 대행한다. 다만, 원감을 두지 않는 유치원은 원장이 미리 지명한 교사(수석교사를 포함한다)가 그 직무를 대행한다. 원감은 연간·월간·주간·일일 교육 계획안 수립, 교육 활동 지도·감독, 건강·영양·안전 관리, 비품 및 교재·교구 관리, 연구 및 행사관리, 학습자료 관리, 부모교육의 계획과 운영, 기타 학급담임의 역할 등을 수행할 수 있다.

같은 법 제21조 제3항에 따르면, 교사는 법령이 정하는 바에 따라 원아를 교육한다. 「영유아보육법」 제18조 제2항에 따르면, 보육교사는 영유아를 보육하고 보육시설의 장이 불가피한 사유로 직무를 수행할 수 없을 때에는 그 직무를 대행한다. 교사는 영유아의 안전관리, 교육 목표 달성을 위한 교육과정의 계획과 운영, 비품, 교재·교구의 구입, 제작 및 활용, 교육환경의 구성과 활용, 학급 운영과 관리, 영유아 평가, 부모교육 실시, 전문성 유지 등의 역할을 수행한다.

(2) 교직원의 임용

임용은 특정한 지위에 임명하는 것을 의미하며, 신규채용, 승진, 승급, 전직, 전보, 겸임, 파유, 강임, 휴직, 직위해제, 정직, 복직, 해임 및 파면이 이에 해당된다. 핵심적 사항은 선발과 임명인데, 선발은 자격을 갖춘 후보자들 가운데 최적임자를 선정하는 것이고 임명은 선발된 후보자에게 직위를 보하는 것이다.

교직원의 인사관리는 유능한 적임자를 선정하여 기관의 적절한 위치에 배치하고 각 개인의 능력이 최대한 발휘되도록 함으로써 기관의 목적을 달성하는 것이다. 유치원의 원장, 원감, 교사의 신규채용은 「교육공무원임용령」(법제처 국가법령정보센터, 2018a)과 교육공무원 인사관리규정(교육부, 2010)에 따른다. 보육기관의 종사자 임용은 「영유아보육법」 제19조, 같은 법 시행규칙 제11조 제1항과 제3항에 따른다.

7) 재정관리

(1) 재정관리 업무

운영자는 예산 정책의 결과를 알고, 정밀한 회계기록으로 세입 · 세출을 인지하고 다음의 예산 계획을 수립할 수 있어야 한다. 성공적인 재정관리를 위해서 정확한 예산 편성과 지출, 세금납부와 예결산 보고서 작성을 명확히 하여야 한다.

어린이집의 예산편성업무는 다음의 절차로 진행되는 것이 바람직하다.

- 1단계: 다음 연도의 교육 목표에 따른 교수–학습활동 및 행사 계획을 위한 모든 경비 지출 항목을 열거한다.
- 2단계: 각 항목별로 소요경비를 산출한다.
- 3단계: 수입이 될 재원을 정한다.
- 4단계: 수입과 지출을 비교 검토해 본다.
- 5단계: 교직원 회의를 통해 경비와 기관의 목적에 따라 우선 항목을 정한다.
- 6단계: 수입과 지출의 균형을 맞춘다.
- 7단계: 예산을 재평가한다. 실천성 여부를 고려한다.
- 8단계: 협의와 수정 절차를 통해 확정한다.

(2) 세입 및 세출 관리

세입 및 세출 관리에서 보육(교육)비 구성은 기본적인 문제이다. 보육(교육)비는 인건비, 운영비로 구분된다. 대부분 보육(교육)비는 인건비와 운영비가 차지하는 비중이 크다. 인건비는 기관의 규모와 교직원 수에 따라 결정되며, 학력 · 경력 · 직위에 따른 호봉과 제반 수단에 따라 보육 관련 법과 지방자치단체의 기준에 따라 지불된다. 운영비는 보육(교육)활동경비와 공통운영경비로 구성된다. 기관의 보육(교육)비 구성은 〈표 9-3〉과 같다.

표 9-3 기관의 보육(교육)비 구성

구분	세부 구분	내용
표준 보육비 (경상비)	인건비	기본급, 정액수당, 복리후생비, 부담금
	운영비	보육활동경비: 기준시설 · 설비 경비, 기준외 시설 · 설비 경비, 기준외 교구경비, 재료비
		공통운영경비: 공공요금, 연료비, 인쇄비, 판공비, 사무용품비, 학습자료구입비, 견학비, 행사비, 차량유지비, 재산관리비, 연구비, 보건체육비

보육(교육)비 책정은 사립기관의 경우 인건비와 운영비 소요액을 원아 수로 나누어 결정하며, 공립기관의 경우 소요액에 지원액을 뺀 차액을 원아 수로 나누어 이루어진다.

① 세입(수입) 관리

세입은 입학금, 수업료(보육료), 국공립 보조금이 주된 수입 근원이고, 그밖에 설립자부담금, 기타 보조금, 행사비, 교재 · 교구 및 재료비, 급간식비 등 수익자 부담 교육비, 이월금, 예금이자 등이 세입 재원에 포함된다.

교육비나 보육비에 의한 수입이나 기타 수입은 수입결의서로 결재한 후 원장과 세입대장(세입부), 보육(교육)비 수납부에 기입한다.

② 세출(지출) 관리

기관의 인건비 지출, 공과금 납부, 교재 · 교구 등의 물품 구입 등의 지출이 발행할 때 다음의 절차로 지출한다.

• 인건비 지출: 직원은 교직원 호봉기준에 따라 매달 봉급지급표를 작성, 지출결의서를 갖추어 운영자 및 관리자 결재 후 교직원의 은행계좌로 입금한다. 세출부에 기입한다. 봉급 지급에 따른 소득세는 사무직원이 소득세액 징수표 양식에 기재하여 은행에 납부한다. 의료보험과 연금은 임용 시 각 관리공단 신청을 통

해 매월 관리공단의 납부청구서를 받아 지불한다.

- **물품구입 지출**: 교사나 직원은 교재, 교구, 사무용품 등 물품을 구입할 때 필요한 물품의 품명, 규격, 수량, 단가, 금액, 용도 등을 명시한 물품 매입 품의 및 요구서를 작성한다. 해당지출 항목의 잔액을 확인한 후 운영자·관리자에게 물품 매입 품의 및 요구서를 제출한다. 운영자 및 관리자는 물품 구입 필요성 여부를 검토하고, 2개 이상의 업체 견적서를 첨부하여 서류를 원장에게 제출하여 결재를 받아 구입 절차를 밟는다. 물품을 확인 후 직원은 장부에 기입하고 지출결의서를 작성하여 결재 후 금액을 지불하고 영수증을 받는다. 직원은 영수증을 증빙대지에 붙인 후 지출결의서와 함께 보관한다.

- **시설 수리 보완 지출**: 시설 수리 보완 사항에 대해 구체적으로 명시한 시설 수리 보완 요구 품의서를 사무직원이 운영자 및 관리자에게 제출한다. 운영자 및 관리자는 직원과 협의하여 2개 이상의 업체로부터 견적서를 받아 원장의 결재 후 지정된 업체에 시설 수리 보완을 요청한다. 시설 수리 보완 완료 후 관련 사항을 확인한 후 업체 청구서에 따라 직원이 지출결의서를 작성한다. 원장의 결재를 받아 시설 수리 보완비를 지불하고 영수증을 받아 증빙대지에 붙여 철하여 보관한다.

8) 부모 및 가정 협력 관리

(1) 기관과 부모 및 가정 간의 협력의 필요성

부모는 영유아에게 첫 번째 교사이며 영유아의 삶에 가장 중요한 영향을 미치기 때문에, 영유아 보육에 부모를 참여시키는 것은 매우 중요한 사항이다. 기관과 부모를 포함한 가정이 함께 협력하였을 때 영유아 보육은 일관성 있게 효율적으로 이루어질 수 있다. 부모와 교사는 서로 영유아의 정보와 보육에 관한 정보를 교환하여 영유아의 보육과 교육 효과를 증대할 수 있다. 이처럼 교사와 부모는 함께 보육에 대한 목표를 추구하고 협력할 수 있다.

(2) 부모 및 가정과의 협력 방법

부모교육의 유형은 기관에서 계획한 부모교육 프로그램에 부모가 수동적 또는 능동적으로 참여하는 형태가 있다. 부모는 기관의 활동이나 행사에 참여하여 보조자나 지원자로서 봉사할 수 있고, 부모의 권한을 최대한 인정받으면서 기관의 운영 및 참여에 능동적으로 임할 수 있다. 부모교육의 구체적인 프로그램은 〈표 9-4〉와 같다.

표 9-4 부모교육 유형

유형	내용
부모회	부모의 집단모임이다. 부모회는 월 1회 또는 연 2~3회 강사를 초빙하여 정해진 주제에 대한 강연을 듣거나 영유아와 관련된 문제에 대해 의견을 나누는 모임이다. 또한 부모회는 부모협의회 등의 형태로 기관 운영의 의사결정에 적극적으로 참여할 수 있다.
가정통신	정기적·비정기적으로 가장 많이 활용되는 정보 교환·의사소통 방법이다. 가정통신은 필요에 따라 부모와 가족을 위해 작성되어 영유아를 통해 가정으로 전달되며, 영유아 보육 관련 정보, 행사 등의 내용을 제공하고, 부모참여의 필요성을 고취시키는 역할을 한다.
면담	교사와 부모가 서로 대면하여 영유아의 생활과 습관, 문제행동 등에 대해 의견을 교환함으로써 바람직한 보육 방안을 모색하는 것이다. 면담은 개인/집단 면담, 정기적/비정기적 면담이 있다. 면담 시, 영유아에 대한 객관적 기록과 정보에 근거하여 임해야 하며, 면담기록을 별도로 작성하여 보관하여야 한다.
수업 참관	부모가 영유아의 수업에 방해되지 않게 관찰하는 것이다. 이를 통해 부모는 자녀의 기관에서의 생활과 보육에 대한 이해를 할 수 있어, 기관과 가정이 바람직한 협력관계를 형성할 수 있는 효율적 방법이다.
참여 수업	영유아의 수업에 부모가 직접 참여하는 것으로, 부모가 영유아 보육과정을 보다 깊이 이해하는 기회를 제공한다.
보조교사	부모가 기관에서 교사의 보조자 형태로 참여하는 것이다. 부모는 효과적인 교육과정 운영을 위해 필요에 따라 보조교사로 활용될 수 있다. 학급운영에도 도움이 될 수 있고, 부모도 영유아 보육 이해를 높이는 기회가 된다.
워크숍	부모가 실제적인 활동을 통해 배우고 실습하는 활동이다. 워크숍 주제는 유아교육자료나 교구 만들기, 그림책 등의 교수방법, 부모의 취미활동, 특기 개발 등이 있다. 성공적인 워크숍을 위해 부모의 요구를 수용하는 것이 바람직하다.
장난감 대여 프로그램	부모 및 가정에 장난감을 대여해 주는 프로그램이다. 이는 가정에서의 다양한 장난감 활용 기회를 제공하고, 부모에게 장난감 선택과 사용법 안내의 기회도 제공한다.

활동해 봅시다

- 내가 만약 어린이집 원장이라면 교직원은 몇 명을 두겠습니까?

- 어린이집 건물과 부지의 설계는 어떻게 할 것인지에 대해 평면도를 그림으로 그려 봅시다.

제10장
부모교육과 지역사회 연계

어린이집은 영유아를 대상으로 하는 보육뿐만 아니라 보육의 효율성을 위해 부모교육 및 지역사회와의 연계활동이 활발히 진행된다. 특히 현대사회는 다양한 가족 유형이 존재하고 각 유형에 따른 가족의 요구가 다르기 때문에 부모교육을 통해 자녀 양육에 대한 효율적인 지원을 하는 것은 결국 영유아의 건전한 성장·발달을 도모하는 것이다. 또한, 영유아는 각 지역사회의 문화적·역사적·사회적 맥락 내에서 성장하므로 교육의 수단이며 교육의 장이 될 수 있는 지역사회를 효율적으로 활용할 수 있는 방안을 모색하여 보육의 효과를 극대화하는 것이 필요하다. 따라서 이 장에서는 부모교육과 지역사회로 구분하여 각각의 개념과 필요성, 구체적인 방안을 살펴본다.

1. 어린이집과 부모교육

1) 부모교육의 개념

부모교육(parent education)이란 용어는 부모참여(parent participation/parent involvement), 부모협력(parent cooperation), 부모개입(parent involvement), 부모훈련(parent training) 등 다양하게 혼용되어 사용되며, 이 중 부모교육이라는 용어를 가장 일반적으로 많이 사용하고 있다. 최근에는 가족지원(family support)이란 개념도 도입되고 있는데, 가족지원은 가족의 각 구성원과 가족 전체의 기능을 원활히 하고 향상시키기 위해 가족 구성원의 심리적·육체적 스트레스를 줄이고, 필요한 자원을 제공하는 모든 복지서비스(신현정, 2009)로서 가족지원의 일환으로 부모교육이 포함될 수 있다. 여기서는 어린이집에서 이루어지는 부모교육에 한해 다루고자 한다.

부모교육이란 기본적으로 교육대상이 부모이며, 자녀에 대한 이해와 지식을 증진시키기 위한 다양한 교육적 경험 또는 활동이다. 부모교육을 통해 가정과 어린이집 간의 상호작용이 이루어지며, 영유아 및 부모 모두에게 긍정적인 영향을 준다. 다시 말하면 부모교육이란 '영유아의 부모를 대상으로 자녀양육에 관한 교육적 경험을 통해 가정과 어린이집 간의 긍정적인 상호작용으로, 구성원(부모, 영유아, 교사 등) 모두 바람직한 방향으로 변화하기 위한 교육 활동'이라고 정의내릴 수 있다.

과거에 교사와 부모, 어린이집과 가정은 상하 또는 수직 관계로 인식되기도 하였으나, 최근에는 가정과 유아교육기관의 환경, 그리고 그 속에서 이루어지는 교육자 간의 상호작용 및 연결을 의미한다. 따라서 영유아를 위해 상호 보완하는 참여자, 동반자, 협력자로서의 관계로 인식되고 있다. 부모교육을 통해 어린이집과 가정이 영유아를 위해 일관성있는 교육을 도모하며 부모로서 바람직한 역할과 기능을 수행한다면 이는 결국 영유아에게 긍정적인 변화를 가져올 수 있을 것이다.

2) 부모교육의 목적 및 필요성

부모는 자녀의 성장과 성숙, 발달에 있어 가장 중요한 인적 환경이다. 대부분의 부모들은 좋은 부모가 되기 위해 역할 수행에 최선을 다하나, 급속도로 변화하는 사회에서 과거 자신의 성장 과정에서 습득했던 원부모와의 보수적인 자녀양육 방법으로는 많은 한계에 부딪힐 수 있다. 왜냐하면 현대사회에서는 다양한 가족 유형이 존재하고, 각 유형의 가족이 요구하는 부모 역할이 다르기 때문이다. 그러므로 시대적 변화에 따른 부모교육을 통해 자녀양육에 관한 지원이 필요하다.

부모교육의 필요성을 영유아, 부모, 어린이집, 사회의 입장으로 구분하여 설명하면 다음과 같다.

첫째, 영유아의 입장에서 살펴보면, 영유아가 자신의 권리를 존중받고 제대로 성장하기 위해서는 부모 또는 양육자로부터 신체적 · 정서적 · 사회적 · 지적인 배려와 지지를 받는 것은 매우 중요하다. 그러므로 부모교육을 통해 바람직한 부모의 역할을 수행하도록 도와 결국 영유아의 행복, 자율성, 안정성, 자존감 등을 향상시킬 필요가 있다.

둘째, 부모의 입장에서 살펴보면, 자녀 성장 및 발달 과정에서 전문성이 요구된다. 과거에는 양육 관련 지식 및 경험이 세대 간에 자연스럽게 전승되었으나, 현대사회의 핵가족 내에서는 주변의 지지 없이 자녀양육의 책임을 수행해야 할 상황에 부딪히게 되었다. 이러한 변화는 부모역할에 대한 부담이 증가되고 책임 또한 가중되었음을 의미한다. 젊은 부모들은 양육에 대한 경험과 영유아의 성장·발달에 관한 과학적인 정보 및 지식이 부족하여 자녀의 요구 등에 적절하게 반응할 수 없는 어려움을 겪고 있다. 특히 여성의 사회참여가 증가함에 따라 부모가 자녀를 돌보는 시간이 절대적으로 줄어들어 질높은 부모-자녀 간의 상호작용이 중요해졌으며, 아버지 역시 자녀양육에 적극적으로 참여하여야 할 필요성이 확대되어 부모교육이 더욱 필요한 상황이다.

셋째, 어린이집의 입장에서는 교육적 효과를 극대화하기 위해서 부모교육이 필요하다. 부모의 적극적인 참여 없이 유아만을 대상으로 한 교육으로는 지속적인 교육효과를 기대하기 어렵다. 가정과 어린이집이 상호 신뢰를 형성하여 일관성있는 교육을 해야만 교육의 효과를 극대화할 수 있다. 부모에게 자녀교육에 대한 지식·정보·기술 등을 알려 주고 가정의 협조를 도모함으로써 어린이집 교육의 효율성을 높이는 동시에 아동학대 예방 및 건강한 가정을 형성할 수 있도록 도모할 필요가 있다.

넷째, 사회의 입장에서 보면 영유아의 연령이 어릴수록 교육 투자 대비 효과가 높고 부모교육을 통해 부모의 양육역량을 강화시키는 것은 사회경제적 비용 감소라는 경제성의 원리를 고려할 때 부모교육이 필요하다. 특히 현대사회에서는 핵가족뿐만 아니라 맞벌이·한부모·조손 가족 등 다양한 형태의 가족이 존재하고, 저출산·이혼 증가·심각한 아동학대와 문제아동의 급증 등과 같은 사회문제가 증가되면서 가족관계 증진과 아동학대 예방 차원에서 부모교육의 필요성이 더욱 중요시되고 있다. 이것의 일환

표 10-1 각 부처별 부모교육 대상, 전달체계 및 교육내용

구분	여성가족부	보건복지부	교육부(교육청)
교육 대상	모든 부모(예비부모 포함)	영유아기 자녀의 부모	학부모
전달 체계	건강가정지원센터 (151개소)	육아종합지원센터 (88개소)	학부모지원센터 (93개)
교육 내용	자녀의 연령단계별 부모역할 및 부모와 자녀 간 관계 지원 등	영유아기 자녀양육에 필요한 지식, 기술, 방법 등	유아기·학령기 자녀의 학습·진로 지도 및 부모역할

으로 각 부처별로 다양하게 부모교육이 이루어지고 있다. 2016년 관계부처합동 보도자료(2016. 3. 29.)에 의하면, 크게 여성가족부(건강가정지원센터), 보건복지부(육아종합지원센터), 교육부(학부모지원센터)를 중심으로 부모교육이 활발히 이루어지고 있다.

　그 밖에 대학 연구소, 종교기관, 시민단체 등 민간에서도 부모교육을 개별적으로 실시하고 있는 중이다.

　이상과 같은 필요성에 따라 부모교육의 목적은 첫째, 어린이집과 가정이 협력하여 일관성있는 교육을 함으로써 영유아의 건강한 성장과 발달을 도모하고 둘째, 부모에게는 양육에 대한 효능감을 증진시켜 국가 발전의 원동력인 인적 자원의 효율적 계발 통해 건전한 사회를 구현해 나가는 것이라 하겠다.

3) 부모교육의 내용

　효과적인 부모교육을 위해서는 부모교육의 목표를 설정하고 이를 달성하기 위한 부모교육의 내용을 정한다. 부모교육 내용으로 다루어지는 일반적인 주제는 부모의 역할과 중요성에 대해 부모에게 인식시키는 내용, 또는 영유아 시기의 신체 · 언어 · 사회 · 정서 · 인지 등 발달의 제반 사항과 그 지도방법 등에 대한 내용이다. 또한 자녀와의 대화기법이나 영유아 시기의 문제행동 및 그에 대한 지도방법, 가정에서 영유아의 발달을 촉진하기 위한 환경 조성방법, 부모가 어린이집 교육프로그램에 참여하는 구체적인 방법, 부모를 위한 일반 상식(소비생활에 대한 지식과 정보, 법률상식, 여가선용 방법, 보건 · 건강 · 위생 등)에 대한 내용으로 부모의 교양을 증진시키기 위한 교육이 다루어질 수 있다.

　최근에는 영유아의 권리 존중에 대한 관심이 증가하여 보건복지부에서 지원을 받아 중앙육아종합지원센터를 중심으로 자료 개발과 강사진 교육을 실시하여 개별 어린이집을 직접 방문하여 부모교육을 실시하는 프로젝트를 시행하고 있다(중앙육아종합지원센터, 2017). 자료는 연령별 특성을 반영하여 영유아와 유아로 구분하여 개발되었으며, '존중받는 아이, 함께 크는 부모'라는 주제로 자녀 양육 방향, 발달 특성, 사례별 문제해결 방안, 놀이의 중요성 등에 관한 내용을 담고 있다.

4) 부모교육의 형태

어린이집에서의 부모교육 형태는 다양한 방식으로 진행되며, 가장 일반적인 방법은 가정통신문과 대면 교육, 온라인 교육 방법 등이 활용되고 있다. 여기서는 가정통신문과 대면 교육으로서 학부모 오리엔테이션, 수업 참관 및 참여 수업, 면담, 강연 또는 워크숍을 중심으로 설명하고자 한다.

(1) 가정통신문

어린이집에서 가장 보편적으로 많이 사용하고 있는 부모교육 방법은 가정통신문을 활용하는 것이다. 가정통신문은 기관 소개 책자처럼 연간으로 발간되는 것, 교육계획을 알리는 주간 · 수시 발행 등 다양한 형태가 있다. 가정통신문은 문서를 통해 부모에게 자녀양육 기술이나 태도, 방법 등을 알려 주기 위한 내용이 제공된다. 그리고 어린이집에서 이루어지는 교육에 관한 정보를 제공하기 위해 주간 · 월간 교육계획안과 준비물, 부모교육의 계획과 운영, 교육에 관한 정보 등이 포함된다. 부모의 지원과 협조가 필요한 경우 이를 안내하기 위해 협조문 형태의 가정통신문을 보내는 경우도 있다.

가정통신문의 장점은 다음과 같다.

- 시간에 구애받지 않고 아주 손쉽게 모든 부모에게 전달할 수 있다.
- 유아교육기관과 가정과의 소통을 촉진한다.
- 부모가 어린이집에서 이루어지는 주요 교육 활동을 계속적으로 파악할 수 있다.
- 부모역할에 관한 지식과 기술을 제공받아 자녀와의 상호작용을 개선할 수 있다.

가정통신문의 단점은 다음과 같다.

- 일방적으로 전달되므로, 개별적인 부모의 상황이나 이해수준을 파악할 수 없다.
- 부모에게 정보를 제공하고 협조를 구하는 목적 이외에 부모의 태도나 지식, 기술

을 변화시키고자 하는 부모교육에 대한 효과를 확인하기 어렵다.

(2) 학부모 오리엔테이션

어린이집에서는 신입 원아 모집이 끝난 후 학부모를 대상으로 오리엔테이션을 실시하여 적응을 도와준다. 학부모 오리엔테이션 내용으로는 어린이집의 교육철학, 운영방법, 교육 방법, 각종 행사, 교직원 및 반편성 안내, 자녀지도 방법 등에 관한 제반 사항이다. 이러한 오리엔테이션을 통해 어린이집에 대한 이해와 신뢰를 돕고 운영상의 협조를 구함으로써 어린이집의 교육적 효과를 상승시키고자 한다.

학부모 오리엔테이션

(3) 수업 참관 및 참여 수업

수업 참관은 부모가 어린이집에서 생활하는 자녀의 행동이나 발달을 객관적으로 관찰하고 평가하고 이해하기 위해 특정한 날을 정해 교실을 개방하거나 일방경을 통해 수시로 참관하는 방법이다. 반면, 참여 수업은 부모가 좀 더 적극적으로 자녀의 수업에 직접 참여하여 자녀가 어떻게 적응하고 수업 활동에 참여하는지, 친구들과의 또래놀이 또는 수업 태도는 어떠한지 등을 직접 관찰하는 방법이다.

수업 참관 및 참여 수업을 실시할 경우 사전에 미리 안내문을 발송하여 참관 및 참여 수업의 목적과 내용 등을 알려 주도록 한다. 특히 부모들이 일정을 조절하여 적극

아버지 참여 수업

적으로 참여할 수 있도록 협조를 구한다. 그리고 당일에는 보다 교육적으로 이끌어가기 위해서 참관 및 참여 수업의 목적, 내용 등과 함께 유의점, 관찰기록지 등을 배부하여 집중도를 높이고, 모든 활동이 마무리된 다음 만족도조사 등을 통해 사후 평가 및 계획을 위한 기초 자료로 활용하도록 한다.

(4) 면담

면담은 시기에 따라 정기와 비정기로 구분된다. 정기 면담은 어린이집의 계획에 따라 정해진 시기에 이루어지는 것으로 일반적으로 한 학기 동안 1회 내지 2회 계획한다. 비정기 면담은 계획은 없었으나 부모의 요구나 교사의 필요에 의해 수시로 이루어지는 것을 말한다.

또한 집단의 규모에 따라 집단 면담과 개별 면담으로 구분되는데 집단 면담은 보통 1년에 2회 정도, 즉 학년 초와 학년 말에 1회씩 반별로 담임교사와 부모 약 10여명 정도가 함께 모여 면담을 하는 것을 의미한다.

집단 면담의 장점은 가정에서 자녀를 키우면서 경험했던 문제를 부모들 간에 서로 공유함으로써 자신의 자녀만의 문제라고 생각했던 것에 대해 함께 위안과 해결방법을 모색할 수 있다는 점이다. 특히 양육과정에서 경험한 성공 사례나 실패 사례를 들음으로써 자녀양육 방법에 대해 이해하게 되어 자녀에게도 긍정적인 영향을 줄 수 있다.

　　개별 면담은 교사와 부모가 서로 얼굴을 대면하고 자녀의 생활 전반에 대한 정보를 교환하는 방법이다. 등하원 시간 등을 통해 짧게 비공식적인 방법으로 필요한 정보를 교환하기도 하지만, 일반적으로 공식적인 일정을 마련하여 영유아의 생활 전반에 관해 상담하는 시간을 갖게 된다. 이러한 개별 면담은 개별 영유아에 대해 구체적으로 의논할 수 있는 가장 적극적이고 밀접한 의사소통 방법이다. 그리고 부모와 친밀감을 형성할 수 있고 부모의 각기 다른 생활 배경에 따라 유아교육에 관한 의견을 교환할 수 있으며, 개별 영유아의 구체적인 문제에 대한 해결책을 모색할 수 있다는 장점이 있다. 교사는 면담 전에 영유아의 어린이집 생활에 대한 내용 기록 등을 미리 준비하여 면담이 효율적으로 이루어지도록 하며 면담 후 그 결과를 기록하고 보관해 둔다.

부모 상담 전 확인 사항

- 면담 시간은 확인하였는가?
- 면담 장소는 정돈되었는가?
- 면담을 위한 마음의 준비가 되었는가?
- 면담 기록을 정리할 양식을 가지고 있는가?
- 면담을 위한 영유아의 기초 자료 및 안내 자료가 준비되었는가?

개별면담 장면

(5) 강연 또는 워크숍

부모에게 영유아 발달에 관한 기초지식을 전달할 때 가장 보편적으로 사용하는 방법이 강연이다. 강연은 동시에 많은 사람들에게 정보를 전달할 수 있어 부모들이 공통적으로 관심을 두는 문제를 다룰 때 주로 활용한다. 강연 주제는 올바른 자녀지도방법, 영유아기의 중요성, 영유아 발달 특성, 건강관리, 유아교육에서의 부모역할, 영유아의 문제행동과 지도방법, 자녀와의 대화기법, 초등학교 입학 준비 등 대부분 자녀지도와 관련된 내용으로 이루어진다. 한편, 워크숍은 부모가 활동에 참여할 수 있는 교육 활동으로 교재 · 교구 제작이나 취미와 교양을 위한 워크숍, 영유아를 위한 놀이 및 게임 배우기 워크숍 등이 진행될 수 있다.

강사는 부모교육의 내용에 따라 관련 전문가를 초빙하여 월별로 혹은 1년에 2~3회 실시할 수 있다. 강사를 외부에서 초빙하는 경우 섭외는 최소 1개월 전에 마치고, 강사에게는 부모교육 일주일 전과 하루 전에 다시 한 번 행사 일자 · 시간 · 장소 등을 미리 알려주어 착오가 없도록 한다. 그리고 강사에게 지역사회나 부모들의 특성, 요구사항 등을 미리 알려 주는 것이 좋다.

강연 후 만족도 조사를 실시하여 강연에 대한 평가자료로 활용하여 다음의 강연 주제 및 강사 섭외를 위한 기초자료로 활용하도록 한다.

이처럼 다양한 부모교육 방법이 있으나 무엇보다 부모교육이 효율적으로 이루어지기 위해서는 세심한 계획 · 실행 · 평가의 과정을 거쳐야 하며, 부모가 유아교육의 주

부모교육(강연회)

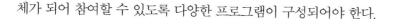

체가 되어 참여할 수 있도록 다양한 프로그램이 구성되어야 한다.

2. 어린이집과 지역사회 연계

1) 지역사회 연계의 개념

　지역사회란 개인이 생활하는 가정, 이웃, 학교, 직장 그리고 그 외에 모든 물리적, 사회적 환경들을 포함하는 생활공동체이다. 그러므로 지역사회는 지역의 근접성과 함께, 사회문화적 동질성과 사람과 사람 간의 관계 그리고 그 집단으로서의 소속감, 의무감, 자발적인 참여가 중요한 특징이라 할 수 있다(황혜정 외, 2003).

　인간은 공동체 속에서 행복하게 어우러져 사는 것이 무엇보다 중요하므로 지역사회를 구성하는 많은 장면들은 발달을 촉진하는 학습 기회의 맥락으로 간주된다. 지역사회는 영유아의 일차적인 생태학적 환경인 가족이 거주하는 곳으로 영유아에게 직간접적으로 영향을 미친다. 영유아는 일상생활에서 지역사회 구성원과 상호작용하고, 각 지역사회의 문화적 · 역사적 · 사회적 맥락 내에서 성장하므로 영유아의 삶에 직접적인 영향을 준다.

　요약하면, 지역사회는 교육을 위한 수단인 동시에 교육의 장이 될 수 있으므로 영유아는 지역사회와의 긴밀한 상호작용을 통해 자신을 이해하고 발달해 나갈 수 있다.

2) 지역사회 연계의 목적 및 필요성

　지역사회에는 풍부한 인적, 물적 자원이 있다. 영유아는 자신이 속한 지역사회의 시설이나 기관에서 일하는 사람들의 역할과 협력관계를 이해해야 하므로 어린이집에서는 영유아의 활동에 도움이 되는 지역사회의 인적, 물적 자원을 적극적으로 활용해야 한다. 그러기 위해서는 지역사회와의 연계가 필수적이다.

　표준보육과정에서도 어린이집 주변 환경과 여러 자원을 이용할 수 있도록 지역사회기관과의 협력의 필요성을 강조하고 있다. 즉 "가정이나 지역사회로 하여금 유아의 행복하고 건강한 성장발달에 기여하는 사명감과 보람을 가질 수 있도록 한다."(보건복지부, 교육과학기술부, 2013)로 제시함으로써 영유아의 건강한 성장과 발달을 위해 어린이집뿐 아니라 가정과 지역사회가 책임감을 가지고 협력하는 것이 중요함을 제시하고 있다.

어린이집과 지역사회 연계는 영유아의 성장에서 환경의 중요성과 환경 안의 다양한 체계의 상호작용을 강조한 브론펜브레너(Bronfenbrenner, 1990)의 생태학적 이론에서 근거를 찾을 수 있다. 브론펜브레너(1990)는 미시체계, 중간체계, 외체계, 거시체계로 나누어 설명하고 있다.

- 미시체계(microsystem): 영유아가 속한 가장 직접적인 환경으로 지역사회, 교육기관, 친구, 매체, 부모 등이 있다.
- 중간체계(mesosystem): 형제간의 관계, 부모나 또래 간의 관계, 교사와 부모 간의 관계 등 환경들 간의 관계로 구성된다. 일반적으로 이 체계들 간의 관계가 밀접할수록 영유아의 발달은 순조롭게 진행된다.
- 외체계(exosystem): 지역사회 수준에서 기능하고 있는 사회의 주요 기관으로 부모의 직업, 정부기관, 교통 · 통신 시설, 문화시설 등이 여기에 속한다.
- 거시체계(macrosystem): 앞의 세 가지 체계를 포괄하는 문화적 맥락으로 사회적 가치관, 전통, 관습, 법 등을 일컫는다. 영유아가 속해 있는 사회문화적 배경에 따라 부모의 양육태도 등 가치관이 달라지며, 이러한 신념이나 가치관은 영유아의 발달에 지속적으로 영향을 준다(방인옥 외, 2000).

영유아기의 주된 경험들은 주로 미시체계와 중간체계에서 이루어지며, 영유아가 공동체 일원으로 살아가는 데 매우 중요한 영향을 미친다. 외체계와 거시체계는 영유아와 직접적인 관계를 맺고 있지는 않으나 간접적으로 영향을 미치는 사회적 환경 맥락이다.

지역사회와 어린이집이 상호 협력 관계를 갖는 궁극적인 목적은 영유아가 지역사회에 대한 애정과 소속감을 갖게 하고, 결국 영유아에게 양질의 보육을 제공하는 데 있다. 지역사회와 어린이집 간의 상호 협력의 구체적인 목표는 다음과 같다.

첫째, 지역사회의 구성원과 상호작용하고 학습하는 과정을 통해 지역사회에 대한 이해가 증진된다.

둘째, 지역사회 고유의 삶의 양식, 생활양식 등 문화적 체험을 통해 긍정적으로 영유아의 사회화를 돕고 사회적응력을 향상시킬 수 있다.

셋째, 지역사회는 교육을 위한 수단인 동시에 교육의 장이 될 수 있으며, 영유아는 지역사회와의 긴밀한 상호작용을 통해 자신을 이해하고 발달해 나갈 수 있다.

3) 지역사회 자원

모든 어린이집은 특정 지역사회 내에 위치하고 있고, 각 지역사회에는 보육프로그램을 실시하는 과정에서 유용하게 활용될 수 있는 다양한 자원들이 있다. 이러한 자원을 활용하는 활동은 영유아의 삶의 경험을 확장시키는 의미있는 교육 방법이다. 따라서 보육교사는 영유아의 활동에 도움이 되는 지역사회의 자원을 적극적으로 활용할 필요가 있다.

어린이집에서 교사들이 활용할 수 있는 지역사회의 자원은 자연과 인적 · 물적 · 문화적 자원으로 분류하여 살펴보면 다음과 같다.

(1) 자연 자원

어린이집 주변에 있는 자연 자원(natural resources)에는 공원과 산, 논, 밭, 들, 과수원, 하천, 공터 등이 있다. 이러한 공간에서 영유아들은 맘껏 뛰어놀 수 있고 나무, 풀, 꽃 등의 자연물을 직접 만져 보거나 체험할 수 있는 경험을 통해 자연을 존중하고 환경을 아끼며 보존하고자 하는 생태적 감수성을 성장시킬 수 있다.

(2) 인적 자원

어린이집이 위치한 지역사회에는 다양한 사회문화적 특징을 가진 사람들이 살고 있다. 영유아는 다양한 인적 자원(people resources)인 지역 주민과 접촉으로써 함께 생활하는 이웃에 대한 관심과 다양한 직업에 대해 관심을 갖게 된다. 지역사회의 다양한 인적 자원을 활용하기 위해서는 보육교사가 자원에 관한 기본 정보를 수집하고 있어야 하며 동시에 가족들로부터 활용 가능한 인적 자원에 관한 정보를 얻을 수 있어야 한다.

어린이집에서 활용 가능한 인적 자원으로는 의사와 간호사 등 영유아의 진료 활동에 참여하거나 위생에 관한 교육 활동을 직접 진행시켜 줄 수 있는 사람들, 그 밖에 경찰관이나 소방관 등 지역사회 기관에 종사하는 사람들이다. 한편, 영유아 자신도 지역사회 인적 자원으로서의 역할을 할 수 있다. 예를 들어, 수해를 입은 지역에 지원할 물품을 수집하고 자금을 모금하는 경험을 할 수 있다. 이러한 활동을 통해 영유아는 지역사회에 기여할 수 있는 인적 자원으로서의 역량을 키워 나가게 된다.

(3) 물적 자원

어린이집은 보육프로그램 진행에 필요한 다양한 물품 및 비용 등의 물적 자원(material resources)을 지역사회로부터 지원받을 수 있다. 어린이집과 가까운 곳에 위치한 상점들로부터 영유아의 교육 활동에 필요한 물품, 예컨대 미술용품, 종이상자, 다양한 질감의 작은 나무 조각, 장난감 등을 지원 및 기부받을 수 있다. 또한 어린이집은 질적인 보육 프로그램 운영을 위해 재활용센터, 목공소 등을 통해 재활용품을 지원받아 다양한 표상활동 및 역할, 쌓기놀이에 활용할 수 있다. 따라서 교사는 어린이집 주변의 각종 기관에 관한 정보를 축적하고 관리하여 어린이집에서 활용 가능한 자원들을 지원받을 수 있도록 타진해 볼 필요가 있다. 각종 기관들은 어린이집에 자료를 지원함으로써 홍보 효과와 동시에 지역사회 영유아를 미래의 고객으로 확보할 수 있게 된다.

(4) 문화적 자원

지역사회에서 주최하는 행사, 문화공연, 영유아를 대상으로 하는 각종 대회 등의 다양한 문화적 자원(cultural resources)은 보육과정과 연계하여 영유아들의 경험을 풍부하게 할 수 있다. 뿐만 아니라 특색있는 지역문화를 향유하는 데에도 도움이 된다. 또한 동네 근처에 있는 각종 가게, 쇼핑센터, 지하철이나 버스 등의 운송수단, 휴식 공간, 종교시설, 동물원, 박물관 등은 영유아에게 무한한 교육적 경험들을 제공해 주는 중요한 자원이다.

이처럼 어린이집 교사는 지역사회의 다양한 자원을 활용하여 영유아가 교실 또는 어린이집에서 벗어나 다양한 곳에서 직접 관찰하고 경험할 수 있는 교육적 기회를 제공하여 학급에서 진행되고 있는 주제에 대한 개념을 구체화하는 데 도움이 되도록 한다.

4) 지역사회 자원 연계 방법

지역사회 자원과 연계하여 영유아들에게 질높은 교육을 제공하기 위한 체계적이고 다양한 활용 방법을 모색해야 한다. 어린이집에서 지역사회 자원 활용 방안은 견학 활동, 자원봉사자 활용, 전문기관과의 연계 등이 있으며, 반대로 어린이집이 지역사회를 위해 기여할 수도 있다.

(1) 견학 활동

지역사회 내의 공공기관이나 시설들은 영유아의 현장학습에 효과적으로 이용될 수 있는 자연적·인적·물적·문화적 자원들이다. 영유아가 지역사회 환경에 대해 보다 친밀하게 이해하기 위해서는 병원, 경찰서, 도서관, 초등학교, 대학, 동(면)사무소, 공원 관리사무소, 소방서 등 가까운 장소를 방문할 수 있는 기회를 제공한다. 어린이집에서는 평소 영유아가 견학하기에 좋은 장소이지만, 특별히 흥미있는 지역 프로그램이 진행되고 있는지 관심을 갖고 운영 시 반영할 수 있도록 준비해야 한다. 지인들이 추천한 장소라 하더라도 어린이집에 다니는 연령별 특성과 인원을 고려할 때 애로사항이 발생할 수 있으므로 반드시 주변에 위치한 공공기관과 시설을 사전에 직접 방문하여 교육적으로 적합한지 확인하는 과정이 필요하다.

지역사회 도서관 방문

견학 활동을 통해 영유아는 자신이 살고 있는 지역사회에 어떠한 기관이 있는지 파악할 수 있으며, 지역사회를 이해할 수 있는 계기를 갖게 되고, 영유아와 가족, 어린이집이 지역사회의 공동체 의식을 형성하는 데 도움이 된다.

견학을 다녀온 다음에는 사후 활동으로 교실 내에서 표상 활동 및 극화놀이로 연결하여 영유아들의 놀이 활동이 풍부해지도록 교육적으로 활용하는 것이 바람직하다.

도서관 방문 후 관련 확장 활동

(2) 자원봉사자 활용

어린이집에서는 지역사회의 다양한 인사를 자원봉사자로 활용하여 영유아에게 풍부한 경험을 제공할 수 있다. 자원봉사자는 직접적으로 보육서비스를 제공하는 보조교사의 역할을 수행하거나 어린이집의 행정업무를 도와줄 수 있다. 그러나 일반적으로 지역사회 인사를 1일 교사나 특별활동 강사로 초빙해서 활용한다. 만일 부모 및 조부모 중에서 자원봉사자로 도움을 받아 영유아에게 동화를 들려주는 시간을 운영한다면 더욱 효율적인 운영이 가능하다.

(3) 전문기관과의 연계

어린이집은 영유아가 처한 다양한 문제 및 환경에 도움을 제공하기 위해 지역사회의 전문가들과 협조체계를 구축하는 것이 필요하다. 보건소, 병원 등의 의료기관과 연계 활동을 하는 것은 어린이집 영유아의 건강을 지키는 데 큰 도움이 된다. 특히 어린이집에서 긴급한 의료사고가 발생한 경우 해당 의료기관에 즉시 의뢰하여 도움을 받을 수 있다면 영유아의 건강을 돌보는 데 더욱 효과적이다.

영유아의 건강검진을 위해 인근 의료기관이나 보건소와 연계를 맺고 정기적인 예방접종과 구충제 복용, 건강한 생활습관 기르기, 바른 양치법 배우기, 바른 개인위생법 등의 위생교육을 실시할 수 있다.

뿐만 아니라, 심리적인 상담이나 치료가 필요한 경우 도움을 줄 수 있는 상담 및 치료사, 안전한 보육 환경을 위한 소방관, 경찰관, 보건소 직원 등과의 협력체계 구축은 영유아 보육을 용이하게 한다.

자원인사 초청 방문교육

(4) 지역사회를 위한 어린이집 활용

어린이집은 지연사회 연계를 통해 지역사회에 대한 인식을 높일 수 있는 다양한 보육프로그램을 효율적으로 운영하는 데 도움을 받기도 하나, 지역주민을 대상으로 다양한 행사나 프로그램을 실시하여 지역사회의 복지 향상에도 기여할 수 있다.

지역주민을 위한 프로그램으로는 인근 노인정과 연계하여 영유아와 노인이 함께 활동을 진행하거나, 아동 발달 및 자녀양육에 대한 강연회를 개최하여 지역주민에서 교육의 기회를 제공할 수 있다. 뿐만 아니라 초등학생을 위한 방과 후 교실을 운영하거나, 지역사회의 도서관과 연계하여 책이나 놀잇감을 빌려 주는 것도 가능하다. 그밖에 어린이집 주최로 바자회나 알뜰장터를 열어서 모든 지역주민이 함께 참여하도록 하는 것도 지역사회를 위한 좋은 활동이 될 수 있다.

　대부분의 보육 활동은 어린이집 내에서 이루어지지만, 교사는 이와 같은 다양한 지역사회의 자원을 활용하여 보다 풍부한 보육 활동을 구성함으로써 양질의 보육을 제공하도록 한다.

 활동해 봅시다

- 부모교육 강연 주제로 적절한 주제를 생각하고 발표해 봅시다.
- 어린이집 연간 생활주제에 따른 적절한 견학장소를 조사해 봅시다.

제11장

보육평가

학습목표

1. 보육평가의 목적과 중요성을 이해한다.
2. 보육평가의 다양한 방법을 적용할 수 있는 능력을 갖춘다.

보육의 질적 수준을 파악하기 위하여 영유아 및 교사, 보육프로그램, 물리적 환경 등 어린이집 운영 전반에 대해 평가하는 것은 보육의 질적 수준을 향상시키기 위해 이루어지는 중요한 과정이다. 영유아 교사는 보육평가의 중요성과 목적을 이해하고 다양한 평가 방법을 사용할 수 있는 능력을 갖추는 것이 매우 중요하다. 현재 보육평가 방법으로 활용되고 있는 평가인증제도에 대해 살펴보고, 더욱 발전적인 보육평가 방안을 모색해 보는 것은 보육의 질적 향상을 도모하기 위한 중요한 과정이다.

1. 보육평가의 중요성 및 목적

어린이집 보육의 질을 평가하는 것은 영유아를 대상으로 한 보육활동이 적절한지, 현재 양질의 보육서비스를 제공하고 있는지 등을 알 수 있는 방법이며, 이를 통해 보육발전을 도모할 수 있다. 보육평가는 영유아 개별 평가, 보육프로그램 및 보육교사, 물리적 환경 등 다양한 측면에서 평가될 수 있으며, 각각 다음과 같은 목적과 중요성을 가진다.

첫째, 영유아 평가는 진단평가, 형성평가, 총괄평가 등 시기별 평가를 통하여 영유아의 현재 발달 수준을 파악하고 이에 기초한 보육계획을 수립할 수 있다. 보육계획을 실행하는 과정에서 이루어지는 형성평가를 통하여 보육과정에 대한 평가를 실시하고 최종 보육목표를 설정함으로써 궁극적으로 영유아에게 적합한 보육과정 및 프로그램을 실시하여 영유아의 발달을 도모할 수 있다.

둘째, 영유아 평가 결과는 영유아 부모와의 면담 및 연계를 위한 기초 자료가 되며, 부모는 이를 통해 자녀의 발달 상황을 파악할 수 있다. 또한 영유아 평가 결과를 통한 교사와의 면담과 연계로 부모는 자신의 자녀양육 태도를 돌아볼 수 있으며, 바람직한 부모-자녀 관계를 형성하는 계기가 될 수 있다. 즉, 어린이집과 가정과의 연계를 원활하게 이루어지게 하는 과정이 될 수 있다.

셋째, 보육프로그램에 대한 평가는 어린이집 보육목표와 영유아의 발달, 흥미에 부합되는 보육프로그램의 적절성 등을 평가함으로써 어린이집에서 실행하고 있는 보육프로그램의 전반을 살펴볼 수 있다는 점에서 중요하다. 또한 다음 보육계획을 수립하는 데 반영될 수 있다.

넷째, 교사평가는 교사의 개인적 자질과 보육계획 및 운영, 영유아 상호작용 등과 같은 전문적 능력을 반성적으로 사고할 수 있는 계기가 될 수 있으며, 이를 통하여 교사로서의 인성과 전문성을 향상시킬 수 있다.

다섯째, 물리적 환경 평가는 영유아의 보육환경을 개선함으로써 보육의 질을 향상시킬 수 있다. 물리적 환경은 영유아의 신체 및 사회성 발달에 영향을 미치는 중요한 요인이며 안전한 어린이집 생활을 위한 기본 조건이다.

여섯째, 국가수준의 보육평가를 통하여 보육의 질을 향상시킬 수 있는 과정이 될 수 있다.

2. 보육평가의 대상

1) 영유아 평가

영유아 평가는 영유아의 현재 발달수준, 흥미, 놀이 유형 등 영유아 개인의 다양한 성향과 발달 정도를 파악하여 영유아 개인에게 적합한 프로그램을 계획하고 발달을 도모할 수 있도록 하기 위한 것이다.

영유아를 평가하는 방법으로 형식적 방법은 적절하지 않으며, 대안적 방법인 관찰법, 면접법, 검사법, 포트폴리오 등의 방법을 사용하는 것이 바람직하다. 각각의 평가방법은 목적과 실행 방법에 차이가 있으며, 장단점을 고려하여 실시하는 것이 필요하다. 영유아 평가는 지속적으로 다양한 방법으로 시행하는 것이 요구되며, 종합적인 평가가 이루어질 수 있도록 해야 한다. 또한 비교를 위한 평가가 아닌 영유아 개인 내적 평가를 통하여 발전적인 결과를 도모할 수 있도록 하는 것이 중요하다.

2) 교사평가

교사는 보육프로그램의 질을 결정하는 중요한 존재이다. 교사는 영유아의 성장ㆍ발달에 중요한 영향을 미치며, 프로그램의 질을 결정하는 데 있어 가장 중요한 요인으로 강조되고 있다(Katz, 1996). 교사평가는 다른 사람에 의한 평가와 자기평가를 통해 이루어질 수 있으며, 이를 통해 교사로서의 역할을 수행하는 데 필요한 전문적인 능력 개발과 자질을 향상시킬 수 있다.

3) 보육프로그램 평가

보육프로그램 평가는 보육프로그램이 어린이집의 보육철학 및 보육목표를 이루는 데 적합한지, 영유아 발달을 도모할 수 있는지, 영유아 흥미를 고려했는지 등을 평가할 수 있으며, 이를 통하여 보육의 질 향상을 도모할 수 있다. 또한 보육프로그램의 연령별 연계성을 평가하여 각 연령에 적합한 보육프로그램을 계획할 수 있도록 하는 수단이 되며, 다음 보육프로그램 계획의 기초 자료가 될 수 있다.

4) 어린이집 평가

2005년부터 실시되고 있는 어린이집 평가인증제도는 어린이집의 보육의 질을 향상시키고 있다. 어린이집 평가인증 내용으로 보육과정, 물리적 환경, 교사의 상호작용 능력 등의 보육과정 운영 전반에 대한 평가를 실시한다. 이러한 어린이집 평가를 통하여 부모는 어린이집을 선택하는 데 정보를 제공받을 수 있으며, 어린이집은 더욱 발전적인 보육과정 운영을 위해 노력할 수 있다. 또한 영유아는 더욱 양질의 보육서비스를 제공받을 수 있다.

3. 보육평가 방법

1) 영유아 평가 방법

영유아는 아직 문자에 대한 이해능력이 부족하므로 형식적인 검사를 사용하는 것은 바람직하지 않다. 영유아의 특성을 고려한 적절한 방법으로 영유아를 관찰하는 관찰법이 활용되고 있다. 영유아를 관찰하는 방법은 평가의 목적에 따라 다양하게 이루어질 수 있다. 영유아를 평가하는 방법에서 중요하게 강조하는 것은 단편적인 관찰이 아닌 종합적이고 지속적인 평가를 실시해야 한다는 것이다. 이러한 관점에서 부각되고 있는 포트폴리오는 영유아의 특성을 잘 반영할 수 있는 평가방법이다.

(1) 관찰법

영유아의 자연스런 일상생활 장면을 다양한 방법으로 관찰하는 것으로 문자언어의 한계, 주의집중 시간의 한계, 자기표현의 한계를 지닌 영유아에게 적합한 평가 방법이다. 교사는 영유아가 관찰로 인하여 부자연스러운 상황이 되지 않도록 사전에 이야기를 해 주고 자연스럽게 일상생활이 이루어질 수 있도록 지도하는 것이 중요하다. 관찰법의 유형에는 서술식 관찰 방법으로 일화기록, 표본식 기술, ABC 서술식 사건표집법 등이 있으며, 비서술식 관찰 방법으로 시간표집법, 빈도사건표집법, 평정척도법, 행동목록법 등이 있다.

① 일화기록법

일화기록법(anecdotal records method)은 서술식 관찰기록법으로 표본식 기술과 함께 영유아를 관찰한 내용을 서술하는 것이다. 일화기록은 특정한 행동에 초점을 맞추어 관찰하고 이를 기록하는 것이며, 특별한 훈련과 도구가 필요하지 않다는 것이 장점이다. 그러나 관찰 전후 내용의 맥락을 이해하기 어려울 수 있으며, 관찰자의 주관적 견해가 반영될 수 있다는 것을 조심해야 한다.

표 11-1 일화기록 예시

관찰유아	신○○	현재연령	2008년 8월 7일(만 4세)	성별	ⓝ/ 여
관찰자	정○○	관찰일시	2013년 4월 23일		
관찰시간	09시 00분~10시 00분				
관찰장면	자유선택활동 시간에 쌓기놀이 영역에서 블록놀이를 하고 있다.				
관찰행동	사회적 행동				
기록	신○○은 쌓기놀이 영역으로 걸어가서 두 명의 남자 유아, 나○○와 이○○에게 "블록쌓기를 도와주어도 되니?" 하고 묻는다. 그 두 유아들은 "좋아."라고 말한다. 이들이 블록쌓기를 하는 중에 신○○이 실수로 블록을 쓰러뜨린다. "내가 다시 쌓아 놓을게."라고 신○○이 말하고 블록을 나○○에게 건네 준다. 나○○가 블록을 쌓고 있는 것을 바라보다가 신○○은 "내가 굴뚝을 발견했어, ○○야."라고 말하고, 원통 블록을 나○○에게 건네 준다. 나○○는 "그 블록을 어디에 놓을까?"를 물어보고, 신○○은 선반에서 원형 블록을 내려서 그것들을 나○○와 이○○의 장소로 옮긴다. 신○○은 쌓아 놓은 블록 주변에 자신의 원형 블록을 배치하기 시작한다. 교사는 "손가락 그림을 그리고 싶지 않니?" 하고 신○○에게 물어본다. 그러나 신○○은 "나○○가 손가락 그림을 그리지 않으면 나도 그림 그리지 않을 거예요." 라고 대답한다.				
누리과정 영역	사회관계 영역				
분석	신○○은 여러 명의 남자 유아들과 역할 놀이에 참여하곤 했다. 특히 나○○와 함께 놀거나 그 주위에 있는 것을 좋아한다. 놀이에서 나○○가 정하는 규칙은 무엇이든지 순응한다. 일단 놀이에 참여하면 지속적으로 하고 싶어 하며, 다른 유아나 교사에 의해서 주의가 산만해지는 것을 원하지 않는다.				

출처: 양승희 외(2002).

② 평정척도법

평정척도법은 관찰자가 보고자 하는 행동의 수준을 나누고 그 행동의 질적 수준을 평가하기 위한 목적으로 사용된다. 행동목록법이 보고자하는 행동의 출현 유무를 평가하는 방법이라면, 평정척도법은 보고자하는 행동의 정도를 평가하고자 하는 것이다. 이러한 평정척도법은 점수로 분석한다. 따라서 행동의 정도는 일정한 등급으로 나누어 제시되어야 한다.

표 11-2 평정척도법의 예시

이 름: 성 별:

생년월일: 관찰자:

관찰일시:

관찰행동:

내용	1	2	3	4
1. 신체 부분에 대한 관심 가지기				
2. 대근육 활동				
3. 소근육 활동				
4. 손씻기				
5. 놀잇감 정리하기				
6. 옷을 바르게 입기				
7. 올바른 식생활 태도				
8. 놀이 시설 및 기구 안전하게 사용하기				
9. 사고와 위험한 상황에 대처하기				
10. 차례 지키기				

출처: 교육부(1995).

③ 행동목록법

평정척도가 행동의 질을 평가하는 것이라면, 행동목록법(behavior begavior checklists) 방법은 행동의 유무를 평가하는 것이다. 따라서 행동목록법은 관찰할 당시 또는 관찰하기 전 해당 문항의 내용이 한 번이라도 나타났다면 행동이 나타난 것으로 기록한다. 기록된 횟수는 각 분류별로 비율로 분석한다. 평정척도와 마찬가지로 문항 내용 서술의 일관성이 중요하다.

표 11-3 행동목록법의 예시

| 이   름: 성   별: |
| 생년월일: 관 찰 자: |
| 관찰일시: |
| 관찰행동: |

지   시: 다음의 행동이 관찰되면 '예'에, 관찰되지 않으면 '아니요'에 '√'로 표기하시오.
단, '아니요'에 해당하는 행동이 추후에 관찰되면 관찰된 날짜를 기록하시오.

범주	내용	예	아니요	비고
신체적	손목과 손가락을 자기가 원하는 대로 움직일 수 있다.			
	작은 소리도 들을 수 있다.			
	그림을 보고 따라 그릴 수 있다.			
	소리를 듣고 따라서 소리를 낼 수 있다.			
표현력	자신의 작품에 대한 설명을 말로 표현할 수 있다.			
	상황에 맞는 말을 표현할 수 있다.			
	단어와 문장을 바르게 발음하여 말할 수 있다.			
	동화의 내용을 이야기할 수 있다.			

출처 : 양승희 외(2002).

④ 시간표집법

시간표집법(time sampling method)은 관찰할 영유아의 행동이 정해진 시간 간격 동안 얼마나 자주 일어나는지를 관찰하여 평가하는 방법이다. 비서술식 관찰방법으로서 주관적 견해가 반영되지 않는다는 장점이 있으나, 관찰 내용의 인과관계를 파악하기 어려울 수 있다는 단점이 있다. 시간표집법의 목적은 행동의 빈도이며, 중요한 것은 시간 간격을 잘 설정하는 것이며, 한 번에 많은 수의 영유아를 관찰할 수 있다는 장점이 있다.

표 11-4 시간표집법의 예시

이 름:			성 별:					
생년월일:			관 찰 자:					
관찰일시:								
관찰행동: 쌓기 놀이								

놀이 시간	1단계 나르기	2단계 쌓기	3단계 다리 구성	4단계 울타리 만들기	5단계 설계	6단계 이름 붙이기	7단계 구성물 만들기	메모
15초								
15초								
15초								
15초(1분)								
15초								
15초								
15초								
15초(2분)								
15초								
15초								
15초								
15초(3분)								
합계								
요약								

출처: 전남련 외(2007).

⑤ 사건표집법

시간표집법은 시간 간격이 중요한 것에 비해, 사건표집법(event sampling method)은 사건에 초점이 맞추어진 것으로 정해진 시간 동안 보고자 하는 사건이 일어나는가를 관찰한다. 즉, 시간간격보다 사건이 더 중요한 요소이다. 이것은 보고자 하는 사건의 빈도를 체크하여 평가하는 것이다. 관찰단위가 어떤 행동이나 사건 자체에 있으며, 관찰자가 기록 시 선택하는 행동이나 사건의 범위는 특별히 제한이 없다. 관찰 시간 정도는 관찰의 초점이 되고 있는 행동 특성에 달려 있다(황해익, 2000).

사건표집법 중 ABC 서술식 사건표집법은 영유아의 행동이 일어난 직후의 행동을 기술하여 사건이 된 행동의 원인을 파악하기 위해 사용하는 관찰기록법이다.

표 11-5 ABC 서술식 사건표집법

1) 빈도사건 표집법

이 름: 성 별:

생년월일: 관 찰 자:

관찰일시:

관찰행동: 공격성

시간	때리기	발로차기	던지기	물기	언어적 공격	계
회수						

2) ABC 서술식 사건 표집법

관찰행동: 발로차기 – 오른쪽 발로 다른 유아들이나 교사를 차고, 다른 유아가 울 정도로 세게 찬다.

시간	사건 전(A)	사건(B)	사건 후(C)
9:13	김○○은 쌓기 영역에서 혼자 놀이한다. 이○○이 참여해서 김○○이 쌓아 놓은 것에 블록을 올려놓는다.	김○○이 인상을 찌푸린다. 일어선다. 이○○을 밀친다. 이○○이 뒤로 밀쳐진다. 김○○이 이○○의 다리를 찬다.	이○○이 울면서 교사에게 달려간다.

| | 실외 놀이터에 있다. 김○○이 미끄럼을 타기 위해서 줄을 서 있다. 이○○이 끼어들기를 한다. | 김○○이 이○○의 다리를 세게 찬다. 김○○이 교사를 찬다. | 교사가 와서 김○○의 팔을 잡고 말한다. |
| 10:05 | | | |

출처: 양승희 외(2002).

(2) 포트폴리오

포트폴리오(portfolio)는 영유아의 평가기준을 설정하고 평가 내용에 맞게 자료를 수집하여 일정한 용기에 차곡차곡 쌓아 가는 것이다. 따라서 영유아를 포트폴리오로 평가하는 데는 장시간이 소요된다는 점과 교사의 포트폴리오 작성에 대한 이해와 능력이 요구된다는 어려운 점이 있다. 그러나 시간이 경과하면서 나타나는 영유아의 다양한 측면과 보육과정이 담길 수 있으며, 지속적인 과정을 통해 이루어지는 평가로서 그 의미가 크다. 또한 교사와 영유아의 교수-학습과정 및 결과에 대해 반성할 수 있는 기회를 가지며, 학부모 및 다양한 이해관계자들과 정보를 공유할 수 있다는 장점이 있다(Gullo, 1997).

포트폴리오 평가는 개별화된 평가방법으로, 일반적으로 다음과 같은 단계로 이루어질 수 있다.

- 계획 단계: 평가하고자 하는 목적을 설정하는 단계로 가장 중요한 부분이다. 포트폴리오의 목적이 설정되면, 그에 따른 자료수집 방법, 자료의 종류 및 내용, 보관 및 활용 방법 등에 대한 전반적인 계획을 세운다. 이러한 계획의 내용은 평가 결과의 활용 유형에 따라 영유아, 교사, 부모 등 관련된 사람들과 공유하여 안내하는 것이 중요하다.
- 실행 단계: 포트폴리오 계획 내용에 기초한 적합한 자료를 수집하는 과정이다. 이 과정에서 교사는 영유아의 작품, 인터뷰, 활동 자료, 관찰기록지 등 목적에 부합하는 다양한 자료를 수집할 수 있도록 사전 계획을 잘 세워야 한다.
- 평가 및 활용 단계: 포트폴리오 평가의 마지막 단계로 자료수집의 결과를 요약하

고, 영유아의 전반적 발달상황을 평가한다. 또한 평가 결과의 활용 계획에 따라 부모면담에 활용하거나 전시하고 다음 보육 계획에 반영하는 등 적합하게 사용될 수 있도록 진행한다.

2) 교사평가 방법

보육교사는 영유아의 전인적 성장과 발달을 돕는 데 중요한 영향을 미친다. 따라서 교사평가는 보육교사 자신의 능력과 자질을 개선하여 보육의 질을 높이고 자신이 속한 조직 전체의 질적 개선을 위해 필요하다. 교사평가는 교사의 경력에 따라 적합한 방법을 사용하는 것이 중요하다. 만일 교사경력이 3년 이내라면 자기장학을 통한 평가는 어렵기 때문에 원장 및 원감, 주임 등의 평가를 통한 조언을 경청하는 것이 바람직할 수 있으며, 5년 이상 10년 이하의 교사라면 동료장학을 통한 평가를, 10년 이상 되었다면 자기장학을 통해 보육계획, 수업진행, 상호작용 등 다양한 측면에서 적합한 평가를 실시하는 것이 필요하다. 보육교사는 〈표 11-6〉과 같은 자기평가척도를 이용하여 스스로 평가할 수 있다.

표 11-6 보육교사의 자기평가척도

특성		문항	①	②	③	④	⑤
일반적 특성	신체	1. 신체적 건강 상태는 어떠한가?					
		2. 활동성 정도는 어떠한가?					
		3. 예의 바른 태도의 정도는 어떠한가?					
		4. 바른 자세 정도는 어떠한가?					
	인성	5. 적극성 정도는 어떠한가?					
		6. 정서적 안정감 정도는 어떠한가?					
		7. 자제력 정도는 어떠한가?					
		8. 협동심 정도는 어떠한가?					
		9. 융통성 정도는 어떠한가?					

		10. 성실성 정도는 어떠한가?					
		11. 사려성 정도는 어떠한가?					
		12. 긍정적인 인간관 정도는 어떠한가?					
		13. 공정성 정도는 어떠한가?					
		14. 정직성 정도는 어떠한가?					
		15. 부모, 동료교사와의 원만한 관계 정도는 어떠한가?					
		16. 자신에 대한 긍지 정도는 어떠한가?					
	교양 및 지적 능력	17. 다방면에 걸친 풍부한 지적 능력 정도는 어떠한가?					
		18. 순발력 정도는 어떠한가?					
		19. 유창하고 명료한 언어사용 능력 정도는 어떠한가?					
		20. 창의력 정도는 어떠한가?					
전문적 특성	교직에 대한 태도	21. 교직에 대한 사명감 정도는 어떠한가?					
		22. 교육 활동에 대한 열의 정도는 어떠한가?					
		23. 전문성 신장을 위한 노력 정도는 어떠한가?					
		24. 책임감 정도는 어떠한가?					
		25. 영유아에 대한 수용적 태도는 어떠한가?					
		26. 자신이 교사로서의 적합성 정도는 어떠한가?					
		27. 교직에 대한 신념 정도는 어떠한가?					
		28. 직업윤리 정도는 어떠한가?					
	보육 기술	29. 보육과정 재구성 능력 정도는 어떠한가?					
		30. 보육과정 실천능력 정도는 어떠한가?					
		31. 부모와 관계 전문가를 참여시키는 능력 정도는 어떠한가?					
		32. 보육 내용, 보육자료, 교수방법 및 유아의 발달에 대한 평가능력 및 활동 정도는 어떠한가?					
		33. 활동에 대한 적절한 자극 및 개입 정도는 어떠한가?					

	34. 교재 · 교구 제작 및 다양한 활용능력 정도는 어떠한가?						
	35. 보육활동을 다양하고 균형 있게 제공하는 능력은 어떠한가?						
	36. 보육활동을 융통성 있게 운영하는 능력 정도는 어떠한가?						
	37. 소속 기관의 보육철학에 대한 이해 정도는 어떠한가?						
전문적 지식	38. 보육과정에 관한 지식 정도는 어떠한가?						
	39. 생활지도 및 상담지식 정도는 어떠한가?						
	40. 개별 영유아에 대한 지식 정도는 어떠한가?						
	41. 영유아 발달 단계와 특성에 대한 지식 정도는 어떠한가?						
	42. 보육활동을 위한 다양한 교수방법에 대한 지식은 어떠한가?						
	43. 실내외 환경구성에 대한 지식 정도는 어떠한가?						
	44. 평가에 관한 정도는 어떠한가?						

출처: 최미현 외(2000).

3) 보육프로그램 평가 방법

보육프로그램 평가는 프로그램의 질적 수준과 효과를 평가하여 약점을 개선하는 것을 목적으로 한다. 즉, 프로그램 평가의 목적은 프로그램을 실시하고 얻은 결과를 영유아 보육활동을 계획 및 실행할 때 활용하고, 보육과정의 질을 개선하여 보육 프로그램의 효과성을 높이는 데에 있다.

보육프로그램 평가는 프로그램 적용 대상의 규모, 교사 대 영유아의 비율, 교사의 경력 및 상호작용 능력, 교수매체 등을 중요한 변인으로 보았으며, 보육프로그램 평가의 내용을 보육의 전반적인 범위까지 확대하여 어린이집의 물리적 환경, 운영관리 전반적 사항, 건강 · 안전 및 가정과 지역사회 연계 수준까지도 평가의 항목으로 다루고 있다.

4. 어린이집 평가인증제도

어린이집 평가인증은 「영유아보육법」 제30조에 근거하여 실행되는 제도로 평가인증을 신청한 어린이집이 평가인증지표를 기준으로 질적 수준을 자체적으로 점검·개선하도록 한 후, 공정한 평가과정을 수행하여 국가가 인증을 부여하는 제도이다. 이는 영유아에게 안전한 보호와 질 높은 보육서비스를 제공하기 위하여 실행된다(한국보육진흥원, http://www.kcpi.or.kr).

평가인증제도를 통하여 어린이집의 보육프로그램, 물리적 환경, 인적 환경, 재정적 환경 등의 전반적 사항을 평가함으로써 보육의 질적 수준을 강화하는 것을 도모한다.

1) 평가인증제도의 도입 배경

1980년대 이후 산업화시대의 제조업의 발달로 일하는 여성이 증가하고 농촌에서 도시로 삶이 터전을 옮기면서 핵가족화되어 감으로써 어린 자녀를 보호하고 양육할 수 있는 보육의 필요성이 확대되었다. 이러한 시대적 요구에 따라 1991년 「영유아보육법」이 제정되고, 1995년부터 어린이집의 양적 확대가 이루어졌다. 그러나 어린이집의 양적 확충이 빠른 시간내에 진행됨에 따라 질적 수준은 매우 차이가 있어서 정부에서는 보육의 질 향상을 위하여 국가적 차원에서 어린이지을 평가할 필요성을 인식하고 2005년부터 어린이집 평가인증제도를 실시하였다.

2) 평가인증제도의 목적

어린이집 평가인증은 다음과 같은 목적을 가진다.

첫째, 보육서비스의 질적 수준을 향상시켜 영유아가 안전한 보육환경에서 건강하게 양육될 권리를 보장할 수 있도록 한다.

둘째, 어린이집이 보육서비스의 질적 수준을 높이고자 준비하고 노력하는 과정을 통해 원장과 보육교직원의 전문성이 증진되도록 한다.

셋째, 보육서비스의 질적 수준에 대한 정보를 제공하여 부모들이 합리적으로 어린이집을 선택할 수 있도록 한다.

넷째, 보육정책 수립의 주체인 정부가 보육현장을 효율적으로 지원하고 관리하는 체계를 확립한다(한국보육진흥원, 2017).

3) 평가인증제도의 운영체계

어린이집 평가인증제도는 2005년 시범운영 실시 후 2006년 본격적으로 시행되어 제1차 어린이집 평가인증 시행(2006~2009), 제2차 어린이집 평가인증 시행(2009~2017. 10.)을 거쳐 2017년 11월부터는 제3차 어린이집 평가인증 시행(통합지표 적용)이 실시되고 있다.

어린이집은 평가인증지표를 중심으로 상시 자체 점검을 실시한 후 평가인증에 참여신청한다. 평가인증 과정은 상시 신청 이후 참여확정, 현장평가, 종합평가 3단계를 거쳐 인증결과 공표까지 진행된다. 평가인증 과정은 [그림 11-1]과 같다.

- 1단계 참여확정: 신청 어린이집의 기본사항 확인과 자체점검보고서 제출 및 참여수수료 납부가 이루어지며, 참여확정 자격의 조건에 충족하는 어린이집은 참여대상으로 확정된다.
- 2단계 현장평가: 현장관찰자가 참여확정 어린이집을 방문하여 평가인증지표에 따라 어린이집의 질적 수준에 대한 현장평가 및 보고가 이루어진다.
- 3단계 종합평가: 현장평가가 완료된 어린이집의 기본사항 확인서, 자체점검보고서, 현장평가보고서 등을 토대로 종합평가가 진행된다.
- 4단계 결과공표: 인증 참여 어린이집에 대한 평가결과(인증, 불인증), 평가인증 미참여 · 변동(취소, 만료 등)정보를 통합정보공시 홈페이지(www.childinfo.go.kr)를 통해 공개한다(한국보육진흥원, 2017).

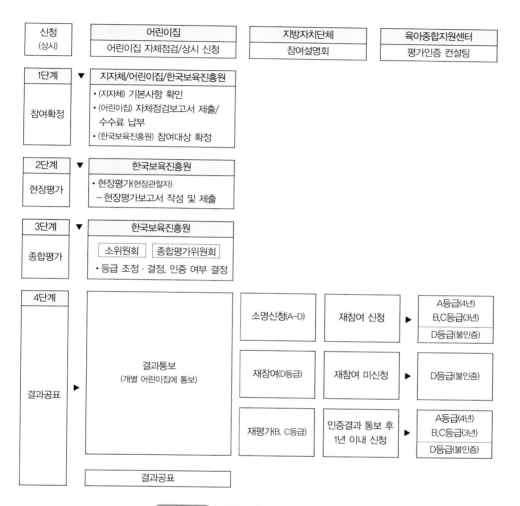

그림 11-1 어린이집 평가인증 운영체계

출처: 한국보육진흥원(2017).

4) 어린이집 평가인증지표

2017년 제3차 어린이집 평가인증 통합지표는 보육과정 및 상호작용, 보육환경 및 운영관리, 건강 · 안전, 교직원 등의 4개 영역으로 나누어 평가된다. 기존 6개 영역 평가기준을 통합 · 수정하였다. 평가방법으로 면담의 비중을 높였으며, 점수로 평가하는 방법에서 등급으로 평가하는 방법으로 바뀌었다.

〈표 11-7〉은 제3차 어린이집 평가인증 통합지표의 평가영역과 평가지표를 보여
준다. 〈표 11-8〉과 〈표 11-9〉는 제1, 2차 평가인증과 제3차 평가인증 통합지표의 특
징을 비교하여 보여 주고 있다.

표 11-7 제3차 어린이집 평가인증 통합지표

평가영역(항목 수)	평가지표	평가항목 수
보육과정 및 상호작용(31)	1-1 보육 계획 수립 및 실행	4
	1-2 일과 운영	5
	1-3 교수-학습 방법 및 놀이 지원	6
	1-4 교사-영유아 상호작용	6
	1-5 영유아 간 상호작용 시 교사 역할	4
	1-6 평가	4
	1-7 일상생활	2
보육환경 및 운영관리(19)	2-1 실내공간 구성	5
	2-2 실외공간 구성	3
	2-3 기관 운영	4
	2-4 가정 및 지역사회와의 연계	5
	2-5 어린이집 이용 보장	2
건강 · 안전(15)	3-1 실내 · 실외 공간의 청결 및 안전	4
	3-2 급식 · 간식	3
	3-3 건강증진을 위한 교육 및 관리	3
	3-4 등하원의 안전	2
	3-5 안전교육 및 사고 대책	3
교직원(14)	4-1 원장의 리더십	4
	4-2 교직원의 근무 환경	3
	4-3 교직원의 처우와 복지	3
	4-4 교직원의 전문성 제고	4

출처: 한국보육진흥원(2017).

표 11-8 어린이집 평가인증지표의 비교

	현행	개정
2차 지표 6개 영역	3차 시범지표 6개 영역	통합지표 4개 영역
① 보육환경 ② 운영관리 ③ 보육과정 ④ 상호작용과 교수법 ⑤ 건강과 영양 ⑥ 안전	① 보육환경 ② 건강 ③ 안전 ④ 보육과정 운영 ⑤ 보육활동과 상호작용 ⑥ 운영관리	① 보육과정 및 상호작용 ② 보육환경 및 운영관리 ③ 건강 · 안전 ④ 교직원
70개 지표, 218개 평가단위	50개 지표, 308개 평가단위	21개 지표, 79개 평가항목, 123개 평가단위
• 문서 검토(48.6%), 관찰 · 면담(51.4%) • 점수 평정	• 문서 검토(32.1%), 관찰 · 면담(67.9%) • 점수 평정	• 문서 검토(40.7%), 관찰 · 면담(59.3%) • 등급 평정

출처: 한국보육진흥원(2017).

표 11-9 제2차 및 제3차 평가인증제의 특징 비교

구분	현행	개정
평가지표	2차 지표, 3차 시범지표 중 선택	통합지표로 단일화 (4영역, 21지표, 123개 단위)
평정방식	절대평가 방식의 점수제: 항목별 · 영역별 점수 합산	절대평가 방식의 등급제 4등급: A-B-C-D(D등급 불인증)
평가절차	신청 → 참여확정 → 현장관찰 → 심의	신청 → 참여확정 → 현장평가 → 종합평가
	심의위원회에서 인증 결정	소위원회와 종합평가위원회에서 등급 결정
	재참여(신규인증 참여 어린이집)	재참여 확대(신규, 재인증 참여 어린이집)
		재평가 신설(B · C등급은 1년 내 재평가 1회 신청 가능)
평가결과	절차별 배점 합산 방식	현장평가 100%
	법 위반, 행정처분 사항 발생 시 점수 차감	중대한 법 위반, 행정처분 사항에 대해 종합평가 시 차하위 등급으로 조정
유효기간	3년(공통)	A등급: 4년, B · C등급: 3년, D등급: 불인증

결과공개	인증어린이집만 공시	인증, 불인증/ 평가인증 미신청, 변동(취소, 종료 등)

출처: 한국보육진흥원(2017).

5) 어린이집 평가인증제도 사후 관리

평가인증 통과 이후 평가인증 어린이집의 질적 수준을 지속적으로 유지 · 향상하고자 지원 · 관리하는 과정으로 연차별 자체 점검 실시 및 보고서 제출, 신임원장교육, 확인점검, 평가인증취소 관리, 확인 방문이 있다.

활동해 봅시다

- 10분 동안 친구의 행동을 관찰하여 기록하고 평가해 봅시다(평가방법 자율 선정).
- 보육 발전을 위한 평가 방법에 대해 생각해 봅시다.

제12장

보육 사업의 과제와 전망

학습목표

1. 최근 보육 사업의 문제점을 이해한다.
2. 앞으로 보육 사업이 나아가야 할 발전방향에 대해 토의한다.

우리나라의 보육 사업은 1921년 서울의 태화 사회복지관에 탁아 프로그램이 개설된 것을 기점으로 본다면 90여 년의 역사를 가지고 있다. 그동안 보육 사업은 양적으로 많은 변화와 발전이 있어 왔지만 해결하지 못한 과제들이 많이 있으며, 이러한 과제를 해결하지 않고서는 영유아와 부모, 사회 모두가 만족하는 보육 상황을 만들기 어렵다. 보육 사업에 대해서는 너무나 방대한 내용을 다뤄야 하므로 이 장에서는 최근 보육 사업과 문제점을 중심으로 발전을 위해 우리가 고민해 볼 과제는 무엇이고, 향후 우리나라 보육 사업이 나아가야 할 발전방향은 무엇인지 살펴본다.

1. 보육 사업의 문제점 및 개선 방향

우리나라의 최초 보육기관은 1921년 태화사회복지관으로서 부모가 일하느라 자녀를 양육하기 어려운 빈곤가정의 영유아에게 탁아 서비스를 제공하기 위한 탁아 사업으로 시작하였다. 이후 1926년 2개의 탁아소가 운영되었으며, 1981년 657개소의 어린이집이 운영되어 오다가 여성의 사회 진출이 늘어나고 맞벌이 가구가 차지하는 비율이 급격히 증가하면서 시대적·사회적으로 보육의 중요성에 대한 공감대가 형성되기 시작하였고, 1991년 「영유아보육법」이 제정되면서 보육 사업이 체계적으로 정비되었다(김경회 외, 2011).

또한 지난 10년간 저출산 현상이 지속되면서 2006년부터 저출산 고령사회 기본계획을 세워 출산과 양육에 대한 책임을 국가와 사회가 분담하는 체계로 패러다임을 전환하고자 다각적인 정책을 추진하였다. 그 예로, 영유아 보육비·교육비 지원 확대, 방과 후 학교 확충, 양질의 육아인프라 확충, 육아휴직 활성화의 중점과제를 추진하여 왔다(1차 계획: 2006~2011년). 이어서 2차 기본계획(2011~2015년)으로 정부는 2011년 5월 만 5세 유아교육과 보육을 국가가 책임지는 만 5세 공통과정을 도입·시행한다고 발표하였으며 2013년부터는 3, 4세 유아에게도 이를 확대하여 유아 학비와 보육료를 가정의 소득수준과 무관하게 지원하였고, 만 3~5세 누리과정은 유치원과 어린이집에서 공통으로 시행하고자 하였다. 육아지원 예산은 매년 증액되어 국민 총생산량(GDP)에서 차지하는 비율 역시 빠르게 증가하여 2002년 0.12%에서 2006년 0.35%, 2009년 0.53%로 비중이 커졌으며(유희정, 이경숙, 최진, 2008), 2013년부터는 전면 무상보육을 실시하기로 하여 보육 분야의 예산 규모는 더욱 늘어났다. 정부는 이러한 보육재정 확충이 여성의 노동참여를 지원하고, 출산율 증가에 긍정적인 영향을 미칠 것이라 기대하고 있다. 이렇듯 우리의 보육 사업은 많은 변화와 발전이 있었으며, 투자와 지원이 있었음에도 불구하고 보육 사업의 공익성·투명성·참여성·공정성이 전제된 보육 공공성을 강화하는 측면에서 여전히 해결해야 할 과제들이 있다.

보육 사업은 공보육화를 지향하고 있지만 아직은 공보육화가 이루어진 것은 아니다. 그 이유는 교직원의 신분보장이나 사회복지제도가 없다는 점, 보육 전문행정가가 없다는 점, 사회나 정부의 국민기초교육기관이라는 인식이 부재하다는 점이 그 이유이다. 영유아, 부모, 교사 및 사회가 만족할 수 있는 보육 사업이 되기 위해서는 보육 사업이 해결해야 할 과제가 무엇인지 골몰히 성찰할 필요가 있다.

1) 민간에 의존하고 있는 보육시설

보육시설은 국공립, 법인, 민간, 부모협동, 가정 및 직장 어린이집으로 구분되며, 보육통계(2015) 자료에 따르면 어린이집 수가 점점 증가하고 있음을 알 수 있다. 연도별 변화 추이를 살펴보면, 1995년 총 어린이집 수가 9,085개소였던 것이 2001년 20,000개소를 넘어섰고, 2015년에는 43,472개소가 운영되고 있다. 보육시설 유형별로 보면, 2015년 기준으로 가정 어린이집이 23,318개소로 가장 많고, 민간 어린이집이 14,822개소로 그다음으로 많았다. 시설 수가 가장 적은 곳은 부모협동어린이집으로 2005년 42개소에서 2014년 149개소로 증가하였다. 〈표 12-1〉에서 볼 수 있듯이, 어린이집은 양적으로 증대하였으며, 보육시설의 구성비를 살펴보면 민간 보육에 의존하고 있는 실정임을 알 수 있다.

| 표 12-1 | 전국 어린이집 수 |

구분	계	국공립	법인	법인 외	민간	가정	부모 협동	직장
어린이집(개소)	43,472	2,489	1,420	852	14,822	23,318	149	692

출처: 보건복지부(2015).

　이러한 결과는 사회에서의 보육수요가 증가하자 정부에서는 민간 보육시설을 양적으로 확충하였기 때문이다. 이러한 정책은 보육시설의 숫자를 늘려 보육의 수요에는 충족시켜 주었으나 질적으로 우수한 보육시설을 양산하지는 못하였다. 특히 민간이 담당하는 보육시설은 운영과 관련된 재정 문제와 비교육적인 부모 욕구 등으로 영리 추구의 유혹을 받아 보육 프로그램의 부실화로 연결될 수 있다.

　이와 같은 민간에 의존하고 있는 보육서비스 공급 구조는 양질의 보육서비스를 보편적으로 제공한다는 보육정책의 목적을 달성하는 데 상당한 걸림돌로 작동되고 있다. 이에 국공립 어린이집의 따라서 보육시설 평가를 통해 일정 기준 이하의 민간 시설의 경우 보육서비스의 운영에 대한 지원 · 감독이 필요하겠다.

2) 보육서비스 기관유형별, 지역별 이용 차이

　2010년을 기준으로 보육기관을 이용하는 유아들의 전체 이용 경향을 살펴보면, 어린이집 취원율이 만 3세 49.7%, 만 4세 약 40%, 만 5세 34.5%로(보건복지부, 2011a) 연령이 높을수록 어린이집 이용률이 낮아지고 있음을 알 수 있다. 이러한 결과는 상대적으로 연령이 증가할수록 유치원을 더 많이 이용하고 있음을 알 수 있다. 취원율이 이처럼 연령에 따라 달라지는 이유는 학부모들의 인식이 어린이집은 대리 부모 보호 기능으로 여기는 경향이 있으며, 유치원은 교육적인 측면을 좀 더 강조하는 기관이라는 인식에 의한 것일 수 있다. 따라서 연령에 따라 이러한 기관 이용도가 달라지는 이유에 대한 분석이 이루어져 이에 맞는 현실적인 정책이 제안되어야 할 것이다.

　연령별 어린이집 이용 차이 외에 지역별 보육시설을 조사한 결과, 보육시설의 설치 및 미설치 지역을 보면 전국적으로 491개 지역에 보육시설이 설치되어 있지 않으며,

이 중 읍·면 단위 지역의 453개소와 동 단위 지역의 38개소에 보육시설이 없는 것으로 조사되었다(보건복지부, 2010). 또한 지역 유형별 보육시설 현황을 나타낸 보육통계를 살펴보면, 보육시설은 중소도시에 가장 많이 있으나 보육아동은 대도시에 보다많은 것으로 나타났으며, 국공립 시설은 대도시에 절반 정도의 시설이 분포하고 있으며, 민간보육시설과 직장보육시설은 대도시에, 법인 보육시설은 농어촌 지역에 절반이상의 시설이 소재하고 있다(보건복지부, 2010). 이러한 통계 결과는 보육서비스를 받아야 하는 농어촌 지역의 영유아가 보육시설에 접근할 수 있는 기회가 더 적음을 알수 있다. 물론 농어촌 지역의 경우 취원 대상 영유아 수의 감소로 인하여 제정 구조가악화되고, 낮은 자본력으로 인하여 시설환경이 미흡하며, 체험 학습장 등의 인프라 시설이 부족한 것은 현실이다. 그러나 보육시설을 이용하고자 하는 수요자에 대한 양질의 보육서비스를 제공할 수 있도록 좀 더 세심한 정책이 요구될 필요가 있다.

3) 유아교육·보육 이원화 체계의 문제점

우리나라의 유아교육과 보육의 지원체계는 유아교육과 보육으로 이원화된 체계로운영되고 있다. 유아교육과 보육의 현황을 살펴보면 다음 〈표 12-2〉와 같다.

보육은 0세부터 취학 전 아동을 대상으로, 유아교육은 만 3세부터 취학 전 아동을대상으로 중복되고 있으나, 관련 법규와 감독체계, 교사체계, 정부예산 규모, 평가체계 등의 측면에서 다르게 운영되고 있다. 이처럼 이원화된 체제로 운영되고 있어 보육서비스의 다양한 문제점이 제기되고 있다. 첫째, 학부모 입장에서 자녀를 어느 곳에보내야 하는지 선택에 혼란을 야기할 수 있다. 둘째, 교사의 자격 및 처우 차이와 설치기준 등 물리적 환경이 상이하여 교사의 전문성 문제와 서비스의 질적 차이 등 다양한 문제점이 제기되고 있다. 셋째, 만 3세~5세 동일 연령 대상 보육 및 유아교육 수요 중복 추계로 인한 국가 차원의 유보종합발전계획·수립이 불가능하다. 넷째, 부처간, 전달체계 간, 유아보육기관 간, 양성기관 간 갈등을 야기하고 있다. 다섯째, 교직원양성, 자격기준, 직무기준, 보수 및 처우의 차이가 있다. 여섯째, 전체 육아지원 서비스의 균등한 질 관리에 차이가 있다. 일곱째, 정책 체계의 이원화에 따른 비효율의 문제

표 12-2 유아교육과 보육의 현황

구분	유치원	어린이집
근거 법률 및 성격	「유아교육법」(교육시설)	「영유아보육법」(사회복지시설)
관리 부처	교육부-시·도교육청	복지부-자치단체
이용대상 및 현황 (2012년 기준)	3~5세, 8,538개소, 614천 명	0~5세, 4,2527개소, 1,487천 명
운영시간	3~5시간(오전)+시간연장(선택)	12시간(7:30~19:30)+시간연장(선택)
정부지원 총액	총 4조 원(지방교육재정교부금)	총 8.3조 원(국비 4.1조 원, 지방비 4.2조 원)
정부지원 교육비·보육료 (학부모/기관)	0세: 75만 원, 1세: 52만 원, 2세: 40만 원, 3~5세: 22만 원 (39/36) (35/17) (29/11) (22/0)	
교육·보육 내용	공통 누리과정(3~5세)	표준보육과정(3~5세) 누리과정 포함 표준보육과정(0~2세)
교사자격·양성	유치원 교사 1, 2급 및 준교사(전문대졸 이상, 학과제)	보육교사 1, 2, 3급(고졸 이상, 학점제)
정보공시	2012년 9월 이후, 유치원 알리미	2013년 12월 이후, 아이사랑 보육 포털
	어린이집-유치원 간 공시항목, 주기 등 세부 사항 상이	
평가체계	의무적 평가	자율적 평가인증제
	평가 항목은 유사하나 평가 주체, 평가 절차 등 상이	
재무회계 규칙	어린이집, 유치원, 기관별 설립주체 등에 따라 운영 상이	
가격규제	원장 자율	시·도별 상한액

출처: 국무조정실 보도자료(2014. 2. 14.).

가 있다(정광진, 2014). 육아정책연구소(이미화 외, 2013)가 유치원 및 어린이집을 이용하고 있는 영유아 부모 1,500명과 보육과 유아교육 관련 학과에 관여하고 있는 전문가 150명을 대상으로 유보통합에 관한 의견을 조사한 결과, 유아교육과 보육의 이원화에 따른 단점은 학부모와 전문가가 공통적으로 대상이 동일한 연령에도 불구하고 이용 시간과 비용에서 차이가 난다는 점이었다. 유치원과 어린이집이 동일하게 운영

되어야 할 사항에 대해 학부모와 전문가 모두 일원화되기를 바라는 항목은 지도감독 체계, 교사 처우 수준, 교사 자격기준, 시설 설비 수준이었다. 그중 학부모는 기관 간 비용 지원의 형평성에 주된 관심을 가지고 있었고, 전문가는 유보통합 시 우선적으로 고려해야할 사항은 교사 자격기준을 지적하였다. 유보통합에 대한 이슈로는 이원화된 교사 자격제도와 현직교사 교육제도의 문제, 교사의 급여체계의 통합과 처우 개선, 보육 과정의 통합, 유보통합기관의 질 관리 체계 등이다.

OECD(2001; 2006)는 유아교육과 보육에 대한 통합된 개념과 정부의 체계적 접근만이 두 분야의 분리로 인한 중복과 갈등 및 혼란을 막을 수 있는 유일한 길이라고 하였으며, 2006년 우리나라 유아교육과 보육 정책 및 제도에 대한 검토보고서에서 유아교육과 보육정책의 효율성과 아동 양육의 형평성 차원에서 유아교육과 보육의 관행적·제도적 이원화 문제를 반드시 해결해야 할 과제로 제시하고 있다(이연승, 2011).

유보통합의 추진 배경은 다음과 같다.

첫째, 영유아(만 0~5세)를 교육하고 돌보는 기관이 설립 목적과 취지에 따라 둘로 나뉘어 있다. 유치원은 교육기관으로서 만 3~5세 유아를, 어린이집은 사회복지기관으로서 만 0~5세 영유아를 대상으로 하고 있다. 이에 따라 근거 법령, 교사의 자격, 설치기준, 담당 부처, 민원관리 부서 등이 다르고, 보육이나 교육의 내용, 학부모 부담 수준, 이용일수나 시간 등이 각각 다르게 운영되고 있다.

둘째, 유보통합을 위해 유·보 서비스 체계 개선이 필요하다. 2013년 정부는 어린이집이나 유치원 어느 기관을 가더라도 일정 수준 이상의 보육서비스를 학부모가 이용할 수 있도록 서비스 질의 개선이 요구된다. 학부모의 선택권 보장을 위해 어린이집과 유치원의 다양한 기관 형태는 그대로 두면서, 학부모가 이용과정에서 두 기관의 차이로 인해 겪는 불편과 불합리를 해소할 수 있어야 한다.

이에 유보통합의 추진 목표는 시설 다양성 유지를 기초로 모든 아동에게 양질의 서비스 제공 및 최선의 출발점을 제공하는 데 있다. 이는 교육부가 관할하는 유치원과 보건복지부 관할 어린이집을 교육부 관할 유아학교로 일원화하는 내용의 1990년대 관할부처·시설 통합안보다 진일보된 관점이라 할 수 있다.

유보통합으로 인한 학부모, 교사, 기관장 각각의 입장에서 장점은 다음과 같이 정리할 수 있다(이미화, 2014).

첫째, 학부모 입장에서 만족도는 올라가고 이용 불편은 줄어든다. 예를 들면, 알고 싶은 정보(원비, 교육·보육 프로그램, 교사, 급식, 통학 차량 등)를 통합정보포털에서 쉽게 비교 후 기관을 선택할 수 있으며, 유치원과 어린이집 연계 평가, 유치원과 어린이집 평가 내실화로 서비스 질 관리 및 제고가 가능하다. 재무회계 규칙의 적용으로 유치원과 어린이집의 운영 투명성이 제고되고, 원 카드 시스템(One Card System)으로 정부지원금 결제상의 불편이 해소된다.

둘째, 교사 입장에서 자질 및 처우가 단계적으로 좋아진다. 서비스 질 향상, 재교육·보수교육을 전제로 단계적 처우가 개선되고, 교사자격 양성체계 개편으로 교사자질 및 자긍심을 제고한다. 근무시간 조정 등으로 장시간 근로 관행이 개선된다.

셋째, 원장 입장에서는 운영 환경이 나아진다. 시간선택제 보육 등으로 탄력적 기관 운영이 가능하고, 표준비용을 주기적으로 재산정해 운영 부담이 완화된다.

따라서 유아교육 및 보육의 이원화된 정책으로 인한 두 영역 간의 갈등과 분열, 소모적 논쟁에서 벗어나 유아교육과 보육정책의 효율성 제고를 위한 구체적 방안을 수립하고 실현해야 할 필요가 있다.

4) 보육 재정의 확보 및 효율적 운영

영유아에 대한 투자는 저출산·고령화 사회에 대응하기 위한 핵심전략의 일환으로 인식되어 왔으며, 특히 어렸을 때 집중적으로 투자하는 것이 경제적으로 효과가 크다는 측면에서 더욱 주목받고 있다(우남희, 2016). 무엇보다 정부는 "낳기만 하면 키워 주겠다."라며 2012년 유치원과 어린이집을 이용하는 만 5세 유아를 대상으로 공통의 국가교육·보육과정인 누리과정을 무상으로 제공하고, 2013년부터는 만 3, 4세 유아까지 확대하여 영유아가 차별받지 않고 동등한 보육서비스를 받을 수 있도록 국가의 책무성을 보여 주었다. 그러나 영유아 가구의 가계 부담 완화 및 동등한 교육·보육 기회의 보장 등의 정책 목표로 지원이 확대됨에 따라, 막대한 예산 마련의 어려움과

정책 실효성에 대한 논란이 끊이지 않고 있다.

　통계청과 보건복지부의 공식 통계자료를 바탕으로 살펴본 영유아의 유아학비 · 보육료 및 양육수당 지원예산은 지속적으로 증가하는 추세를 보이고 있다([그림 12-1] 참조). 특히 2013년도 이전에는 36개월 미만 영유아를 대상으로 가구소득에 따라 차등적으로 지원되던 양육수당이 2013년부터 전 연령 전 계층으로 확대됨에 따라 큰 폭의 예산 상승이 있었음을 알 수 있다. 이러한 증가 추세는 2014년에도 이어져, 2014년 1조 2,153억 원의 예산이 양육수당 지원금으로 사용되었다. 또한 영유아 보육료 지원 예산은 2011년 1조 9,346억 원에서 2016년 3조 1,066억 원까지 증가하였다. 보육료 지원 예산의 규모가 가장 컸던 시기는 2014년으로 3조 3,292억 원에 달했으며, 이후 보육료 지원 예산은 약간 감소하는 경향을 보였다. 반면, 누리과정 지원예산(어린이집 지원 포함)은 2014년 3조 4,166억 원에서 2015년 3조 9,407억 원, 2016년 4조 382억 원으로 증가폭이 감소하긴 하나 여전히 증가세를 유지하고 있었다. 즉, 누리과정 지원금과 보육료 지원, 양육수당 지원금을 모두 합하면, 2016년 기준 8조 3,640억 원의 예산이 영유아 가구에게 지원된 것으로 나타났다. 하지만 이러한 막대한 재정 소요에도 불구하고, 실제로 영유아 가구의 보육 비용에 대한 부담은 여전하다는 비판이 끊이지 않고 있다(서수경, 2012; 최성은, 2016).

　이와 같은 논의를 바탕으로 최효미(2016)는 다음과 같은 정책적 시사점을 도출하여 제시하였다.

　첫째, 만 0~2세와 만 5세에게 전 계층 무상 유아학비 · 보육료 지원이 시작된 2012년도에는 전반적으로 영유아 가구의 교육 · 보육 비용 지출이 감소한 것으로 나타났으나, 전 연령 전 계층으로 지원이 확대된 2013년 이후에는 보육 비용이 다시 상승하는 양상을 보였다. 이는 주로 어린이집 혹은 유치원 이용률의 증가에 기인한 것으로 보인다. 이처럼 정부의 지원금에도 불구하고 어린이집 혹은 유치원 이용 시 상당액의 추가 비용이 발생할 뿐 아니라, 어린 자녀가 장시간 부모와 떨어져 기관에 맡겨지는 것이 과연 바람직한지에 대한 근본적인 고민이 필요한 시점이라 여겨진다. 즉, 과도하게 어린이집 혹은 유치원을 이용하는 수요를 가정 내 양육으로 전환할 수 있도록 유인할 수 있는 정책 방안의 모색이 시급하다.

둘째, 영유아 가구의 경우 자녀의 연령이 증가할수록 보육 비용도 증가하는 양상을 보이는데, 특히 3세 이상 유아기 자녀에 대해서는 교육에 대한 지출이 증가함을 알 수 있다. 영유아 가구의 교육·보육서비스 이용 비율을 살펴보면, 3세 이후 학습지 등 사교육 서비스 이용이 증가했으며, 4세 이후에는 시간제 학원의 이용이 크게 증가하는 것으로 조사되었다. 이는 가정 내 양육을 활성화하기 위한 양육수당의 인상 혹은 아동수당의 도입이 자칫 사교육을 부추기는 역효과를 불러올 수 있다는 우려를 갖게 한다. 따라서 가정 내 양육의 활성화는 현금성 지원이 아닌 서비스 지원의 형태일 때 보다 효과적일 것으로 판단된다.

셋째, 동일 연령의 영유아들 사이에서도 어린이집에 비해 유치원에 다니는 경우 지출 비용이 2배 이상 높았다. 이는 일부 수업료를 받을 수 있는 사립유치원과 그렇지 않은 기관 사이의 제도적 차이에 기인한 바가 크긴 하지만, 유아기 자녀의 경우 상당액의 수업료를 지출해야 함에도 불구하고 어린이집보다 유치원 이용이 점차 증가한

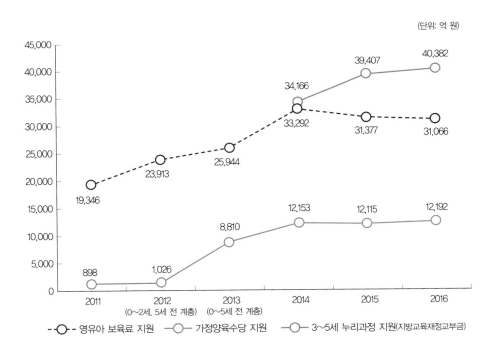

그림 12-1 영유아의 유아학비·보육료 및 양육수당 지원예산

다는 점은 시사하는 바가 크다. 즉, 비용이 좀 더 많이 들더라도 마음에 드는 서비스를 제공하는 기관을 이용하겠다는 영유아 부모들의 선호를 고려할 때, 영유아 가구를 위한 보육 지원 정책이 가계 부담의 완화에만 초점을 둘 것이 아니라, 전반적인 보육 서비스의 질 제고를 위한 노력과 함께 병행되어야 함을 엿볼 수 있다.

넷째, 어린이집의 보육료 상한제 및 유치원비 상한제 등으로 보육료 · 유아학비의 부과가 쉽지 않은 상황에서도, 어린이집이나 유치원이용 비용이 상당한 것은 특별활동 혹은 특성화 프로그램의 이용에 따른 것이다. 물론 어린이집 특별활동과 유치원의 특성화 프로그램은 사교육 서비스 이용을 대체하는 긍정적 기능을 가지고 있으나, 일부 기관에서 운영비 부족을 특별활동비로 전가하여 보육 비용 부담 경감 효과를 축소하는 부정적 영향 또한 있는 것이 사실이다. 이에 정부는 특별활동 및 특성화 프로그램 내실화를 위한 가이드라인을 가지고 특별활동 및 특성화 프로그램으로 인한 부정적 효과를 막고자 노력하고 있으나, 현장에서 이러한 가이드라인이 얼마나 실효성을 갖고 운영되고 있는지는 의구심이 든다. 따라서 이러한 가이드라인이 현장에서 보다 실효성을 갖도록 하는 제도적 장치가 조속히 마련되어야 할 것으로 보인다.

2. 보육 사업의 발전 방향

이 절에서는 우리나라 보육 사업의 문제점을 분석하여 보육 사업의 발전방향과 정책과제를 도출하고자 한다. 유아교육 · 보육과 관련하여 발전방향과 정책과제에 대하여 연구한 선행연구를 살펴보면, 육아정책연구소의 「2013~2017 유아교육 중장기 발전 방향에 대한 연구보고서」(장명림, 황성은, 김미나, 2012)가 있다. 이 보고서의 내용을 살펴보면 유아교육 정책은 서비스에의 접근성, 비용의 적정성, 서비스의 질을 추구해야 하며, 특히 모든 유아에게 지역차, 소득차, 개인차에 관계없이 양질의 유아교육 기회의 보편성과 균등성을 보장할 수 있어야 한다고 제시하였다. 선행연구 보고서를 바탕으로 보육 사업의 발전방향을 제시하면 다음과 같다.

첫째, 유아학비 지원 확대 및 실질적 형평성을 확보하는 것이 필요하다.

교육부(2017)는 생애 출발선에서의 균등한 교육기회 제공 및 학부모의 교육비 부담 경감을 실현하고자, 유치원과 어린이집에 공통 교육 · 보육 과정(누리과정)을 도입하고, 보호자의 소득수준에 관계없이 전 계층 유아학비 · 보육료를 지원하겠다고 발표하였다.

　　보건복지부도 연령에 따라 차등하여 보육료를 지원하고 있다. 2016년에는 7월 1일부터 맞춤형 보육이 시행됨에 따라 부모와 아이의 필요에 따라 보육서비스(종일반, 맞춤반)를 이용할 수 있게 되었다. 만 0세 아동은 종일반 43만 원, 맞춤반 34만 4,000원, 만 1세 아동은 종일반 37만 8,000원, 맞춤반 30만 2,000원, 만 2세 아동은 종일반 31만 3,000원, 맞춤반 25만 원을 지방자치단체에 신청하면 지원받을 수 있다. 이처럼 유아교육과 보육서비스를 위하여 정책적으로 지원하려는 노력은 긍정적이나, 지방자치단체에 보육료를 신청하여도 지방자치단체의 예산은 한정되어 있고 지방자치단체의 예산 유무에 따라 지원받는 곳과 그렇지 못하는 기관이 발생할 수 있는 문제점이 발생할 수 있다. 따라서 유아학비 지원금액을 정부 지원금액과 누리과정 운영에서 표준유아교육비(40만 원)에 근거하여 소득별 차등 지원하여 현실적인 수준으로 지원할 필요성이 있다. 여기서 표준 유아교육비는 교육과학기술부 정책연구로 유치원 표준유아교육비 산정연구에서 제시한 금액이다(우명숙 외, 2012).

　　둘째, 국공립어린이집 확충과 민간어린이집에 대한 관리 · 지원을 강화해야 한다. 국공립어린이집을 확충하여 혁신도시, 택지개발지역, 교육복지투자 우선지역 등 유아

표 12-3 지원 연령 및 금액　　　　　　　　　　　　　　　　　　　　(2017. 3. 1.부터 적용)

구분	연령	지원액(원/월)		
		국공립 유치원	사립 유치원	어린이집
유아학비(유치원) 보육료(어린이집)	만 5세	60,000	220,000	220,000
	만 4세			
	만 3세			
방과 후 과정비	만 3~5세	50,000	70,000	70,000

주: 2017년 누리과정 부담비용 고시(교육부 고시 제 2016-365호, 2016. 12. 30.)

보육 수요 신규 방생지역에 국공립어린이집을 설립하여 저소득층, 다문화가정 및 장애 아동 통합교육 등 취약계층 보육서비스를 우선으로 제공할 필요가 있다. 또한 평가인증제를 지속적으로 추진하여 그 결과를 공개·활용하여 관리·감독을 강화하고, 그 결과를 국가 재정 지원과 연계하여 보육서비스의 질적 수준을 높여야 한다. 평가 외에 보육시설의 경쟁력 제고를 위한 컨설팅 지원을 강화할 필요가 있다.

셋째, 육아정책연구소의 국책연구기관의 역할을 강화할 필요가 있다. 누리과정 추진을 지원하기 위한 육아정책연구소의 역할을 강화하고 유-보 협력 방향 정립을 위한 국책연구기관으로서의 정책연구수행 기능을 더욱 강화해야 한다. 또한 유아교육 전문가들의 교류·협력 협의체를 구성 및 운영하여 누리과정 모니터링을 활성화한다면 누리과정의 질이 좀 더 높아질 것으로 여겨진다.

넷째, 유아교육과 보육의 체제가 통합되어야 한다. 먼저, 유아교육과 보육의 교육과정이 체계화되어야 한다. 만 0~5세 유아교육을 전체적인 연속선상의 단일체제 내에서 조망하고, 만 0~2세 표준보육과정, 만 3~5세 누리과정, 초등학교 교육과정으로 연계되는 교육 내용의 체계화를 이룰 필요가 있다. 3~5세 누리과정을 실시하는 유치원과 어린이집에 대한 통합적 관리를 강화해야 한다. 현재 유치원은 교육부가, 어린이집은 보건복지부가 관리하고 있으나, 누리과정 사업을 총괄하고 교육비를 지원하고 있는 교육부를 중심으로 하는 통합적 관리 방안을 모색할 필요가 있다.

 활동해 봅시다

- 조별로 최근 보육정책에 대한 문제점이 무엇인지 발표해 봅시다.
- 내가 만약 보육정책전문가라면, 다른 조에서 발표한 보육의 문제점을 어떻게 해결할 것인지 이야기해 봅시다.

보육학개론
제12장

강문희, 윤예희, 이경희, 정정옥(2006). 유치원, 보육시설 운영관리. 서울: 학지사.

강숙현(1994). 유아교육 프로그램 평가척도의 이해와 활용. 서울: 정민사.

강이수(2007). 여성의 일-가족 경험과 역사적 변화: 산업화 이후 여성노동시장의 변화와 일-가족 관계. 페미니즘연구, 7(2), pp. 1-35.

곽준식, 이현섭, 박충일, 김순자, 홍길회, 김경혜, 서영숙(2012). 유아교육론. 경기: 양서원.

권민균, 권희경, 문혁준, 성미영, 신유림, 안선희, 안효진, 이경옥, 천희영, 한유미, 한유진, 황혜신 (2008). 아동발달. 서울: 창지사.

권영례, 이영자(2010). 유아교육기관 운영관리. 서울: 한국방송통신대학교 출판부.

권은주(1990). 불교의 아동교육관에 관한 연구. 석림, 23, pp. 145-158.

김경회, 문혁준, 김선영, 김신영, 김지은, 김혜금, 서소정, 안선희, 안효진, 이희경, 정선아, 황혜원 (2011). 보육학개론. 서울: 창지사.

김명순, 박은혜, 신동주, 정미라(1999). OECD 주요국가간의 유아교육제도 비교분석. 유아교육연구, 19(2), pp. 119-140.

김석우, 김명선, 강태용, 정혜영(2010). 포트폴리오 평가의 이론과 실제. 서울: 학지사.

김성기, 황준성(2010). 학습보조 인턴교사 채용 사업 운영성과 분석. 경기도 교육청.

김세곤(2016). 유아 존중 교육사상의 근간으로서의 동학. 동학학보, 40, pp. 151-174.

김영옥(2011). 2000년 이후 여성노동시장의 변화와 미래전략. 한국여성정책연구원 기본연구 보고서.

김은설, 이영미, 김문정(2012). 유치원 급식 운영 관리 실태 및 개선 방안. 연구보고 2012-05. 서울: 육아정책연구소.

김의향(2010). 보육시설장·보육교사 배출현황 및 과제. 2010 추계 보육관련 학회 통합 학술대회 자료집.

김정희, 김현주, 정인숙(1998). 아동발달심리. 서울: 정민사.

김종해, 백선의, 이미정, 이원영, 임재택(2005). 한국 유아교육 보육 관련법과 제도의 역사와 미래. 한국유아교육과 보육의 자리매김. 한국유아교육학회 정기학술대회 자료집. pp. 39-85.

김지은, 김진숙(2007). 유아관찰 및 평가. 경기: 양서원.

김춘경, 문혁준, 신유림, 심미경, 옥경희, 위영희, 이경희, 이정희, 정계숙, 정현숙, 제경숙, 조성연, 천희영(2004). 아동학개론. 서울: 학지사.

김태련, 장휘숙(1987). 발달심리학. 서울: 박영사.

김태진(2003). 보육정보센터 서비스에 대한 보육시설종사자 욕구에 관한 연구. 대구대학교 대학원 석사학위 논문.

나정, 장영숙(2002). OECD 국가들의 유아교육과 보호정책 동향. 경기: 양서원.

마송희(2001). 코메니우스, 페스탈로치의 교육사상과 기독교 유아교육. 유아교육학 논집, 5(1), pp. 77-95.

명지원(2010). 방정환의 아동교육사상에 대한 연구. 열린유아교육연구, 15(1), 85-110.

문무경(2006). 세계육아정책동향시리즈2-스웨덴의 육아정책. 육아정책개발센터.

문선화, 구차순, 박미정, 김현옥(2005). 한국사회와 아동복지. 서울: 양서원

박영아, 최경숙(2007). 아동의 연령에 따른 기억책략사용의 효율성 분석. 아동심리 학회지: 발달, 20(2), 59-72.

박진아(2016). 영유아 가구의 양육비 지출 현황과 육아물가 체감 추이. 육아정책포럼, 제50호(겨울호).

박충일 외(2012). 유아교육론. 경기: 양서원.

방인옥, 박찬옥, 이기현, 김은희(2000). 유아교육과정. 경기: 정민사.

백혜리(1997). 조선시대 성리학, 실학, 동학의아동관 연구. 이화여자대학교 대학원 박사학위 논문.

서수경(2012). 어린이집 특별활동 및 필요경비 가이드라인 구축. 서울시여성가족재단.

서영숙, 김경혜(2006). 보육학개론. 경기: 양서원.

서의석(2006). 보육교사 근무현황 및 실태조사. 중앙대학교 사회개발대학원 석사학위논문.

송선희(1998). John Dewey의 유아교육철학. 아동교육, 7(1), pp. 27-40.

쇼우지 마사코(1995). 유아교육사상의 이해. 팽영일 역(1995). 서울: 창지사

신동주, Ingrid, E.(2009). 쟁점연구: 스웨덴의 유아교육제도. 유아교육연구, 26(5), pp. 79-92.

신양재, 권은주(2004). 고려시대의 아동교육. 유아교육연구, 24(1), pp. 5-27.

신은수(1991). 놀이에 있어서의 교사의 역할 및 교수 전략. 한국어린이육영회 유아교육 세미나 자료집, 43-62.

신현정(2009). 유아교육기관의 가족지원 프로그램 개발 연구. 덕성여자대학교 대학원 박사학위 논문.

안경식(2005). 한국 고대 교육사의 연구 현황과 과제: 삼국시대 이전의 연구물을 중심으로. 교육사상연구, 17, pp. 97-121.

양승희, 권세경, 황혜경(2002). 영유아 관찰 및 평가. 서울: 상조사.

안인희(1989). 현대교육고전의 이해. 서울: 이화여대출판부.

양옥승, 김영옥, 김현희, 신화식, 위영희, 이옥, 이정란, 이차숙, 정미라, 지성애, 홍혜경(1999). 영유아보육개론. 서울: 학지사.

여성가족부, 보건복지부, 교육부(2016). 아동학대 예방 및 가족관계 증진을 위한 부모교육 활성화 방안(案). 관계부처 합동 보도자료.

우남희(2016). 영유아 양육비용 부담 경감, 부모의 실제 체감도를 높여야. 육아정책포럼, 제50호 (겨울호).

우명숙 외(2012). 유치원 표준유아교육비 산정연구. 교육과학기술부. 미간행자료.

유아교육학회(2007). 유아보육학사전. 서울: 한국사전연구사.

유안진(2001). **아동발달의 이해**. 서울: 문음사.

유희정(2006). **세계육아정책동향 시리즈1-일본 보육정책 동향**. 서울: 육아정책개발센터.

유희정, 이경숙, 최진(2008). 지방자치단체별 육아지원 실태와 효과분석. 서울: 육아정책개발센터

윤재석(2007). 보육교사 보수교육 활성화 방안에 관한 연구. 서강대학교 공공정책대학원 석사학.

이경희, 이순옥, 이옥임, 이태영. 임미혜, 정정옥(2009). **유아교육개론**. 교육아카데미.

이기숙(2002). 유아교육기관 인정제의 개발 배경: 한국 · 일본 · 영국 · 호주. 이화여자대학교 BK

이기숙, 이은화, 이영자, 이숙재(1995). **유아발달에 적합한 유치원 실내교육환경**. 서울: 교육인적자원
　　　　부.

이동선(2016). 일-가정 양립을 위한 정책개입이 여성의 노동시장 참여에 미치는 영향: OECD국가
　　　　를 대상으로. 사회복지정책, 43(1), pp. 259-284.

이미정, 김진선, 송승민, 이시라, 이희선, 임명희, 정정란, 조성연, 주영애, 한세영(2009). **보육학개
　　　　론**. 서울: 창지사.

이미화(2014). 2014년 제2차 육아선진화 포럼: 유보통합의 주요이슈 발표자료. 육아정책연구소.

이소희(2005). **보육학개론**. 경기: 양서원.

이숙재(1997). 유아를 위한 놀이의 이론과 실제. 서울: 창지사.

이숙재(2001). **유아 놀이 활동**. 서울: 창지사.

이순형(2001). **보육학개론**. 서울: 양서원.

이순형 외(2006). **보육학개론**. 서울: 학지사.

이순형(2001). **보육학개론**. 서울: 양서원.

이순형, 이혜승, 이성옥, 황혜신, 이완정, 이소은 권혜진, 이영미,정윤주, 한유진, 성미영(2006). 보
　　　　육학개론. 서울: 학지사.

이연승(2011). 한국 유아교육의 현안 및 과제. 한국유아교육의 정책적 과제와 전망. 미래교육정책
　　　　연구소.

이연정, 반건호, 이소영, 김봉석, 방수영, 손석한, 양재원, 이소희, 정운선, 정유숙, 홍민하, 황준원
　　　　(2015). 영국의 영유아 보육정책 및 한국의 유사정책 현황. **한국청소년정신의학**, 26(1), pp. 12-
　　　　21.

이영애, 이정욱, 이금구(2015). **교직실무**. 서울: 한국방송통신대출판문화원.

이영자, 신동주(2012). **유아교육기관 운영관리**. 서울 : 창지사.

이은해(1985). **아동연구방법**. 서울: 교문사.

이은해(2002). 보육시설 프로그램 평가도구의 개발과 타당화.

이정환, 박은혜(1995). **교사들을 위한 유아관찰 워크북**. 서울: 한국어린이육영회.

이홍재(2009). 영유아보육교사의 리더십. 2009년도 보육교사 일반직무교육자료. 안양보육교사교
　　　　육원.

임부연, 오정희(2009). **영유아 교수 학습방법**. 서울: 동문사.

임태평(2006). 루소의 자연개념과 자연인. **교육철학**, 29. 45-64.

장명림, 황성은, 김미나(2012). 2013~2017 유아교육 중장기 발전방향. 육아정책연구소.

전남련, 김재환, 이혜배(2007). **아동행동 연구 및 관찰평가**. 서울: 창지사.

정영근(2012). 페스탈로치의 방법원리에 대한 교육학적 평가와 의미. **교육의 이론과 실천**, 17(1), pp. 105-124.

정옥분, 권민균, 김경은, 김미진, 노성향, 박연정, 손화희, 엄세진, 윤정진, 이경희, 임정하, 정순화, 정현희, 최형성, 황현주(2008). **보육학개론**. 서울: 학지사.

조건덕 외(2011). **보육과정**. 서울: 정민사

조건덕, 유경량, 민광미, 현정희(2011). **보육과정**. 경기: 정민사.

조혜경, 이순영, 황성원, 노은호, 구경선, 곽혜경, 박금희, 조미환, 나은숙, 문영보(2006). **보육학개론**. 서울: 창지사.

중앙육아종합지원센터(2014). 「제3차 어린이집 표준보육과정」에 기초한 연령별 보육프로그램 활용의 기초. 표준보육과정 심화교육 강의자료. part. 1.

중앙육아종합지원센터(2017). (유아편) 존중받는 아이, 함께크는 부모.

지성애, 백선희, 채영란(2007). 영국의 영유아교육 보육 지원제도. **유아교육연구**, 27(5), pp. 135-155.

차호일(1989). **소파 방정환의 아동교육관 연구**. 충북: 한국교원대학교 출판부.

최성은(2016). 보육 및 유아교육 비용과 보육료 상한 규제. 재정포럼 2016년 1월호(제235호), pp. 23-35.

최순자(2007). 일본의 유아교육과 보육의 최근동향 검토-유아교육, 보육 일원화와 보육소 민영화를 중심으로. **생태유아교육연구**, 6(1), pp. 161-175.

최효미(2016). 영유아교육 · 보육비용의 변화 추이와 지출 실태. 육아정책포럼, 제50호(겨울호).

하정연(2004). 보육시설 논인자원봉사자의 역할과 이미지에 관한 질적 연구. **미래유아교육학회지**, 11(3), 1-25.

한상규, 이은하(2005). 소파 방정환의 아동교육사상 연구. **유아교육연구**, 14(1), pp. 1-17.

황보영란(2014). 실질적 의미의 영유아보육법과 그 법원에 관한 연구. 유아교육연구, 34(6), pp. 498-508.

황혜경, 김용희, 김지영, 심윤희, 김보영, 이회현(2015). **영유아보육과정**. 경기: 양서원.

황혜정, 김경희, 이혜경, 어주경, 나유미(2003). **아동과 환경**. 서울: 학지사.

Ainsworth, M. D. S. (1973). The development of infant-mother attachment. In B. M. Caldwell & H. N. Ricciuti(Eds.), *Review of child development research* (Vol. 3). Chicago: University of Chicago Press.

Asendorph, Warkentin, & Baudonniere (1996). Self-awareness and other-awareness II:

mirror self-recognition, social contingency awareness, and synchronic imitation. *Developmental Psychology, 32*, 313-321.

Athey, I. (1984). Contributions of play to development. In T. D. Yawkey & A. D. Pellegrini (Eds.), *Child's play: Developmental and applied* (pp. 9 – 28). Hillsdale, NJ: Erlbaum.

Bentley, J.(2006). Learning from history : Rediscovering Froebel-A call to re-examine his life and gifts. *Childhood Education, 82*(3), 186.

Berk, L. E. (2000). *Child development*(5th ed.). Boston, MA: Allyn & Bacon.

Bredekamp, S., & Copple, C.(1997). *Developmentally Appropriate Practice in Early Childhood Education*, Washington, D.C.: NAEYC.

Brofenbrenner, U.(1990). *Discovering what families do. in Rebuilding the Nest: a new commitment to the American famaily. Family Service America.* The International Child and Youth Care Network: http://www.cyc-net.org

Browers, F. B., & Gehring, T.(2004). Johann Heinrich Pestalozzi : 18th century Swiss education and correctional reformer. *Journal of Correctional Education, 55*(4), 306-319.

Bruner, J. S. (1972). The nature and uses of immaturity. *American Psychologist, 27*, 687-708.

Caldwell, B.(1991). Educare: New product, new future. *Developmental and Behavioral Pediatrics 12*(3), 199-205.

Caplan, F., & Caplan, T. (1989). 놀이와 아동 (강문희 역). 서울: 교육과학사. (원전은 1973년에 출판).

Carpenter, M., Nagel, K., & Tomasello, M. (1998). *Social cognition, joint attention, and communicative competence from 9 to 15 months of age.*

Case, R. (1985). Intellectual development: Birth to adulthood. Orlando, FL: Academic Press.

Cole, E. S. (1990). An experience in Froebel's garden. *Childhood Education, 66*(1), 18-21.

Coopersmith, S. (1967). *The antecedents of self-esteem*. New York: W. H. Free-man.

Cole, E. S. (1990). An experience in Froebel's garden. *Childhood Education, 66*(1), 18-21.

Curry, N. E., & Arnaud, S. H. (1974). Cognitive implications in children's spontaneous role play. *Theory Into Practice, 13*(4), pp. 273-277.

Decker, C. A., & Decker, J. R. (2001). *Planning and administering early childhood programs* (6th ed.). Upper Saddle River, NJ: Prentice Hall.

Decker, C. A., Decker, J. R., Freedman, N. K., & Knopf, H. T. (2009). *Planning and administering early childhood programs* (9th ed.). Columbus, OH: Pearson Merrill Prentice Hall.

Dewey, J. (1981). *The philosophy of John Dewey.* Chicago : University of Chicago Press.

Dewey, J. (1987). 민주주의와 교육 (이홍우 역). 서울: 교육과학사.

Donaldson, M. (1978). *Children's minds.* Glasgow: William Collins & Sons.

Eimas, P. D. (1985). The perception of speech in early infancy. *Scientific American January*, 46-52.

Fagot, B., Leinbach, M., & O'Boyle, C. (1992). Gender labeling. gender stereotyping, and parenting behaviors. Dev.

Fantz, R. L. (1963). Pattern vision in newborn infants. *Science, 140*, 296-297.

Frost, J. L., & Klein, B. L. (1979). *Children's play and playgrounds.* Boston: Allyn & Bacon.

Gallup, (1979). Self-recognition in chimpanzees and man: A develop-mental and comparative perspective. In M. Lewis & L. A. Rosenvlum(Eds.), *Genesis of behavior* (Vol. 2). The child and its family. New York: Pelenum.

Garvey, C. (1990). *Play.* Cambridge, MA: Harvard University Press.

Griffing, P. (1983). Encouraging dramatic play in early childhood. *Young Children, 38*(4), 13-22.

Hay. (1994). Prosocial development. *Journal of child Psychology and Psy-chiatry, 35*, 29-72.

Hildebrand, V. (1993). *Management of child development centres.* Upper Saddle River, NJ: Prentice Hall.

Hodgkinson, C. (1991). *Education leadership.* Albany, NY: SUNY Press.

Hughes, F. P. (2010). *Children, Play, and Development.* Thousand Oaks, CA: Sage.

Hutt, C. (1971). Exploration and play in children. In R. E. Herron & B. Sutton-Smith(eds.). *Child's Play.* New York: John Wiley & Sons.

Johnson, J. E., Christie, J. F., & Yawkey, T. D. (1987). *Play and early childhood development.* Glenview, IL: Scott, Foresman and company.

Johnson, J. E., Christie, J. F., & Yawkey, T. D. (1999). *Play and early childhood development* (2nd ed.). New York: Longman.

Johnson, J. S. (2006). *Inquiry and education: John Dewey and the quest for democracy.* New York : State University of New York Press.

Lamb & Easterbrooks (1981). Non-maternal care and the security of infant-mother attachment: A Reanalysis of the data. *Infant Behavior and Development, 15*, 71-83.

Levy, A. K. (1984). The language of play: The role of play in language development. *Early Child Development and Care, 17*(1), 49-61.

Levy, J. (1978). *Play behavior.* New York: John Wiley & Sons.

Lewis, M., Broods-Gunn, J. (1979). *Social cognition and the acquisition of self.* New York: Plenum.

Liberman, N. J. (1977). *Playfulness: Its relationship to imagination and creativity.* New York: Academic Press.

Lillard, P. P. (1973). *Montessori: A modern approach.* New York: Schocken Books, Inc.

Locke, J. (1977). An essay concerning human understanding. In S. M. Cahn(ed.), *Classics of western philosophy* (pp. 482-550). Indianpolis, IN : Hackett Publishing company.

Manning, K. & Sharp, A. (1977). *Structuring play in the early years at school.* London: Ward Lock Educational.

Meredith, N. V. (1978). Research between 1960 and 1970 on the standing height of young children in different parts of the world. In H. W. Reece & L. P. Lipsitt(Eds.), *Advances in child development and behavior* (Vol. 12). New York: Academic Press.

Montessori, M. (1955). *The Formation of Man.* Theosophical Publishing House, Adyar

Montessori, M. (1966). *The secret of childhood.* M. J. Costelloe (Trans). New York: Schocken Books, Inc.

Moore, C., Angelopoulos, M., & Bennet, P. (1999). Word learning in the context of referential and salience cues. *Developmental Psychology, 35,* 60-68.

NAEYC (1997). *Leadership in early care and education.* Washington DC: NAEYC.

Parten, M. (1932). Social participation among pre-school children. *Journal of Abnormal and Social Psychology, 27,* 243-269.

Pepler, D., & Ross, H. S. (1981). The effects on play convergent and divergent problem solving. *Child Development, 52,* 1201-1210.

Rodd, J. (2006). *Leadership in early childhood.* New York: Open University Press.

Ruff, H. A., & Lawson, K. R. (1990). Development of sustained, focused attention in young children during free play. *Developmental Psychology, 26,* 85-93

Schneider, W., & Pressley, M. (1997). *Memory development: Between two and twenty* (2nd ed.), Mahwah, NJ: Erlbaum.

Smilansky, S. (1968). *The Effect of sociodramatic play on disadvantaged preschool children.* New York: Wiley.

Smith, P. K. (1978). A longitudinal study of social participation in preschool children: Solitary and parallel play reexamined. *Developmental Psychology, 14*(5), 517-523.

Standing, E. M. (1984). *Maria Montessori: Her life and work.* New York: A Plame Book.

Weisler, A., & Mecall, R. B. (1976). *Exploration and play: Resume and redirection, 84*(4), 661-689.

Welch-Ross, M. K., & Schmidt, C. R. (1996). Gender-schema development and children's constructive story memory: Evidence for a development model. *Child Development, 67*, 820-835.

Wellman, H. M. (1992). *The child's theory of mind*. Cambridge, MA: The MIT Press.

Wood, D., McMahon, L., & Cranstown, Y. (1980). *Working with under fives*. Ypsilanti, MI: High/Scope Press.

교육과학기술부(2012). 유치원 시설안전관리 매뉴얼.

교육과학기술부(2012). 유치원 시설안전관리 매뉴얼.

교육과학기술부, 경기도교육청(2012). 교육행정.

교육부(2007). 교육공무원 인사관리규정. 교육인적자원부 훈령 제737호.

교육부(2010). 교육공무원인사관리규정. http://www.moe.go.kr/boardCnts/view.do?boardID
=327&lev=0&statusYN=W&s=moe&m=0305&opType=N&boardSeq=48664

교육부(2016). 만 3~5세 누리과정 지원율 및 예산추이.

교육부(2017). 2017학년도 유아학비 지원계획. 유아교육정책과.

국무총리실(2014). 국무총리 소속 '영·유아교육·보육 통합 추진단' 14일 공식 출범.

국무총리실, 교육과학기술부, 보건복지부(2011) 만 5세 어린이 교육 보육 국가가 책임진다. 보도
자료. (2011.5.2.)

법제처 국가법령정보센터(1991). 영유아보육법. http://www.law.go.kr

법제처 국가법령정보센터(2004). 영유아보육법. http://www.law.go.kr

법제처 국가법령정보센터(2010). 교육공무원 임용령. http://www.law.go.kr

법제처 국가법령정보센터(2011). 영유아보육법. http://www.law.go.kr

법제처 국가법령정보센터(2017). http://www.law.go.kr

법제처 국가법령정보센터(2018a). 교육공무원임용령. 2018.1.3., from http://www.law.go.kr

법제처 국가법령정보센터(2018b). 영유아보육법. 2018.1.3., from http://www.law.go.kr

법제처 국가법령정보센터(2018c). 유아교육법. 2018.1.3., from http://www.law.go.kr

보건복지부(1996). 영유아보육프로그램.

보건복지부(2000). 시설장 보수교육.

보건복지부(2010). 2009년 보육통계.

보건복지부(2011). 보육통계

보건복지부(2011). 어린이집평가인증 지침서(40인 이상 어린이집).

보건복지부(2012). 2012년도 보육 사업안내.

보건복지부(2012). 5세 누리과정에 기초한 어린이집 프로그램 및 연령연계 프로그램 개발.

보건복지부(2012). 저출산의 원인. http://mohw.go.kr

보건복지부(2013a). 제3차 어린이집 표준보육과정 고시문.

보건복지부(2013b). 어린이집 표준보육과정에 기초한 영유아 보육프로그램 0세 1권.

보건복지부(2013c). 어린이집 표준보육과정에 기초한 영유아 보육프로그램 2세 1권.

보건복지부(2013d). 3세 누리과정에 기초한 어린이집 프로그램 1권.

보건복지부(2013e). 4세 누리과정에 기초한 어린이집 프로그램 1권.

보건복지부(2015). 보육통계.

보건복지부(2017). 영유아보육법.

보건복지부(2018). 2018년 보육 사업안내. 2018.1.3., from http://www.mohw.go.kr

보건복지부(2018). 영유아보육법 시행령.

보건복지부, 교육과학기술부(2013). 3~5세 연령별 누리과정 교사용 지침서.

보건복지부, 교육과학기술부(2013). 3~5세 연령별 누리과정 해설서.

식품의약품안전청(2016). 유아식생활과 건강 교시용 지침서.

질병관리본부(2017). 성장도표. http://cdc.go.kr

통계청(2016). 만 3~5세 누리과정 지원율 및 예산 추이(2014-2016). http://www.index.go.kr

통계청(2016). 출산율과 첫 자녀 출산 시 모의 평균연령(1993-2016). http://www.index.go.kr

통계청(2017). 여성경력단절 사유. http://www.index.go.kr

한국보육진흥원(2010). 2010년 서울시 시설장 신규 직무교육.

한국보육진흥원(2017). 제3차 어린이집 평가인증(통합지표) 운영체계.

한국보육진흥원(2018). 보육인력 국가자격증. chrd.childcare.go.kr/ctis/loginC.jsp

한국아동단체협의회(2016). 아동권리헌장. http://55.or.kr

광주육아종합지원센터 https://gwangju.childcare.go.kr

대구신문 http://www.idaegu.co.kr/news

유니세프 아동권리협약 http://www.unicef.or.kr

통계청 http://kosis.kr

한국고용정보원 http://www.work.go.kr

부록

표준보육과정 각 영역별 내용의 연령 간 연계성

1. 기본생활 영역

0~1세와 2세 기본생활 영역 내용의 연계성

내용범주	0~1세 보육과정					2세 보육과정		
	내용	1수준	2수준	3수준	4수준	내용	1수준	2수준
건강하게 생활하기	몸을 깨끗이 하기	몸이 깨끗해졌을 때 기분이 좋음을 안다.				몸을 깨끗이 하기	스스로 손과 몸 씻기를 시도한다.	
		도움을 받아 손을 씻는다.						
			도움을 받아 이를 닦는다.				스스로 이 닦기를 시도한다.	
	즐겁게 먹기	편안하게 안겨서 우유(모유)를 먹는다.	이유식에 적응한다.	고형식에 적응한다.	다양한 음식을 먹어 본다.	바르게 먹기	음식을 골고루 먹는다.	
				도구로 음식을 먹어 본다.			도구를 사용하여 스스로 먹는다.	
		즐겁게 먹는다.					정해진 자리에서 먹는다.	
	건강한 일상생활 하기	수면을 충분히 취한다.				건강한 일상생활 하기	일과에 따라 규칙적으로 잠을 잔다.	
		편안하게 쉰다.					정해진 시간에 알맞게 휴식한다.	
		하루 일과에 편안하게 참여한다.					하루 일과에 즐겁게 참여한다.	
				배변 의사를 표현한다.			정해진 곳에서 배변한다.	화장실에서 배변한다.
						질병에 대해 알기	질병의 위험을 안다.	

내용범주	0~1세 보육과정					2세 보육과정		
	내용	1수준	2수준	3수준	4수준	내용	1수준	2수준
안전하게 생활하기	안전하게 지내기	안전한 상황에서 놀이한다.			놀잇감을 안전하게 사용한다.	안전하게 놀이하기	놀이기구나 놀잇감을 안전하게 사용한다.	
		안전한 장소에서 놀이한다.					안전한 장소에서 놀이한다.	
		차량 승하차 시 안전 장구를 착용한다.				교통안전 알기	교통수단의 위험을 안다.	교통수단의 위험을 알고 조심한다.
	위험한 상황에 반응하기		위험하다는 말에 반응을 보인다.	위험하다고 알려 주면 주의한다.		위험한 상황 알기	위험한 상황과 위험한 것을 안다.	위험한 상황과 위험한 것을 알고 조심한다.
							위험한 상황 시 어른의 지시에 따른다.	

2. 신체운동/신체운동 · 건강 영역

0~1세와 2세 신체운동 영역 내용의 연계성

내용범주	0~1세 보육과정					2세 보육과정		
	내용	1수준	2수준	3수준	4수준	내용	1수준	2수준
감각과 신체 인식하기	감각적 자극에 반응하기	시각, 청각, 촉각, 후각, 미각으로 자극을 느낀다.				감각능력 기르기	다양한 감각적 차이에 반응한다.	
		시각, 청각, 촉각, 후각, 미각으로 자극에 반응한다.					감각기관으로 주변 환경을 탐색한다.	
	감각기관으로 탐색하기	감각기관으로 주변 환경을 탐색한다.				감각기관 활용하기	감각기관으로 주변 환경을 탐색한다.	
	신체 탐색하기	손과 발 등을 바라보며 탐색한다.	주요 신체 부분의 움직임을 탐색한다.			신체를 인식하고 움직이기	신체 각 부분의 명칭을 안다.	
							신체 각 부분의 움직임을 탐색한다.	

내용범주	0~1세 보육과정					2세 보육과정		
	내용	1수준	2수준	3수준	4수준	내용	1수준	2수준
신체 조절과 기본 운동하기	신체 균형잡기	몸의 균형을 잡기 위한 자세를 시도한다.	붙잡고 서 있기 등의 자세를 취한다.	안정되게 서 있기 등의 자세를 시도한다.		신체 균형 잡기	안정된 자세를 취하려고 시도한다.	
	대근육 조절하기	뒤집기 등 몸을 조절하여 위치를 바꾼다.	누웠다 앉기 등 몸의 움직임을 조절한다.			대근육 조절하기	팔, 다리, 목, 허리 등 움직임을 조절한다.	
	소근육 조절하기	보이는 물체에 손을 뻗는다.	눈과 손을 협응하여 소근육을 활용해 본다.			소근육 조절하기	눈과 손을 협응하여 소근육을 조절해본다.	
	기본 운동하기	배밀이 등 이동운동을 시도한다.	기기, 걷기 등 이동운동을 시도한다.	걷기 등 이동운동을 시도한다.		기본 운동하기	걷기, 계단 오르기 등 이동운동을 한다.	
		팔 다리 뻗기, 흔들기 등 제자리 운동을 시도한다.		서 있기, 앉기 등 제자리 운동을 시도한다.			제자리에서 몸을 움직여 본다.	
신체 활동에 참여하기	몸 움직임 즐기기	몸을 활발히 움직인다.	몸의 움직임을 다양하게 시도한다.			신체 활동에 참여하기	신체활동에 자발적으로 참여해 본다.	
	바깥에서 신체 움직이기	규칙적으로 바깥 환경을 경험한다.	규칙적으로 바깥에서 신체활동을 한다.			바깥에서 신체활동 하기	규칙적으로 바깥에서 신체활동을 한다.	
	기구를 이용하여 신체활동 시도하기		간단한 기구를 이용하여 신체활동을 시도한다.			기구를 이용하여 신체활동 하기	간단한 기구를 이용하여 신체활동을 한다.	

3~5세 신체운동·건강 영역 내용의 연계성

내용범주	내용	세부내용		
		만 3세	만 4세	만 5세
신체 인식하기	감각능력 기르고 활용하기	감각적 차이를 경험한다.	감각적 차이를 구분한다.	감각으로 대상이나 사물의 특성과 차이를 구분한다.
		감각기관을 인식하고, 활용해 본다.	여러 감각기관을 협응하여 활용한다.	여러 감각기관을 협응하여 활용한다.
	신체를 인식하고 움직이기	신체 각 부분의 명칭을 알고, 움직임에 관심을 갖는다.	신체 각 부분의 특성을 이 해하고 활용하여 움직인다.	신체 각 부분의 특성을 이해 하고 활용하여 움직인다.
		자신의 신체를 긍정적으로 인식하고 움직인다.	자신의 신체를 긍정적으 로 인식하고 움직인다.	자신의 신체를 긍정적으로 인식하고 움직인다.
신체 조절과 기본 운동하기	신체 조절하기	신체균형을 유지해 본다.	다양한 자세와 움직임에 서 신체균형을 유지한다.	다양한 자세와 움직임에서 신체균형을 유지한다.
		공간, 힘, 시간 등의 움직임 요소를 경험한다.	공간, 힘, 시간 등의 움직임 요소를 활용하여 움직인다.	공간, 힘, 시간 등의 움직임 요소를 활용하여 움직인다.
		신체 각 부분의 움직임을 조절해 본다.	신체 각 부분을 협응하여 움직임을 조절한다.	신체 각 부분을 협응하여 움직임을 조절한다.
		눈과 손을 협응하여 소근육을 조절해 본다.	눈과 손을 협응하여 소근육을 조절해 본다.	눈과 손을 협응하여 소근육을 조절해 본다.
				도구를 활용하여 여러 가지 조작운동을 한다.
	기본 운동하기	걷기, 달리기 등 이동운동을 한다.	걷기, 달리기, 뛰기 등 다양한 이동운동을 한다.	걷기, 달리기, 뛰기 등 다양한 이동운동을 한다.
		제자리에서 몸을 움직여 본다.	제자리에서 몸을 다양하게 움직인다.	제자리에서 몸을 다양하게 움직인다.
신체 활동에 참여하기	자발적으로 신체활동에 참여하기	신체활동에 자발적으로 참여한다.	신체활동에 자발적이고 지속적으로 참여한다.	신체활동에 자발적이고 지속적으로 참여한다.
		다른 사람과 함께 하는 신체활동에 참여한다.	다른 사람과 함께 하는 신체활동에 참여한다.	다른 사람과 함께 하는 신체활동에 참여한다.
			자신과 다른 사람의 운동능력의 차이에 관심을 갖는다.	자신과 다른 사람의 운동능력의 차이를 이해한다.

내용범주	내용	세부내용		
		만 3세	만 4세	만 5세
			자신과 다른 사람의 운동능력의 차이에 관심을 갖는다.	자신과 다른 사람의 운동능력의 차이를 이해한다.
	바깥에서 신체활동하기	규칙적으로 바깥에서 신체활동을 한다.	규칙적으로 바깥에서 신체활동을 한다.	규칙적으로 바깥에서 신체활동을 한다.
	기구를 이용하여 신체활동하기	여러 가지 기구를 이용하여 신체활동을 한다.	여러 가지 기구를 이용하여 신체활동을 한다.	여러 가지 기구를 이용하여 신체활동을 한다.
건강하게 생활하기	몸과 주변을 깨끗이하기	손과 이를 깨끗이 하는 방법을 알고 실천한다.	손과 이를 깨끗이 하는 방법을 알고 실천한다.	스스로 몸을 깨끗이 하는 습관을 기른다.
		주변을 깨끗이 한다.	주변을 깨끗이 하는 습관을 기른다.	주변을 깨끗이 하는 습관을 기른다.
	바른 식생활하기	음식을 골고루 먹는다.	음식을 골고루 먹는다.	적당량의 음식을 골고루 먹는다.
		몸에 좋은 음식에 관심을 갖는다.	몸에 좋은 음식을 알아본다.	몸에 좋은 음식을 선택할 수 있다.
		바른 태도로 식사한다.	음식을 소중히 여기고 식사예절을 지킨다.	음식을 소중히 여기고 식사예절을 지킨다.
	건강한 일상생활하기	규칙적으로 잠을 자고, 적당한 휴식을 취한다.	규칙적으로 잠을 자고, 적당한 휴식을 취한다.	규칙적으로 잠을 자고, 적당한 휴식을 취한다.
		하루 일과에 즐겁게 참여한다.	하루 일과에 즐겁게 참여한다.	하루 일과에 즐겁게 참여한다.
		스스로 화장실에서 배변한다.	바른 배변습관을 가진다.	규칙적인 배변습관을 가진다.
	질병 예방하기	질병의 위험을 알고 주의한다.	질병을 예방하는 방법을 알고 실천한다.	질병을 예방하는 방법을 알고 실천한다.
		날씨에 맞게 옷을 입는다.	날씨와 상황에 알맞게 옷을 입는다.	날씨와 상황에 알맞게 옷을 입는다.
안전하게 생활하기	안전하게 놀이하기	놀이기구나 놀잇감, 도구를 안전하게 사용한다.	놀이기구나 놀잇감, 도구를 안전하게 사용한다.	놀이기구나 놀잇감, 도구의 바른 사용법을 알고 안전하게 사용한다.
		안전한 놀이장소를 안다.	안전한 장소를 알고 안전하게 놀이한다.	안전한 장소를 알고 안전하게 놀이한다.

내용범주	내용	세부내용		
		만 3세	만 4세	만 5세
		TV, 인터넷, 통신기기 등을 바르게 사용한다.	TV, 인터넷, 통신기기 등의 위해성을 알고, 바르게 사용한다.	TV, 인터넷, 통신기기 등의 위해성을 알고, 바르게 사용한다.
	교통안전 규칙 지키기	교통안전 규칙을 안다.	교통안전 규칙을 알고 지킨다.	교통안전 규칙을 알고 지킨다.
		교통수단을 안전하게 이용한다.	교통수단을 안전하게 이용한다.	교통수단을 안전하게 이용한다
	비상시 적절히 대처하기	학대, 성폭력, 실종, 유괴 상황을 알고 도움을 요청한다.	학대, 성폭력, 실종, 유괴 상황 시 도움을 요청하는 방법을 알고 행동한다.	학대, 성폭력, 실종, 유괴 상황 시 도움을 요청하는 방법을 알고 행동한다.
		재난 및 사고 등 비상시 적절하게 대처하는 방법을 안다.	재난 및 사고 등 비상시 적절하게 대처하는 방법을 알고 행동한다.	재난 및 사고 등 비상시 적절하게 대처하는 방법을 알고 행동한다.

3. 의사소통 영역

0~1세와 2세 의사소통 영역 내용의 연계성

내용범주	0~1세 보육과정					2세 보육과정		
	내용	1수준	2수준	3수준	4수준	내용	1수준	2수준
듣기	주변의 소리와 말소리 구분하여 듣기	여러 가지 소리와 말소리 듣기에 흥미를 보인다.			친숙한 낱말의 발음에 흥미를 보인다.	말소리 구분하여 듣고 의미알기	친숙한 낱말의 발음에 흥미를 보인다.	친숙한 낱말의 발음에 관심을 가지고 듣는다.
		익숙한 목소리를 듣고 그것에 반응한다.					다양한 말소리의 차이를 구분한다.	
				높낮이와 세기 등 말소리의 차이에 반응한다.				

내용범주	0~1세 보육과정					2세 보육과정		
	내용	1수준	2수준	3수준	4수준	내용	1수준	2수준
	경험과 관련된 말 듣고 알기	눈 앞에 보이는 경험과 관련된 말에 반응한다.				짧은 문장 듣고 알기	낱말을 듣고 친숙한 사물과 사람을 찾아본다.	일상생활과 관련된 친숙한 낱말을 듣고 뜻을 이해한다.
			자신의 이름이 불리면 듣고 반응한다.				친숙한 짧은 문장을 듣고 반응한다.	
	운율이 있는 말 듣기	운율이 있는 짧은 말소리를 관심 있게 듣는다.				짧은 이야기 듣기	짧은 이야기와 노랫말 등을 즐겁게 듣는다.	
	말하는 사람을 보기	말하는 사람의 눈을 마주 바라본다.		말하는 사람의 표정, 몸짓을 관심 있게 본다.		말하는 사람을 주의 깊게 보기	말하는 사람의 표정, 몸짓, 억양 등을 주의 깊게 보고 듣는다.	
말하기	발성과 발음으로 소리내기	여러 가지 소리를 내고 옹알이를 한다.		여러 말소리를 즐겁게 내 본다.		낱말과 간단한 문장으로 말하기	눈앞에 보이는 친숙한 사물의 이름을 발음해 본다.	친숙한 낱말을 발음해 본다.
				의미 있는 음절을 내 본다.			일상생활에서 경험한 새로운 낱말에 관심을 가진다.	
		옹알이와 말소리에 대해 말로 반응해 주면 모방하여 소리 낸다.		교사의 말을 모방하여 발음한다.			일상생활의 반복적인 일이나 친숙한 상황을 한두 낱말이나 간단한 문장으로 말해 본다.	
	표정, 몸짓, 말소리로 말하기	표정과 소리로 의사표현을 한다.	표정, 몸짓, 소리로 의사표현을 한다.	표정, 몸짓, 말소리로 의사표현을 한다.		자신의 원하는 것을 말하기	표정, 몸짓, 말소리로 의사표현을 한다.	
							자신이 원하는 것을 한 두 낱말로 말해본다.	자신이 워하는 것을 낱말이나 짧은 문장으로 말해 본다.
	말할 순서 구별하기	말할 순서에 따라 표정, 몸짓, 말소리로 반응한다.				상대방을 바라보며 말하기	말할 순서에 상대방을 바라보며 말을 주고 받는다.	

내용범주	0~1세 보육과정					2세 보육과정		
	내용	1수준	2수준	3수준	4수준	내용	1수준	2수준
읽기	그림책과 환경 인쇄물에 관심 가지기	다양한 감각 책을 탐색해 본다.				그림책과 환경 인쇄물에 흥미 가지기	그림책과 환경 인쇄물에 있는 그림과 내용에 관심을 가진다.	
				사물과 주변의 친숙한 환경 인쇄물에 관심을 가진다.			친숙한 그림과 환경 인쇄물을 보고 읽는 흉내를 내 본다.	
		읽어 주는 짧은 그림책에 관심을 가진다.					선호하는 그림책들을 읽어 주면 집중하여 듣는다.	
쓰기	끼적이기	끼적이기에 관심을 가진다.				끼적이며 즐기기	의도적으로 끼적인다.	
							자기 이름 끼적이기에 관심을 가진다.	

3~5세 의사소통 영역 내용의 연계성

내용범주	내용	세부내용		
		만 3세	만 4세	만 5세
듣기	낱말과 문장 듣고 이해하기	낱말의 발음에 관심을 가지고 듣는다.	낱말의 발음에 관심을 가지고 듣는다.	낱말의 발음에 관심을 가지고 비슷한 발음을 듣고 구별한다.
		일상생활과 관련된 낱말과 문장을 듣고 뜻을 이해한다.	일상생활과 관련된 낱말과 문장을 듣고 뜻을 이해한다.	다양한 낱말과 문장을 듣고 뜻을 이해한다.
	이야기 듣고 이해하기	다른 사람의 이야기를 관심 있게 듣는다.	다른 사람의 이야기를 듣고 이해한다.	다른 사람의 이야기를 듣고 이해한다.
			이야기를 듣고 궁금한 것에 대해 질문한다.	이야기를 듣고 궁금한 것에 대해 질문한다.
	동요, 동시, 동화 듣고 이해하기	동요, 동시, 동화를 다양한 방법으로 듣고 즐긴다.	동요, 동시, 동화를 다양한 방법으로 듣고 즐긴다.	동요, 동시, 동화를 다양한 방법으로 듣고 이해한다.
			전래 동요, 동시, 동화를 듣고 우리말의 재미를 느낀다.	전래 동요, 동시, 동화를 듣고 우리말의 재미를 느낀다.
	바른 태도로 듣기	말하는 사람을 바라보며 듣는다.	다른 사람의 이야기를 주의 깊게 듣는다.	다른 사람의 이야기를 끝까지 주의 깊게 듣는다.

내용범주	내용	세부내용		
		만 3세	만 4세	만 5세
말하기	낱말과 문장으로 말하기	친숙한 낱말을 발음해 본다.	친숙한 낱말을 정확하게 발음해 본다.	정확한 발음으로 말한다.
		새로운 낱말에 관심을 가진다.	다양한 낱말을 사용하여 말한다.	다양한 낱말을 사용하여 상황에 맞게 말한다.
		일상생활에서 일어나는 일들을 간단한 문장으로 말한다.	일상생활에서 일어나는 일들을 간단한 문장으로 말한다.	일상생활에서 일어나는 일들을 다양한 문장으로 말한다.
	느낌, 생각, 경험 말하기	자신의 느낌, 생각, 경험을 말해 본다.	자신의 느낌, 생각, 경험을 말한다.	자신의 느낌, 생각, 경험을 적절한 낱말과 문장으로 말한다.
			주제를 정하여 함께 이야기를 나눈다.	주제를 정하여 함께 이야기를 나눈다.
			이야기를 지어 말한다.	이야기 지어 말하기를 즐긴다.
	상황에 맞게 바른 태도로 말하기	상대방을 바라보며 말한다.	듣는 사람의 생각과 느낌을 고려하여 말한다.	듣는 사람의 생각과 느낌을 고려하여 말한다.
		바르고 고운 말을 사용한다.	차례를 지켜 말한다.	때와 장소, 대상에 알맞게 말한다.
			바르고 고운 말을 사용한다.	바르고 고운 말을 사용한다.
읽기	읽기에 흥미 가지기	주변에서 친숙한 글자를 찾아본다.	주변에서 친숙한 글자를 찾아본다.	주변에서 친숙한 글자를 찾아 읽어 본다.
		읽어 주는 글의 내용에 관심을 가진다.	읽어 주는 글의 내용에 관심을 가진다.	읽어 주는 글의 내용에 관심을 가지고 읽어 본다.
	책 읽기에 관심 가지기	책에 흥미를 가진다.	책 보는 것을 즐기고 소중하게 다룬다.	책 보는 것을 즐기고 소중하게 다룬다.
		책의 그림을 단서로 내용을 추측해 본다.	책의 그림을 단서로 내용을 이해한다.	책의 그림을 단서로 내용을 이해한다.
			궁금한 것을 책에서 찾아본다.	궁금한 것을 책에서 찾아본다.
쓰기	쓰기에 관심 가지기	말을 글로 나타내는 것에 관심을 보인다.	말이나 생각을 글로 나타낼 수 있음을 안다.	말이나 생각을 글로 나타낼 수 있음을 안다.

내용범주	내용	세부내용		
		만 3세	만 4세	만 5세
		자기 이름의 글자에 관심을 가진다.	자기 이름을 써 본다.	자신의 이름과 주변의 친숙한 글자를 써 본다.
			자신의 느낌, 생각, 경험을 글자와 비슷한 형태로 표현한다.	자신의 느낌, 생각, 경험을 글자와 비슷한 형태나 글자로 표현한다.
	쓰기 도구 사용하기		쓰기 도구에 관심을 가지고 사용해 본다.	쓰기 도구의 바른 사용법을 알고 사용한다.

4. 사회관계 영역

0~1세와 2세 사회관계 영역 내용의 연계성

내용범주	0~1세 보육과정					2세 보육과정		
	내용	1수준	2수준	3수준	4수준	내용	1수준	2수준
나를 알고 존중하기	나를 구별하기	거울 속의 나에게 관심을 가진다.		거울 속의 나를 알아본다.		나를 구별하기	나와 다른 사람의 모습을 구별한다.	
	나의 것 인식하기	자기 이름을 부르는 소리에 반응한다.				좋아하는 것 해 보기	내가 좋아하는 것을 찾아본다.	
				친숙한 자기 물건을 안다.			좋아하는 놀이나 놀이감을 선택해 본다.	스스로 선택한 놀이나 놀잇감을 즐긴다.
나와 다른 사람의 감정 알기	나의 감정을 나타내기	나의 욕구와 감정을 나타낸다.				나의 감정을 나타내기	여러 가지 감정을 말과 행동으로 나타낸다.	
	다른 사람에게 주의 기울이기	다른 사람의 말과 표정, 몸짓에 주의를 기울인다.		다른 사람이 나타내는 여러 가지 감정에 주의를 기울인다.		다른 사람의 감정에 반응하기	다른 사람이 나타내는 여러 가지 감정에 반응을 보인다.	

내용범주	0~1세 보육과정					2세 보육과정		
	내용	1수준	2수준	3수준	4수준	내용	1수준	2수준
더불어 생활하기	안정적인 애착 형성하기	양육자와 시선을 맞춘다.	양육자에게 적극적으로 관심과 욕구를 표현한다.			내 가족 알기	내 가족에게 애정을 표현한다.	내 가족에게 다른 사람과는 구별된 특별한 감정을 갖는다.
		주변의 친숙한 사람의 얼굴과 목소리를 인식한다.	주변의 친숙한 사람에게 애정을 표현한다.					
	또래에 관심갖기	다른 영유아와 함께 지내는 것을 경험한다.				또래와 관계하기	또래에게 관심을 보인다.	또래의 모습과 행동을 모방한다.
							또래의 이름을 안다.	또래가 있는 곳에서 놀이를 한다.
	자신이 속한 집단 알기	담임교사를 구별한다.	자기 반에서 지내며 안정감을 가진다.			자신이 속한 집단 알기	자신이 속한 반과 교사를 안다.	자신이 속한 반의 활동에 즐겁게 참여한다.
	사회적 가치를 알기			친숙한 물건의 자리를 안다.		사회적 가치를 알기	도움받아 물건을 정리한다.	스스로 물건을 정리한다.
		만나고 헤어지는 인사를 해 본다.					자기 순서를 안다.	순서를 기다린다.
							바른 태도로 인사한다.	
							간단한 약속을 지킨다.	

3~5세 사회관계 영역 내용의 연계성

내용범주	내용	세부내용		
		만 3세	만 4세	만 5세
나를 알고 존중하기	나를 알고, 소중히 여기기	나에 대해 관심을 갖는다.	나에 대해 알아본다.	나에 대해 알아본다.
		나와 다른 사람의 차이에 관심을 갖는다.	나와 다른 사람의 차이점을 알아본다.	나와 다른 사람의 신체적·사회적·문화적 차이를 존중한다.
		나를 소중하게 여긴다.	나에 대해 긍정적으로 생각하고 나를 소중하게 여긴다.	나에 대해 긍정적으로 생각하고 나를 소중하게 여긴다.

내용범주	내용	세부내용		
		만 3세	만 4세	만 5세
	나의 일 스스로 하기	내가 할 수 있는 일을 알아본다.	내가 할 수 있는 일을 해 본다.	내가 할 수 있는 일을 스스로 한다.
		내가 하고 싶은 일을 선택해 본다.	하고 싶은 일을 계획하고 해 본다.	하고 싶은 일을 계획하고 해 본다.
나와 다른 사람의 감정 알고 조절하기	나와 다른 사람의 감정 알고 표현하기	자신에게 여러 가지 감정이 있음을 안다.	자신의 감정을 알고 표현한다.	자신의 감정을 알고 표현한다.
		다른 사람의 감정에 관심을 갖는다.	다른 사람의 감정을 안다.	다른 사람의 감정을 알고 공감한다.
	나의 감정 조절하기	자신의 감정을 조절해 본다.	자신의 감정을 조절해 본다.	자신의 감정을 상황에 맞게 조절한다.
가족을 소중히 여기기	가족과 화목하게 지내기	가족의 소중함을 안다.	가족의 소중함을 안다.	가족의 의미와 소중함을 안다.
				가족과 화목하게 지낸다.
	가족과 협력하기	가족 구성원을 알아본다.	가족 구성원의 역할에 대해 알아본다.	다양한 가족구조에 대해 알아본다.
		가족을 위하여 내가 할 수 있는 일을 알아본다.	가족을 위하여 내가 할 수 있는 일을 알아보고 실천한다.	가족은 서로 도와야 함을 알고 실천한다.
다른 사람과 더불어 생활하기	친구와 사이좋게 지내기	친구와 함께 놀이한다.	친구와 협동하며 놀이한다.	친구와 협동하며 놀이한다.
		나와 친구의 의견에 차이가 있음을 안다.	친구와의 갈등을 긍정적인 방법으로 해결한다.	친구와의 갈등을 긍정적인 방법으로 해결한다.
	공동체에서 화목하게 지내기		도움이 필요할 때 다른 사람과 도움을 주고받는다.	다른 사람과 도움을 주고받고, 서로 협력한다.
		교사 및 주변 사람과 화목하게 지낸다.	교사 및 주변 사람과 화목하게 지낸다.	교사 및 주변 사람과 화목하게 지낸다.
	사회적 가치를 알고 지키기		정직하게 말하고 행동한다.	정직하게 말하고 행동한다.
		다른 사람의 소유물을 존중한다.	다른 사람의 생각, 행동을 존중한다.	다른 사람을 배려하여 행동한다.

내용범주	내용	세부내용		
		만 3세	만 4세	만 5세
			친구와 어른께 예의 바르게 행동한다.	친구와 어른께 예의 바르게 행동한다.
		약속과 규칙을 지켜야 함을 안다.	다른 사람과 한 약속이나 공공규칙을 지킨다.	다른 사람과 한 약속이나 공공규칙을 지킨다.
			자연과 자원을 아끼는 습관을 기른다.	자연과 자원을 아끼는 습관을 기른다.
사회에 관심 갖기	지역사회에 관심 갖고 이해하기	우리 동네의 이름을 안다.	우리 동네에 대해 알아본다.	우리 동네에 대해 알아본다.
		우리 동네 사람들에 관심을 갖는다.	우리 동네 사람들이 하는 일에 관심을 갖는다.	다양한 직업에 관심을 갖는다.
			물건을 살 때 돈이 필요함을 안다.	일상생활에서 돈의 쓰임에 대해 안다.
	우리나라에 관심 갖고 이해하기	우리나라를 상징하는 것에 관심을 가진다.	우리나라를 상징하는 것을 안다.	우리나라를 상징하는 것을 알고 예절을 지킨다.
		우리나라의 전통놀이와 풍습에 관심을 갖는다.	우리나라의 전통놀이와 풍습에 관심을 갖는다.	우리나라의 전통, 역사, 문화에 관심을 갖는다.
			우리나라에 대해 자부심을 갖는다.	우리나라에 대해 자부심을 갖는다.
	세계와 여러 문화에 관심 가지기		세계 여러 나라에 대해 관심을 갖는다.	세계 여러 나라에 대해 관심을 갖고, 서로 협력해야 함을 안다.
			다양한 인종과 문화에 관심을 갖는다.	다양한 인종과 문화를 알아보고 존중한다.

5. 예술경험 영역

0~1세와 2세 예술경험 영역 내용의 연계성

내용범주		0~1세 보육과정					2세 보육과정		
		내용	1수준	2수준	3수준	4수준	내용	1수준	2수준
아름다움 찾아보기	예술적 요소에 호기심 가지기	주변의 소리와 움직임에 호기심을 가진다.					예술적 요소 탐색하기	주변 환경에서 나는 다양한 소리와 움직임을 탐색한다.	
		주변 환경에서 색, 모양에 호기심을 가진다.						주변 환경에서 색, 모양을 탐색한다.	
예술적 표현하기	리듬 있는 소리로 반응하기	리듬 있는 소리에 관심을 가진다.		노래를 부분적으로 따라 부른다.			리듬있는 소리와 노래로 표현하기	친근한 노래를 따라 부른다.	
		리듬과 노래에 소리로 반응한다.		리듬과 음높이에 맞추어 소리를 낸다.				신체, 사물, 리듬악기 등을 이용하여 간단한 리듬과 소리를 만든다.	
	움직임으로 반응하기	손발 흔들기와 몸 움직임으로 반응한다.					움직임으로 표현하기	노래나 리듬에 맞춰 몸으로 표현한다.	
				간단한 도구를 활용하여 움직인다.				간단한 도구를 활용하여 몸으로 표현한다.	
	단순한 미술 경험하기			감각적으로 단순한 미술경험을 한다.			자발적으로 미술 활동 하기	자발적으로 그리기, 만들기를 한다.	
								간단한 도구와 미술재료를 다룬다.	
	모방행동 즐기기	소리나 얼굴 표정, 몸 움직임 등을 모방한다.		단순한 모방 행동을 놀이처럼 즐긴다.			모방과 상상놀이 하기	모방행동을 놀이처럼 즐긴다.	일상생활 경험을 상상놀이로 즐긴다.
예술 감상하기	아름다움 경험하기	일상생활에서 반복되는 소리와 노래에 관심을 가진다.		일상생활에서 리듬 있는 소리와 노래를 즐겨 듣는다.			아름다움 즐기기	자연이나 생활의 소리나 움직임, 친근한 음악과 춤을 관심있게 듣거나 본다.	
		일상생활에서 자연이나 사물의 아름다움을 경험한다.					일상생활에서 자연과 사물의 아름다움에 관심을 가지고 즐긴다.	
								자신과 또래가 표현한 노래, 춤, 미술품 등에 관심을 가지고 즐긴다.	

3~5세 예술경험 영역 내용의 연계성

내용범주	내용	세부내용		
		만 3세	만 4세	만 5세
아름다움 찾아보기	음악적 요소 탐색하기	다양한 소리, 음악의 셈여림, 빠르기, 리듬 등에 관심을 갖는다.	다양한 소리, 음악의 셈여림, 빠르기, 리듬 등에 관심을 갖는다.	다양한 소리, 악기 등으로 음악의 셈여림, 빠르기, 리듬 등을 탐색한다.
	움직임과 춤 요소 탐색하기	움직임과 춤의 모양, 힘, 빠르기 등에 관심을 갖는다.	움직임과 춤의 모양, 힘, 빠르기 등에 관심을 갖는다.	움직임과 춤의 모양, 힘, 빠르기 등에 관심을 갖는다.
	미술적 요소 탐색하기	자연과 사물의 색, 모양, 질감 등에 관심을 갖는다.	자연과 사물의 색, 모양, 질감 등에 관심을 갖는다.	자연과 사물에서 색, 모양, 질감, 공간 등을 탐색한다.
예술적 표현하기	음악으로 표현하기	간단한 노래를 듣고 따라 부른다.	노래로 자신의 생각과 느낌을 표현한다.	노래로 자신의 생각과 느낌을 표현한다.
		전래동요를 즐겨 부른다.	전래동요를 즐겨 부른다.	전래동요를 즐겨 부른다.
		리듬악기로 간단한 리듬을 표현해 본다.	리듬악기를 연주해 본다.	리듬악기를 연주해 본다.
		간단한 리듬과 노래를 즉흥적으로 만들어 본다.	간단한 리듬과 노래를 즉흥적으로 만들어 본다.	리듬과 노래 등을 즉흥적으로 만들어 본다.
	움직임과 춤으로 표현하기	신체를 이용하여 주변의 움직임을 자유롭게 표현한다.	신체를 이용하여 주변의 움직임을 자유롭게 표현한다.	신체를 이용하여 주변의 움직임을 다양하게 표현하며 즐긴다.
		움직임과 춤으로 자신의 생각과 느낌을 표현한다.	움직임과 춤으로 자신의 생각과 느낌을 표현한다.	움직임과 춤으로 자신의 생각과 느낌을 표현한다.
		도구를 활용하여 다양한 움직임으로 표현한다.	도구를 활용하여 다양한 움직임으로 표현한다.	다양한 도구를 활용하여 창의적으로 움직인다.
	미술활동으로 표현하기	다양한 미술활동을 경험해 본다.	다양한 미술활동으로 자신의 생각과 느낌을 표현한다.	다양한 미술활동으로 자신의 생각과 느낌을 표현한다.
		미술활동에 필요한 재료와 도구에 관심을 가지고 사용한다.	협동적인 미술활동에 참여한다.	협동적인 미술활동에 참여하여 즐긴다.
			미술활동에 필요한 재료와 도구를 다양하게 사용한다.	미술활동에 필요한 재료와 도구를 다양하게 사용한다.

내용범주	내용	세부내용		
		만 3세	만 4세	만 5세
	극놀이로 표현하기	일상생활의 경험을 극놀이로 표현한다.	일상생활의 경험이나 간단한 이야기를 극놀이로 표현한다.	경험이나 이야기를 극놀이로 표현한다.
			소품, 배경, 의상 등을 사용하여 협동적으로 극놀이를 한다.	소품, 배경, 의상 등을 사용하여 협동적으로 극놀이를 한다.
	통합적으로 표현하기	예술활동에 참여하여 표현과정을 즐긴다.	음악, 움직임과 춤, 미술, 극놀이 등을 통합하여 표현한다.	음악, 움직임과 춤, 미술, 극놀이 등을 통합하여 표현한다.
			예술활동에 참여하여 표현과정을 즐긴다.	예술활동에 참여하여 창의적으로 표현하는 과정을 즐긴다.
예술 감상하기	다양한 예술 감상하기	다양한 음악, 춤, 미술작품, 극놀이 등을 듣거나 본다.	다양한 음악, 춤, 미술작품, 극놀이 등을 듣거나 보고 즐긴다.	다양한 음악, 춤, 미술작품, 극놀이 등을 듣거나 보고 즐긴다.
		나와 다른 사람의 예술 표현을 소중히 여긴다.	나와 다른 사람의 예술 표현을 소중히 여긴다.	나와 다른 사람의 예술 표현을 소중히 여긴다.
	전통예술 감상하기	우리나라의 전통예술에 관심을 갖는다.	우리나라의 전통예술에 관심을 갖는다.	우리나라의 전통예술에 관심을 갖고 친숙해진다.

6. 자연탐구 영역

0~1세와 2세 자연탐구 영역 내용의 연계성

내용범주		0~1세 보육과정				2세 보육과정		
	내용	1수준	2수준	3수준	4수준	내용	1수준	2수준
탐구하는 태도 기르기	사물에 관심 가지기		주변 사물에 관심을 가진다.			호기심 가지기	주변 사물과 자연 세계에 호기심을 가진다.	
	탐색 시도하기	나와 주변 사물을 감각으로 탐색한다.	주변의 사물에 대해 의도적인 탐색을 시도한다.			반복적 탐색 즐기기	관심 있는 사물을 반복하여 주도적으로 탐색하기를 즐긴다.	
수학적 탐구하기	수량 지각하기		있고 없는 상황을 지각한다.	'있다'와 '없다'를 구별한다.	'한 개'와 '여러 개'를 구별한다.	수량 인식하기	많고 적음을 구별한다.	
							두 개 가량의 수 이름을 말해 본다.	세 개 가량의 구체물을 말하며 세어 본다.
							구체물을 일대일로 대응해 본다.	
	주변 공간 탐색하기		도움을 받아 주변의 공간을 탐색한다.			공간과 도형에 관심 가지기	나를 중심으로 익숙한 위치, 장소를 인식한다.	
		주변 사물의 모양을 지각한다.					주변 사물의 모양에 관심을 가진다.	
	차이를 지각하기			주변 사물의 차이를 지각한다.		차이에 관심 가지기	주변 사물의 크기(속성의 차이)에 관심을 가진다.	
	간단한 규칙성 지각하기			일상과 놀이에서 간단한 규칙성을 경험한다.		단순한 규칙성에 관심 가지기	주변에서 단순하게 반복되는 규칙성에 관심을 가진다.	
						구분하기	주변 사물의 같고 다름에 따라 구분한다.	
과학적 탐구하기	물체와 물질 탐색하기	일상생활 주변의 몇 가지 친숙한 것들을 양육자와 함께 탐색한다.				물체와 물질 탐색하기	친숙한 물체와 물질을 능동적으로 탐색한다.	

내용범주	0~1세 보육과정					2세 보육과정		
	내용	1수준	2수준	3수준	4수준	내용	1수준	2수준
	주변 동식물에 관심 가지기			주변 동식물의 모양, 소리, 움직임에 관심을 가진다.		주변 동식물에 관심 가지기	주변 동식물의 모양, 소리, 움직임에 관심을 가진다.	
	주변 자연에 관심 가지기		생활 주변의 자연물을 감각으로 느껴 본다.			자연을 탐색하기	돌, 물, 모래 등의 자연물을 탐색한다.	
			바람, 햇빛, 비 등을 감각으로 느껴 본다.				날씨를 감각으로 느낀다.	
	생활도구 탐색하기			도움을 받아 생활도구를 탐색한다.		생활도구 사용하기	생활 속에서 간단한 도구에 관심을 가진다.	
							간단한 도구를 사용한다.	

3~5세 자연탐구 영역 내용의 연계성

내용범주	내용	세부내용		
		만 3세	만 4세	만 5세
탐구하는 태도 기르기	호기심을 유지하고 확장하기	주변 사물과 자연세계에 대해 호기심을 갖는다.	주변 사물과 자연세계에 대해 지속적으로 호기심을 갖는다.	주변 사물과 자연세계에 대해 지속적으로 호기심을 갖고 알고자 한다.
	탐구과정 즐기기	궁금한 점을 알아보는 과정에 흥미를 갖는다.	궁금한 점을 알아보는 탐구과정에 관심을 가지고 참여한다.	궁금한 점을 알아보는 탐구과정에 참여하고 즐긴다.
				탐구과정에서 서로 다른 생각에 관심을 갖는다.
	탐구기술 활용하기		일상생활의 문제를 해결하는 과정에서 탐색, 관찰 등의 방법을 활용해 본다.	일상생활의 문제를 해결하는 과정에서 탐색, 관찰, 비교, 예측 등의 탐구기술을 활용해 본다.
	수와 연산의 기초개념 알아보기	생활 속에서 수에 관심을 갖는다.	생활 속에서 사용되는 수의 여러 가지 의미를 안다.	생활 속에서 사용되는 수의 여러 가지 의미를 안다.
		구체물 수량의 많고 적음을 비교한다.	구체물 수량에서 '같다' '더 많다' '더 적다'의 관계를 안다.	구체물 수량의 부분과 전체 관계를 알아본다.

내용범주	내용	세부내용		
		만 3세	만 4세	만 5세
수학적 탐구하기		다섯 개 가량의 구체물을 세어 보고 수량에 관심을 갖는다.	열 개 가량의 구체물을 세어 보고 수량을 알아본다.	스무 개 가량의 구체물을 세어 보고 수량을 알아본다.
				구체물을 가지고 더하고 빼는 경험을 해 본다.
	공간과 도형의 기초개념 알아보기	나를 중심으로 앞, 뒤, 옆, 위, 아래를 알아본다.	위치와 방향을 여러 가지 방법으로 나타내 본다.	위치와 방향을 여러 가지 방법으로 나타내 본다.
		물체의 모양에 관심을 갖는다.	기본 도형의 특성을 인식한다.	여러 방향에서 물체를 보고 그 차이점을 비교해 본다.
			기본 도형을 사용하여 여러 가지 모양을 구성해 본다.	기본 도형의 공통점과 차이점을 알아본다.
				기본 도형을 사용하여 여러 가지 모양을 구성해 본다.
	기초적인 측정하기	두 물체의 길이, 크기를 비교해 본다.	일상생활에서 길이, 크기, 무게 등을 비교해 본다.	일상생활에서 길이, 크기, 무게, 들이 등의 속성을 비교하고, 순서를 지어 본다.
				임의 측정 단위를 사용하여 길이, 면적, 들이, 무게 등을 재 본다.
	규칙성 이해하기	생활 주변에서 반복되는 규칙성에 관심을 갖는다.	생활 주변에서 반복되는 규칙성을 알아본다.	생활 주변에서 반복되는 규칙성을 알고 다음에 올 것을 예측해 본다.
			반복되는 규칙성을 인식하고 모방한다.	스스로 규칙성을 만들어 본다.
	기초적인 자료 수집과 결과 나타내기	같은 것끼리 짝을 짓는다.	필요한 정보나 자료를 수집한다.	필요한 정보나 자료를 수집한다.
			한 가지 기준으로 자료를 분류해 본다.	한 가지 기준으로 분류한 자료를 다른 기준으로 재분류해 본다.
				그림, 사진, 기호나 숫자를 사용해 그래프로 나타내 본다.

내용범주	내용	세부내용		
		만 3세	만 4세	만 5세
과학적 탐구하기	물체와 물질 알아보기	친숙한 물체와 물질의 특성에 관심을 갖는다.	친숙한 물체와 물질의 특성을 알아본다.	주변의 여러 가지 물체와 물질의 기본 특성을 알아본다.
			물체와 물질을 여러 가지 방법으로 변화시켜 본다.	물체와 물질을 여러 가지 방법으로 변화시켜 본다.
	생명체와 자연환경 알아보기	나의 출생과 성장에 대해 관심을 갖는다.	나의 출생과 성장에 대해 관심을 갖는다.	나와 다른 사람의 출생과 성장에 대해 알아본다.
		주변의 동식물에 관심을 가진다.	관심 있는 동식물의 특성을 알아본다.	관심 있는 동식물의 특성과 성장 과정을 알아본다.
		생명체를 소중히 여기는 마음을 갖는다.	생명체를 소중히 여기는 마음을 갖는다.	생명체를 소중히 여기는 마음을 갖는다.
			생명체가 살기 좋은 환경에 대해 관심을 갖는다.	생명체가 살기 좋은 환경과 녹색환경에 대해 알아본다.
	자연현상 알아보기	돌, 물, 흙 등 자연물에 관심을 갖는다.	돌, 물, 흙 등 자연물의 특성과 변화를 알아본다.	돌, 물, 흙 등 자연물의 특성과 변화를 알아본다.
				낮과 밤, 계절의 변화와 규 칙성을 알아본다.
		날씨에 관심을 갖는다.	날씨와 기후변화에 관심을 갖는다.	날씨와 기후변화 등 자연현 상에 대해 관심을 갖는다.
	간단한 도구와 기계 활용하기	생활 속에서 간단한 도구와 기계에 관심을 갖는다.	생활 속에서 간단한 도구와 기계를 활용한다.	생활 속에서 간단한 도구와 기계를 활용한다.
		도구와 기계의 편리함에 관심을 갖는다.	도구와 기계의 편리함에 관심을 갖는다.	변화하는 새로운 도구와 기계에 관심을 갖고 장단점을 안다.

부록 2017 소아청소년 성장도표

1. 남자 0~35개월 신장 백분위수

만나이 (세)	만나이 (개월)	신장(cm) 백분위수										
		3rd	5th	10th	15th	25th	50th	75th	85th	90th	95th	97th
0	0	46.3	46.8	47.5	47.9	48.6	49.9	51.2	51.8	52.3	53.0	53.4
	1	51.1	51.5	52.2	52.7	53.4	54.7	56.0	56.7	57.2	57.9	58.4
	2	54.7	55.1	55.9	56.4	57.1	58.4	59.8	60.5	61.0	61.7	62.2
	3	57.6	58.1	58.8	59.3	60.1	61.4	62.8	63.5	64.0	64.8	65.3
	4	60.0	60.5	61.2	61.7	62.5	63.9	65.3	66.0	66.6	67.3	67.8
	5	61.9	62.4	63.2	63.7	64.5	65.9	67.3	68.1	68.6	69.4	69.9
	6	63.6	64.1	64.9	65.4	66.2	67.6	69.1	69.8	70.4	71.1	71.6
	7	65.1	65.6	66.4	66.9	67.7	69.2	70.6	71.4	71.9	72.7	73.2
	8	66.5	67.0	67.8	68.3	69.1	70.6	72.1	72.9	73.4	74.2	74.7
	9	67.7	68.3	69.1	69.6	70.5	72.0	73.5	74.3	74.8	75.7	76.2
	10	69.0	69.5	70.4	70.9	71.7	73.3	74.8	75.6	76.2	77.0	77.6
	11	70.2	70.7	71.6	72.1	73.0	74.5	76.1	77.0	77.5	78.4	78.9
1	12	71.3	71.8	72.7	73.3	74.1	75.7	77.4	78.2	78.8	79.7	80.2
	13	72.4	72.9	73.8	74.4	75.3	76.9	78.6	79.4	80.0	80.9	81.5
	14	73.4	74.0	74.9	75.5	76.4	78.0	79.7	80.6	81.2	82.1	82.7
	15	74.4	75.0	75.9	76.5	77.4	79.1	80.9	81.8	82.4	83.3	83.9
	16	75.4	76.0	76.9	77.5	78.5	80.2	82.0	82.9	83.5	84.5	85.1
	17	76.3	76.9	77.9	78.5	79.5	81.2	83.0	84.0	84.6	85.6	86.2
	18	77.2	77.8	78.8	79.5	80.4	82.3	84.1	85.1	85.7	86.7	87.3
	19	78.1	78.7	79.7	80.4	81.4	83.2	85.1	86.1	86.8	87.8	88.4
	20	78.9	79.6	80.6	81.3	82.3	84.2	86.1	87.1	87.8	88.8	89.5
	21	79.7	80.4	81.5	82.2	83.2	85.1	87.1	88.1	88.8	89.9	90.5
	22	80.5	81.2	82.3	83.0	84.1	86.0	88.0	89.1	89.8	90.9	91.6
	23	81.3	82.0	83.1	83.8	84.9	86.9	89.0	90.0	90.8	91.9	92.6
2	24*	81.4	82.1	83.2	83.9	85.1	87.1	89.2	90.3	91.0	92.1	92.9
	25	82.1	82.8	84.0	84.7	85.9	88.0	90.1	91.2	92.0	93.1	93.8
	26	82.8	83.6	84.7	85.5	86.7	88.8	90.9	92.1	92.9	94.0	94.8
	27	83.5	84.3	85.5	86.3	87.4	89.6	91.8	93.0	93.8	94.9	95.7
	28	84.2	85.0	86.2	87.0	88.2	90.4	92.6	93.8	94.6	95.8	96.6
	29	84.9	85.7	86.9	87.7	88.9	91.2	93.4	94.7	95.5	96.7	97.5
	30	85.5	86.3	87.6	88.4	89.6	91.9	94.2	95.5	96.3	97.5	98.3
	31	86.2	87.0	88.2	89.1	90.3	92.7	95.0	96.2	97.1	98.4	99.2
	32	86.8	87.6	88.9	89.7	91.0	93.4	95.7	97.0	97.9	99.2	100.0
	33	87.4	88.2	89.5	90.4	91.7	94.1	96.5	97.8	98.6	99.9	100.8
	34	88.0	88.8	90.1	91.0	92.3	94.8	97.2	98.5	99.4	100.7	101.5
	35	88.5	89.4	90.7	91.6	93.0	95.4	97.9	99.2	100.1	101.4	102.3

* 2세((24개월)부터 누운 키에서 선 키로 신장측정방법 변경

2. 여자 0~35개월 신장 백분위수

만나이 (세)	만나이 (개월)	신장(cm) 백분위수										
		3rd	5th	10th	15th	25th	50th	75th	85th	90th	95th	97th
0	0	45.6	46.1	46.8	47.2	47.9	49.1	50.4	51.1	51.5	52.2	52.7
	1	50.0	50.5	51.2	51.7	52.4	53.7	55.0	55.7	56.2	56.9	57.4
	2	53.2	53.7	54.5	55.0	55.7	57.1	58.4	59.2	59.7	60.4	60.9
	3	55.8	56.3	57.1	57.6	58.4	59.8	61.2	62.0	62.5	63.3	63.8
	4	58.0	58.5	59.3	59.8	60.6	62.1	63.5	64.3	64.9	65.7	66.2
	5	59.9	60.4	61.2	61.7	62.5	64.0	65.5	66.3	66.9	67.7	68.2
	6	61.5	62.0	62.8	63.4	64.2	65.7	67.3	68.1	68.6	69.5	70.0
	7	62.9	63.5	64.3	64.9	65.7	67.3	68.8	69.7	70.3	71.1	71.6
	8	64.3	64.9	65.7	66.3	67.2	68.7	70.3	71.2	71.8	72.6	73.2
	9	65.6	66.2	67.0	67.6	68.5	70.1	71.8	72.6	73.2	74.1	74.7
	10	66.8	67.4	68.3	68.9	69.8	71.5	73.1	74.0	74.6	75.5	76.1
	11	68.0	68.6	69.5	70.2	71.1	72.8	74.5	75.4	76.0	76.9	77.5
1	12	69.2	69.8	70.7	71.3	72.3	74.0	75.8	76.7	77.3	78.3	78.9
	13	70.3	70.9	71.8	72.5	73.4	75.2	77.0	77.9	78.6	79.5	80.2
	14	71.3	72.0	72.9	73.6	74.6	76.4	78.2	79.2	79.8	80.8	81.4
	15	72.4	73.0	74.0	74.7	75.7	77.5	79.4	80.3	81.0	82.0	82.7
	16	73.3	74.0	75.0	75.7	76.7	78.6	80.5	81.5	82.2	83.2	83.9
	17	74.3	75.0	76.0	76.7	77.7	79.7	81.6	82.6	83.3	84.4	85.0
	18	75.2	75.9	77.0	77.7	78.7	80.7	82.7	83.7	84.4	85.5	86.2
	19	76.2	76.9	77.9	78.7	79.7	81.7	83.7	84.8	85.5	86.6	87.3
	20	77.0	77.7	78.8	79.6	80.7	82.7	84.7	85.8	86.6	87.7	88.4
	21	77.9	78.6	79.7	80.5	81.6	83.7	85.7	86.8	87.6	88.7	89.4
	22	78.7	79.5	80.6	81.4	82.5	84.6	86.7	87.8	88.6	89.7	90.5
	23	79.6	80.3	81.5	82.2	83.4	85.5	87.7	88.8	89.6	90.7	91.5
2	24*	79.6	80.4	81.6	82.4	83.5	85.7	87.9	89.1	89.9	91.0	91.8
	25	80.4	81.2	82.4	83.2	84.4	86.6	88.8	90.0	90.8	92.0	92.8
	26	81.2	82.0	83.2	84.0	85.2	87.4	89.7	90.9	91.7	92.9	93.7
	27	81.9	82.7	83.9	84.8	86.0	88.3	90.6	91.8	92.6	93.8	94.6
	28	82.6	83.5	84.7	85.5	86.8	89.1	91.4	92.7	93.5	94.7	95.6
	29	83.4	84.2	85.4	86.3	87.6	89.9	92.2	93.5	94.4	95.6	96.4
	30	84.0	84.9	86.2	87.0	88.3	90.7	93.1	94.3	95.2	96.5	97.3
	31	84.7	85.6	86.9	87.7	89.0	91.4	93.9	95.2	96.0	97.3	98.2
	32	85.4	86.2	87.5	88.4	89.7	92.2	94.6	95.9	96.8	98.2	99.0
	33	86.0	86.9	88.2	89.1	90.4	92.9	95.4	96.7	97.6	99.0	99.8
	34	86.7	87.5	88.9	89.8	91.1	93.6	96.2	97.5	98.4	99.8	100.6
	35	87.3	88.2	89.5	90.5	91.8	94.4	96.9	98.3	99.2	100.5	101.4

* 2세(24개월)부터 누운 키에서 선 키로 신장측정방법 변경

3. 남자 0~35개월 체중 백분위수

만나이 (세)	만나이 (개월)	체중(kg) 백분위수										
		3rd	5th	10th	15th	25th	50th	75th	85th	90th	95th	97th
0	0	2.5	2.6	2.8	2.9	3.0	3.3	3.7	3.9	4.0	4.2	4.3
	1	3.4	3.6	3.8	3.9	4.1	4.5	4.9	5.1	5.3	5.5	5.7
	2	4.4	4.5	4.7	4.9	5.1	5.6	6.0	6.3	6.5	6.8	7.0
	3	5.1	5.2	5.5	5.6	5.9	6.4	6.9	7.2	7.4	7.7	7.9
	4	5.6	5.8	6.0	6.2	6.5	7.0	7.6	7.9	8.1	8.4	8.6
	5	6.1	6.2	6.5	6.7	7.0	7.5	8.1	8.4	8.6	9.0	9.2
	6	6.4	6.6	6.9	7.1	7.4	7.9	8.5	8.9	9.1	9.5	9.7
	7	6.7	6.9	7.2	7.4	7.7	8.3	8.9	9.3	9.5	9.9	10.2
	8	7.0	7.2	7.5	7.7	8.0	8.6	9.3	9.6	9.9	10.3	10.5
	9	7.2	7.4	7.7	7.9	8.3	8.9	9.6	10.0	10.2	10.6	10.9
	10	7.5	7.7	8.0	8.2	8.5	9.2	9.9	10.3	10.5	10.9	11.2
	11	7.7	7.9	8.2	8.4	8.7	9.4	10.1	10.5	10.8	11.2	11.5
1	12	7.8	8.1	8.4	8.6	9.0	9.6	10.4	10.8	11.1	11.5	11.8
	13	8.0	8.2	8.6	8.8	9.2	9.9	10.6	11.1	11.4	11.8	12.1
	14	8.2	8.4	8.8	9.0	9.4	10.1	10.9	11.3	11.6	12.1	12.4
	15	8.4	8.6	9.0	9.2	9.6	10.3	11.1	11.6	11.9	12.3	12.7
	16	8.5	8.8	9.1	9.4	9.8	10.5	11.3	11.8	12.1	12.6	12.9
	17	8.7	8.9	9.3	9.6	10.0	10.7	11.6	12.0	12.4	12.9	13.2
	18	8.9	9.1	9.5	9.7	10.1	10.9	11.8	12.3	12.6	13.1	13.5
	19	9.0	9.3	9.7	9.9	10.3	11.1	12.0	12.5	12.9	13.4	13.7
	20	9.2	9.4	9.8	10.1	10.5	11.3	12.2	12.7	13.1	13.6	14.0
	21	9.3	9.6	10.0	10.3	10.7	11.5	12.5	13.0	13.3	13.9	14.3
	22	9.5	9.8	10.2	10.5	10.9	11.8	12.7	13.2	13.6	14.2	14.5
	23	9.7	9.9	10.3	10.6	11.1	12.0	12.9	13.4	13.8	14.4	14.8
2	24*	9.8	10.1	10.5	10.8	11.3	12.2	13.1	13.7	14.1	14.7	15.1
	25	10.0	10.2	10.7	11.0	11.4	12.4	13.3	13.9	14.3	14.9	15.3
	26	10.1	10.4	10.8	11.1	11.6	12.5	13.6	14.1	14.6	15.2	15.6
	27	10.2	10.5	11.0	11.3	11.8	12.7	13.8	14.4	14.8	15.4	15.9
	28	10.4	10.7	11.1	11.5	12.0	12.9	14.0	14.6	15.0	15.7	16.1
	29	10.5	10.8	11.3	11.6	12.1	13.1	14.2	14.8	15.2	15.9	16.4
	30	10.7	11.0	11.4	11.8	12.3	13.3	14.4	15.0	15.5	16.2	16.6
	31	10.8	11.1	11.6	11.9	12.4	13.5	14.6	15.2	15.7	16.4	16.9
	32	10.9	11.2	11.7	12.1	12.6	13.7	14.8	15.5	15.9	16.6	17.1
	33	11.1	11.4	11.9	12.2	12.8	13.8	15.0	15.7	16.1	16.9	17.3
	34	11.2	11.5	12.0	12.4	12.9	14.0	15.2	15.9	16.3	17.1	17.6
	35	11.3	11.6	12.2	12.5	13.1	14.2	15.4	16.1	16.6	17.3	17.8

4. 여자 0~35개월 체중 백분위수

만나이 (세)	만나이 (개월)	체중(kg) 백분위수										
		3rd	5th	10th	15th	25th	50th	75th	85th	90th	95th	97th
0	0	2.4	2.5	2.7	2.8	2.9	3.2	3.6	3.7	3.9	4.0	4.2
	1	3.2	3.3	3.5	3.6	3.8	4.2	4.6	4.8	5.0	5.2	5.4
	2	4.0	4.1	4.3	4.5	4.7	5.1	5.6	5.9	6.0	6.3	6.5
	3	4.6	4.7	5.0	5.1	5.4	5.8	6.4	6.7	6.9	7.2	7.4
	4	5.1	5.2	5.5	5.6	5.9	6.4	7.0	7.3	7.5	7.9	8.1
	5	5.5	5.6	5.9	6.1	6.4	6.9	7.5	7.8	8.1	8.4	8.7
	6	5.8	6.0	6.2	6.4	6.7	7.3	7.9	8.3	8.5	8.9	9.2
	7	6.1	6.3	6.5	6.7	7.0	7.6	8.3	8.7	8.9	9.4	9.6
	8	6.3	6.5	6.8	7.0	7.3	7.9	8.6	9.0	9.3	9.7	10.0
	9	6.6	6.8	7.0	7.3	7.6	8.2	8.9	9.3	9.6	10.1	10.4
	10	6.8	7.0	7.3	7.5	7.8	8.5	9.2	9.6	9.9	10.4	10.7
	11	7.0	7.2	7.5	7.7	8.0	8.7	9.5	9.9	10.2	10.7	11.0
1	12	7.1	7.3	7.7	7.9	8.2	8.9	9.7	10.2	10.5	11.0	11.3
	13	7.3	7.5	7.9	8.1	8.4	9.2	10.0	10.4	10.8	11.3	11.6
	14	7.5	7.7	8.0	8.3	8.6	9.4	10.2	10.7	11.0	11.5	11.9
	15	7.7	7.9	8.2	8.5	8.8	9.6	10.4	10.9	11.3	11.8	12.2
	16	7.8	8.1	8.4	8.7	9.0	9.8	10.7	11.2	11.5	12.1	12.5
	17	8.0	8.2	8.6	8.8	9.2	10.0	10.9	11.4	11.8	12.3	12.7
	18	8.2	8.4	8.8	9.0	9.4	10.2	11.1	11.6	12.0	12.6	13.0
	19	8.3	8.6	8.9	9.2	9.6	10.4	11.4	11.9	12.3	12.9	13.3
	20	8.5	8.7	9.1	9.4	9.8	10.6	11.6	12.1	12.5	13.1	13.5
	21	8.7	8.9	9.3	9.6	10.0	10.9	11.8	12.4	12.8	13.4	13.8
	22	8.8	9.1	9.5	9.8	10.2	11.1	12.0	12.6	13.0	13.6	14.1
	23	9.0	9.2	9.7	9.9	10.4	11.3	12.3	12.8	13.3	13.9	14.3
2	24*	9.2	9.4	9.8	10.1	10.6	11.5	12.5	13.1	13.5	14.2	14.6
	25	9.3	9.6	10.0	10.3	10.8	11.7	12.7	13.3	13.8	14.4	14.9
	26	9.5	9.8	10.2	10.5	10.9	11.9	12.9	13.6	14.0	14.7	15.2
	27	9.6	9.9	10.4	10.7	11.1	12.1	13.2	13.8	14.3	15.0	15.4
	28	9.8	10.1	10.5	10.8	11.3	12.3	13.4	14.0	14.5	15.2	15.7
	29	10.0	10.2	10.7	11.0	11.5	12.5	13.6	14.3	14.7	15.5	16.0
	30	10.1	10.4	10.9	11.2	11.7	12.7	13.8	14.5	15.0	15.7	16.2
	31	10.3	10.5	11.0	11.3	11.9	12.9	14.1	14.7	15.2	16.0	16.5
	32	10.4	10.7	11.2	11.5	12.0	13.1	14.3	15.0	15.5	16.2	16.8
	33	10.5	10.8	11.3	11.7	12.2	13.3	14.5	15.2	15.7	16.5	17.0
	34	10.7	11.0	11.5	11.8	12.4	13.5	14.7	15.4	15.9	16.8	17.3
	35	10.8	11.1	11.6	12.0	12.5	13.7	14.9	15.7	16.2	17.0	17.6

5. 남자 0~35개월 머리둘레 백분위수

만나이 (세)	만나이 (개월)	머리둘레(cm) 백분위수										
		3rd	5th	10th	15th	25th	50th	75th	85th	90th	95th	97th
0	0	32.1	32.4	32.8	33.1	33.6	34.5	35.3	35.8	36.1	36.6	36.9
	1	35.1	35.4	35.8	36.1	36.5	37.3	38.1	38.5	38.8	39.2	39.5
	2	36.9	37.2	37.6	37.9	38.3	39.1	39.9	40.3	40.6	41.1	41.3
	3	38.3	38.6	39.0	39.3	39.7	40.5	41.3	41.7	42.0	42.5	42.7
	4	39.4	39.7	40.1	40.4	40.8	41.6	42.4	42.9	43.2	43.6	43.9
	5	40.3	40.6	41.0	41.3	41.7	42.6	43.4	43.8	44.1	44.5	44.8
	6	41.0	41.3	41.8	42.1	42.5	43.3	44.2	44.6	44.9	45.3	45.6
	7	41.7	42.0	42.4	42.7	43.1	44.0	44.8	45.3	45.6	46.0	46.3
	8	42.2	42.5	42.9	43.2	43.7	44.5	45.4	45.8	46.1	46.6	46.9
	9	42.6	42.9	43.4	43.7	44.2	45.0	45.8	46.3	46.6	47.1	47.4
	10	43.0	43.3	43.8	44.1	44.6	45.4	46.3	46.7	47.0	47.5	47.8
	11	43.4	43.7	44.1	44.4	44.9	45.8	46.6	47.1	47.4	47.9	48.2
1	12	43.6	44.0	44.4	44.7	45.2	46.1	46.9	47.4	47.7	48.2	48.5
	13	43.9	44.2	44.7	45.0	45.5	46.3	47.2	47.7	48.0	48.5	48.8
	14	44.1	44.4	44.9	45.2	45.7	46.6	47.5	47.9	48.3	48.7	49.0
	15	44.3	44.7	45.1	45.5	45.9	46.8	47.7	48.2	48.5	49.0	49.3
	16	44.5	44.8	45.3	45.6	46.1	47.0	47.9	48.4	48.7	49.2	49.5
	17	44.7	45.0	45.5	45.8	46.3	47.2	48.1	48.6	48.9	49.4	49.7
	18	44.9	45.2	45.7	46.0	46.5	47.4	48.3	48.7	49.1	49.6	49.9
	19	45.0	45.3	45.8	46.2	46.6	47.5	48.4	48.9	49.2	49.7	50.0
	20	45.2	45.5	46.0	46.3	46.8	47.7	48.6	49.1	49.4	49.9	50.2
	21	45.3	45.6	46.1	46.4	46.9	47.8	48.7	49.2	49.6	50.1	50.4
	22	45.4	45.8	46.3	46.6	47.1	48.0	48.9	49.4	49.7	50.2	50.5
	23	45.6	45.9	46.4	46.7	47.2	48.1	49.0	49.5	49.9	50.3	50.7
2	24*	45.7	46.0	46.5	46.8	47.3	48.3	49.2	49.7	50.0	50.5	50.8
	25	45.8	46.1	46.6	47.0	47.5	48.4	49.3	49.8	50.1	50.6	50.9
	26	45.9	46.2	46.7	47.1	47.6	48.5	49.4	49.9	50.3	50.8	51.1
	27	46.0	46.3	46.8	47.2	47.7	48.6	49.5	50.0	50.4	50.9	51.2
	28	46.1	46.5	47.0	47.3	47.8	48.7	49.7	50.2	50.5	51.0	51.3
	29	46.2	46.6	47.1	47.4	47.9	48.8	49.8	50.3	50.6	51.1	51.4
	30	46.3	46.6	47.1	47.5	48.0	48.9	49.9	50.4	50.7	51.2	51.6
	31	46.4	46.7	47.2	47.6	48.1	49.0	50.0	50.5	50.8	51.3	51.7
	32	46.5	46.8	47.3	47.7	48.2	49.1	50.1	50.6	50.9	51.4	51.8
	33	46.6	46.9	47.4	47.8	48.3	49.2	50.2	50.7	51.0	51.5	51.9
	34	46.6	47.0	47.5	47.8	48.3	49.3	50.3	50.8	51.1	51.6	52.0
	35	46.7	47.1	47.6	47.9	48.4	49.4	50.3	50.8	51.2	51.7	52.0

6. 여자 0~35개월 머리둘레 백분위수

만나이 (세)	만나이 (개월)	머리둘레(cm) 백분위수										
		3rd	5th	10th	15th	25th	50th	75th	85th	90th	95th	97th
0	0	31.7	31.9	32.4	32.7	33.1	33.9	34.7	35.1	35.4	35.8	36.1
	1	34.3	34.6	35.0	35.3	35.8	36.5	37.3	37.8	38.0	38.5	38.8
	2	36.0	36.3	36.7	37.0	37.4	38.3	39.1	39.5	39.8	40.2	40.5
	3	37.2	37.5	37.9	38.2	38.7	39.5	40.4	40.8	41.1	41.6	41.9
	4	38.2	38.5	39.0	39.3	39.7	40.6	41.4	41.9	42.2	42.7	43.0
	5	39.0	39.3	39.8	40.1	40.6	41.5	42.3	42.8	43.1	43.6	43.9
	6	39.7	40.1	40.5	40.8	41.3	42.2	43.1	43.5	43.9	44.3	44.6
	7	40.4	40.7	41.1	41.5	41.9	42.8	43.7	44.2	44.5	45.0	45.3
	8	40.9	41.2	41.7	42.0	42.5	43.4	44.3	44.7	45.1	45.6	45.9
	9	41.3	41.6	42.1	42.4	42.9	43.8	44.7	45.2	45.5	46.0	46.3
	10	41.7	42.0	42.5	42.8	43.3	44.2	45.1	45.6	46.0	46.4	46.8
	11	42.0	42.4	42.9	43.2	43.7	44.6	45.5	46.0	46.3	46.8	47.1
1	12	42.3	42.7	43.2	43.5	44.0	44.9	45.8	46.3	46.6	47.1	47.5
	13	42.6	42.9	43.4	43.8	44.3	45.2	46.1	46.6	46.9	47.4	47.7
	14	42.9	43.2	43.7	44.0	44.5	45.4	46.3	46.8	47.2	47.7	48.0
	15	43.1	43.4	43.9	44.2	44.7	45.7	46.6	47.1	47.4	47.9	48.2
	16	43.3	43.6	44.1	44.4	44.9	45.9	46.8	47.3	47.6	48.1	48.5
	17	43.5	43.8	44.3	44.6	45.1	46.1	47.0	47.5	47.8	48.3	48.7
	18	43.6	44.0	44.5	44.8	45.3	46.2	47.2	47.7	48.0	48.5	48.8
	19	43.8	44.1	44.6	45.0	45.5	46.4	47.3	47.8	48.2	48.7	49.0
	20	44.0	44.3	44.8	45.1	45.6	46.6	47.5	48.0	48.4	48.9	49.2
	21	44.1	44.5	45.0	45.3	45.8	46.7	47.7	48.2	48.5	49.0	49.4
	22	44.3	44.6	45.1	45.4	46.0	46.9	47.8	48.3	48.7	49.2	49.5
	23	44.4	44.7	45.3	45.6	46.1	47.0	48.0	48.5	48.8	49.3	49.7
2	24*	44.6	44.9	45.4	45.7	46.2	47.2	48.1	48.6	49.0	49.5	49.8
	25	44.7	45.0	45.5	45.9	46.4	47.3	48.3	48.8	49.1	49.6	49.9
	26	44.8	45.2	45.7	46.0	46.5	47.5	48.4	48.9	49.2	49.8	50.1
	27	44.9	45.3	45.8	46.1	46.6	47.6	48.5	49.0	49.4	49.9	50.2
	28	45.1	45.4	45.9	46.3	46.8	47.7	48.7	49.2	49.5	50.0	50.3
	29	45.2	45.5	46.0	46.4	46.9	47.8	48.8	49.3	49.6	50.1	50.5
	30	45.3	45.6	46.1	46.5	47.0	47.9	48.9	49.4	49.7	50.2	50.6
	31	45.4	45.7	46.2	46.6	47.1	48.0	49.0	49.5	49.8	50.4	50.7
	32	45.5	45.8	46.3	46.7	47.2	48.1	49.1	49.6	49.9	50.5	50.8
	33	45.6	45.9	46.4	46.8	47.3	48.2	49.2	49.7	50.0	50.6	50.9
	34	45.7	46.0	46.5	46.9	47.4	48.3	49.3	49.8	50.1	50.7	51.0
	35	45.8	46.1	46.6	47.0	47.5	48.4	49.4	49.9	50.2	50.7	51.1

내용

저자 소개

김금주(Kim Keumjoo)
덕성여자대학교 대학원 유아교육전공 교육학 박사(Ed.D)
현 국립강릉원주대학교 유아교육과 교수
저서: 영유아교수학습방법(학지사, 2016) 등

권세경(Kwon Sekyung)
덕성여자대학교 대학원 유아교육전공 교육학 박사(Ed.D)
현 경동대학교 유아교육과 교수
저서: 영유아놀이지도(동문사, 2015) 등

김은정(Kim Eunjung)
덕성여자대학교 대학원 유아교육전공 교육학 박사(Ed.D)
현 위덕대학교 유아교육과 교수
저서: 영유아교수학습방법(학지사, 2016) 등

나은숙(Na Eunsuk)
덕성여자대학교 대학원 유아교육전공 교육학 박사(Ed.D)
현 서일대학교 유아교육과 교수
저서: 유아교육개론(정민사, 2015) 등

오진희(Oh Jinhee)

덕성여자대학교 대학원 유아교육전공교육학 박사(Ed.D)

현 덕성여자대학교 교육대학원 겸임교수

저서: 영유아교수학습방법(학지사, 2016) 등

이금구(Lee Geumgu)

덕성여자대학교 대학원 유아교육전공 교육학 박사(Ed.D)

현 경복대학교 유아교육과 교수

저서: 영유아 언어교육: 이론과 실제(양서원, 2018) 등

황혜경(Hwang Hyekyoung)

덕성여자대학교 대학원 유아교육전공 교육학 박사(Ed.D)

현 한림성심대학교 유아교육과 교수

저서: 영유아보육과정(양서원, 2015) 등

보육학개론
Introduction to Child-care and Education

2018년 7월 20일 1판 1쇄 인쇄
2018년 7월 25일 1판 1쇄 발행

지은이 • 김금주 · 권세경 · 김은정 · 나은숙 · 오진희 · 이금구 · 황혜경
펴낸이 • 김진환
펴낸곳 • ㈜ 학지사

04031 서울특별시 마포구 양화로 15길 20 마인드월드빌딩
대표전화 • 02)330-5114   팩스 • 02)324-2345
등록번호 • 제313-2006-000265호

홈페이지 • http://www.hakjisa.co.kr
페이스북 • https://www.facebook.com/hakjisabook

ISBN 978-89-997-1499-3 93370

정가 22,000원

이 도서의 국립중앙도서관 출판시도서목록(CIP)은 서지정보유통지원시스템 홈페이지(http://seoji.nl.go.kr)와 국가자료공동목록시스템(http://www.nl.go.kr/kolisnet)에서 이용하실 수 있습니다.
(CIP 제어번호: CIP2018012231)

교육문화출판미디어그룹 학지사

심리검사연구소 **인싸이트** www.inpsyt.co.kr
원격교육연수원 **카운피아** www.counpia.com
학술논문서비스 **뉴논문** www.newnonmun.com
간호보건의학출판 **정담미디어** www.jdmpub.com